U0889361

改变，从心开始

立 品 图 书·自觉·觉他
www.tobebooks.net
出 品

INTEGRAL LIFE PRACTICE

生活就像练习

肯·威尔伯整合实践之道

[美] 肯·威尔伯 等◎著　金凡　聂传炎◎译

北京日报报业集团
同心出版社

图书在版编目（CIP）数据

生活就像练习：肯·威尔伯整合实践之道 /（美）威尔伯等著；金凡，聂传炎译. — 北京：同心出版社，2012.6

ISBN 978-7-5477-0549-0

Ⅰ. ①生… Ⅱ. ①威… ②金… ③聂… Ⅲ. ①生活方式－研究 Ⅳ. ①C913.3

中国版本图书馆CIP数据核字（2012）第134433号

生活就像练习——肯·威尔伯整合实践之道

出版发行： 同心出版社
地　　址： 北京市东城区东单三条8-16号东方广场东配楼四层
邮　　编： 100005
电　　话： 发行部：（010）65259206-8022
总编室：（010）65252135-8043
网　　址： www.bjd.com.cn/10txcbs/
印　　刷： 三河市华晨印务有限公司
经　　销： 各地新华书店
版　　次： 2013年1月第1版
2013年1月第1次印刷
开　　本： 787毫米×1092毫米　1/16
印　　张： 23.25
字　　数： 340千字
定　　价： 48.00元

从我开始整合式生活练习的那一刻开始，我的生活仿佛有了新的轨道，生活中的课程均来自灵魂驾驶室的最深处。开始练习之后，我的日子就是“一个荣耀接着一个荣耀”。ILP（Integral Life Practice）是一剂十分有效的催化剂，促进了我的成长。你自己试试看！

——艾迪·科瓦尔奇克　Livo 乐队主唱

《生活就像练习》是一项非同寻常的成就。它全面、详细又非常理性，鼓舞我们所有人更深刻地考虑我们在多深的程度上接纳现在的生活。整合式观点的透彻与明晰在这本个人发展手册的每一页跳跃，清楚地显示了完整地活着是什么意思！

——安德鲁·科恩　“下一个启迪”的灵修老师和创始人

肯·威尔伯的整合式理论创作了路线图，现在特里·帕滕、亚当·莱昂纳德、马尔科·莫雷利为《生活就像练习》增加了 GPS（Global Practicing System 全球练习系统）。灵修道路上的旅行者们会发现这本书是不可或缺的瑰宝。

——戴维·斯坦德尔修士　本笃会僧侣，曾写作《倾听内心：神圣的觉知和感激精神》《祈祷者的内心：达到完满生活的方法》，Gratefullness.org 共同创办人

又一次，肯·威尔伯和他的同事们完成了一个大题目，他们吞下所有的内容，然后花很多年理解、消化、新陈代谢，再将其翻译成清晰的散文和有用的练习。结果呢？就是这本了不起的有用的生活指导手册——《生活就像练习》。它是更平和、更有意义、更聪明和更繁茂的生活的绝妙源头。

——伊丽莎白·莱塞　曾写作《被打开：困难的时光如何帮助我们成长》《探求者的向导》，欧米茄研究所的共同创办人

《生活就像练习》会通过唤醒你的卓越天性或“大智慧”来确立你的健康基础。西方的有志者一直都希望能有一本修行指导手册，把古老的传统、现代科学和心理学融会贯通，并萃取其精华。我们现在得到了——这个令人鼓舞、简单易懂的向导，引导我们走向真正和谐清醒的生活。

——丹尼·斯金波·梅塞尔　禅宗大师，曾写作《大心智，大心脏：找到你的路》

肯·威尔伯和这本清晰、合理、博学的书的作者们是我和乔治·莱昂纳德在整合式转化练习中的同路人。这部作品创作的动力来自一个照亮世界的哲学愿景——把对个人和社会转化的热情与科学和观照传统结合起来的愿景。这本书将推动我们的世界观不断发展，并呈现其发展所需的纪律。

——迈克尔·墨菲　曾写作《给予我们的生活》和《身体的未来》，
伊莎兰研究所共同创办人

整合式生活练习提供了一些伟大传统智慧中最普遍和有效率的练习的精华，同时介绍了最适合提升又合情合理的练习环境。本书完全符合它的标题。它严肃地看待完全平衡发展的人类需要，同时一并关注深度和广度、心理发展和灵性发展、柔软和强硬、伦理和大胆实验。本书文字优美，书中模块易懂，是21世纪新生活的便携式向导，它来自我们最优秀的传统，又站在时代的前沿。

——沙利·肯普顿　出家僧侣，曾写作《冥想的心：通往更深经验的门道》

这本书讲述了如何通过在日常生活中运用整合式哲学来影响我们的身体、思想、精神和较深层心理。《生活就像练习》提供了一套行之有效的图解，通过整合个人生存所需的各种条件，引领我们达到最高的意识状态。

——第八世察利嘉公仁波切

《生活就像练习》是一本实用、明晰，利于自我转化的杰作，融汇了所有伟大的传统观点。

——凯洛林·梅斯　曾写作《精神的自主性》和《进入城堡》

《生活就像练习》将整合系统从思想领域带到了日常生活中，并把它们转化为行动，它是整合式运用方法的宝藏。

——扎尔曼施切特·沙洛梅拉比　纳诺巴大学教授

《生活就像练习》是一块特殊的里程碑。它带来的整合式思想系统清楚易懂，但又不流于肤浅——这绝非易事。而且，它动人且实际地描述了按照这个优雅和包罗万象的世界观生活具体要怎么做。如果你想要清晰易懂的修行指导路线图，请读这本书。

——比尔·哈里斯　中心点研究所的主管，神圣同步冥想技术的创始人

我们在这里学习了通过利用整合式智慧和纪律，如何将较高意识的发展融进日常生活的每个角落和缝隙，更自由和完满地达到真实。这是整合式生活的秘密：包容的同时在超越，行进中的每一步都在接近终点。准备好训练你的思想，敞开你的心扉，清醒地去面对真实而完整的自我。

——舒亚达斯喇嘛　曾写作《唤醒内在的佛：给西方世界的西藏智慧》，大圆满冥想中心创办人

序言

欢迎来到**整合**的世界！拿起这本书，说明你已经做好准备，不仅开始对整合进行思考，而且还要实践和运用它。从发展性研究来看，这是个重要的时刻。

发展模式观点普遍认为，人类出生后会经历一系列成长和发展阶段或波动。较低、较早、较浅的阶段是对世界的初始、片面和不完整的看法，而更高的阶段则是综合、全面和真正关注整体的。因此，早期阶段常常被称作“第一层”，更高阶段则被称为“第二层”。

两层之间的区别非常大。正如发展研究的先驱克莱尔·格拉芙所说，借由第二层，个体可以“经历重大意义的飞跃”。**飞跃是整合性思考和练习的全部意义**。在发展的整合阶段，整个宇宙都有了意义并结合在一起，真正呈现为一个包含所有的世界——一个单独的、统一的、整合的世界；它包括不同的哲学和思想，以及不同的成长和发展练习。

整合式生活练习就是这样一个整体练习，它会最大限度帮助你成长和发展，帮助你最大限度地达到自由和伟大的完满（关系、工作、灵修、事业、娱乐、生活本身等）。ILP（Integral Life Practice）讲述如何发展你在世界上最大的**自由**，免于限制、分裂和偏见，达到最真实的**完满**——这种完满包括并接纳了你所有看似片面的部分和你的世界，将其组成天衣无缝、完整和真正愉悦的生活。自由、完满，既超越所有的生活又囊括所有的生活，能够发展并实现每个人最大的能力——这就是**整合式生活练习**的全部。

上文所指的**“超越性及囊括性”**包括练习处理身体、心智、灵性和阴影[①]等不同维度的数个单元。这些单元包含了一系列提炼浓缩过的练习，取自前现代、现代和后现代各个时期，用于人类的成长和发展。它从各种练习中提炼出

① 潜意识中的负面元素，详见37页。——编者注

最好的部分，并在更大的框架下加以组织，因此“包罗万象”。**前现代**的练习包括世界上最伟大的智慧传统和推动传统的冥想练习；**现代**练习包括对人类发展以及促进其发展的科学研究和方法；**后现代**练习是一个综合了人类多元文化的领域——你的领域，同时包括了（不排斥）你自己（身体、情绪、思想和灵性）的所有重要维度。

整合了所有这些内容后，我们创造了一种用于人类成长和灵性觉醒的“**交叉训练**”，这种训练能大大促进各个维度——身体、心智、灵性和阴影的发展，从而产生比以往都更为快捷、明显的效果。整合式生活练习综合、全面，具有超凡的包容性，可以使你通过最简单的练习来达到真正的觉醒。其他方法有部分的迷惑，所以提供的是部分的练习（和部分的成功）。整合式生活练习所提供的方法更加综合、广泛，相较于单独练习某个领域而言，它涉及所有的基础领域，从而可提高每个层面的效率和速度。

ILP 练习源于意识进化的最前沿，是人类刚开始逐步大规模发现的意识波动和整合阶段。ILP 以这些整合阶段为基础，使处于相同阶段的个体得以被体现、展露和吸引。换个角度来说，整合式生活练习是第二层的练习，来自第二层，将意识拉到第二层，从而同时训练高度和能力。高度指意识的垂直成长，能力指水平方向的特定能力训练。这些都是整合式生活练习的组成部分，后面将提供完整的训练。简而言之，ILP 以帮助你发现自己的“重大意义飞跃”为目的，这种飞跃会点亮生活的各个方面。

再一次，欢迎你整合！这本畅销书的一个优势是其作者团队，他们全面彻底地了解了整合式生活练习，同时涵盖了理论和实修领域。该团队的作者有着完全不同背景，拥有深刻的见地。我没有写作本书任何一章，但我完全参与了本书的录入和审核，见证了作者们如何整合他们中不同的观点和经验，跨越团队成员之间的代沟和类型差异。这也是整合式生活练习的重点——整合，以及本书的众多长处之一。本书行文易于理解、率直坦诚，明晰而人性化地涉及了生活中各种困难的主题。我对此很高兴，非常骄傲能在此署名。

从名字就能看出来，整合式生活练习是对整合理论的练习。无论是其原始的形式，还是发生了重要变化之后的整合理论，在全世界几百万读者身上都产生了深远的影响。如果你只愿意了解整合理论，不想做整合式生活练习，没问题，整合理论本身就是一种心理实践，总结了所有重要方面的练习，它是一套综合性图解，囊括了世界上最重要的方法。但是，如果我们把综合图解变成综合练习，植根于整合理论最精华部分的练习——整合式生活练习——就诞生了。因此，ILP 是为了觉醒而创的，真正具有开创性、前沿性和革命性的练习。

感谢你拿起这本书，开始自己的“重大意义飞跃”。准备好了吗？开始吧！

肯·威尔伯

2008 年冬，科罗拉多州　丹佛市

致谢

几千年前，你即将读到的这本书就开始写了。我们写书时对过去怀揣梦想的先驱们充满感激，他们经过努力，比前人看得更深更远、爱得更全面、生活得更用心，而这一切的前提是，他们保持着全然的觉醒。古代和现代的这些兄弟姐妹、导师和灵修勇士，组成这个非同寻常的家族；他们从“伊甸园”开始就创造了肥沃的土壤，我们则在这片沃土上写出了你手中拿着的书。

我们要特别提到那些勇敢的人类潜能运动（human potential movement）开创者。人类潜能运动开始于19世纪60年代，之后不断成熟发展。这些早期的修行者尝试了新的转化技巧、方法以及综合法，记下了它们在练习过程中的功效和缺陷。迈克尔·墨菲和乔治·莱昂纳德两人特别重要，他们在早期和肯·威尔伯一起倡导更平衡、更综合的练习方法，并将其记录在《**给予我们的生活**》这本富有开创性的书中。

我们对团队中杰出的同事们表示十分的感谢，他们帮助我们完善了很多想法和练习。他们是杰夫·萨尔兹曼、海·兰姆、戴安娜·汉密尔顿、伯特·帕李、威洛·皮尔逊、罗利·斯坦利希、辛迪·洛·高林、苏菲亚·迪亚兹、布赖特·托马斯、罗伯·麦克纳马拉和肖恩·菲利普斯。这群优秀的专家组织了许多研讨会、工作坊和练习小组，触动了成千上万人的生活；反过来，人们通过提问、反馈和认真的实践，同样为ILP的发展做出了贡献。我们要特别感谢金波·罗希，他在研讨会上分享的“我与大心”经常让参与者们瞥见自己的“本来面目”（我们本想把“我与大心”放入本书，但是一整本书或光盘，最好是活生生的工作坊，才足以让人体验到它。更多关于“我与大心”的信息，请参见BigMind.org）。

还有其他人也做出了很有价值的贡献，诺玛利·佩雷拉、克林特·富斯、尼科尔·费格利、凯利·贝热、弗兰克·马热诺、特德·菲尔普斯、玛克·加芙妮（在阐述“独特的自我”概念时，我们参考了他和乔纳森·加斯特林以及比尔·布洛特金的著作）等。我们要感谢编辑和图片社记者们为此书奉献了他们的才华。我们的编辑和读者有李兹·肖、肯德拉·克罗森·布洛、安妮·麦克库德、德宝·博雅、乔丹·卢夫特格、尼克·荷德伦德、乔尔·莫里森、凯拉·墨热利。保罗·萨拉蒙为此书制作了许多精美的图片。我们还要感谢乔纳森·格林、萨拉·伯切尔兹和整个香巴拉团队，他们帮了很多忙，而且非常专业。

我们的老师们，包括 S.N. 金卡、理查德·里沃、阿迪·达·萨姆吉、斯蒂芬·戴维·肯大师、巴巴·穆克塔纳达、约翰·霍特、创巴仁波切、拜伦·凯蒂、千卡吉、多克·吉尔德、沙雅·爱森伯格大师、M.C. 迪伦教授、迈克·舒雅、阿达贤提、勘迪斯·欧·丹佛、金波·洛诗、苏姗·库克－格伦特，还有太多其他人，通过他们的启示和提醒，我们对书中的观点有了更好的了解。整合灵修中心的朋友、同事、老师们进一步鼓励、教导我们，让我们变得更加明晰；他们是托马斯·凯廷神父、戴维·斯坦德尔－拉斯特修士、扎尔曼·沙克特－沙罗密大师、罗杰·威尔士、萨尼尔·邦德、帕特里克·斯卫尼、莎莉·肯普顿、戴维·戴达。还要感谢安德鲁·科恩在《启蒙为何？》这类杂志的论坛中响亮的倡导。

也许我们最感谢的是我们所爱的同伴、家人和密友，他们和我们一起经受了日复一日的写书的考验，没有他们的爱心、支持和陪伴，写书远远没有现在这么愉快充实（且不说是否可能完成）。

没有肯·威尔伯的巨大贡献，这本书不可能完成。他不仅是本书观点的原创者，也是整合生活练习的奠基者，是他建构了这些观点产生的框架。在他的书和对话录中，他清晰地概括和描述了整合世界，呈现出博学、优雅的幽默感，与读者产生了深刻的共鸣。

最后，我们想感谢你，亲爱的读者。吸引你看这本书的自我成长动机，也曾激励过每一个来到意识前沿的先驱。你真诚地使用本书，整合式练习才有了生命。我们为能同你分享这一整合观点而倍感荣幸。

特里·帕滕　亚当·莱昂纳德　马尔科·莫雷利

2008 年夏

目录

伟大的实验

几千年来，在地球的每一个角落，人类都在不断地探索可以转化和平衡我们生活的练习。从古代巫医的巫术，到神秘传统中的冥想科学，再到最新的健康、营养和体育锻炼等方面的科学突破，人们一直在寻找一种方法，能够与深层的真相建立联系，实现健康与和谐，并开发我们的最高潜能。

在信息时代，知识难以置信的价值、各种教导以及各类技术——这些我们人类发展历程中的遗产——比以往任何时候都更容易得到。但问题是，我们怎样才能最好地利用它们？怎样才能将它们组合成整体？在如此纷繁多样的时间和地点中，我们怎样才能搞清楚众多方法的意义，让它们多少与个人和集体生活产生联系？

我们对这个问题的回答相当于进行一次最深层次的试验，在意识和人性中进行一次了不起的、谦卑的且长达一生的冒险，这是面向我们身体、思想和灵性之未来的艰苦跋涉。但这并不意味着本书中所说的是“实验性的”或者“未经证实的方法”，绝非如此。恰好相反，这意味着为了看到练习的“数据”（品尝果实），你必须愿意亲自尝试这场试验。我们相信，这是最激动人心且回报最大的工作之一。

整合式生活练习（Integral Life Practice）将世代流传下来的诸多练习进行整合，融入心理学、意识研究以及其他先进领域的最新成果，并根据21世纪的生活来优化组织框架，以便利用。这种练习兼具古代和现代，东方和西方，推理和科学的特性，同时又超出了这些二分法。整合式生活练习是具有整体性的练习，即“综合的、全面的、平衡的”。它是我们传统中“最好的内容”的综合，结合了最新的转化技术。ILP是一种对自我存在和意识自由所进行的勇敢的探索。

本书作者和其他探索者在30多年前就开始开发ILP，他们一直在研究人类发展当中最关键的要素。我们骄傲地将成果展示在本书中，而你需做的，便是怀着一份意愿去尝试——在自己的生活中进行这项伟大的实验。

无论你是初学者，还是寻求深度整合的高层修行者，希望这本书对你都有特别的帮助。在我们为了实现更光明的当下而共同成长的进程中，我们希望帮助你实现自身最高的渴望。

01

为什么练习

整合式生活练习从所有练习开始的地方开始——伴随着灵感和成长的渴望，去成为你想成为的一切。

有的人是因为被深刻而真实的人、事、物所打动、震撼、唤醒，然后选择练习。有的人则是因为在生活中饱尝了令人心碎的教训——强烈的苦难、空虚或者痛苦的经历。

也可能因为受到他人不妥协的生活方式的鼓舞、阅读了观点令人惊愕的书，或者因为接触到聪明的老师或圣人这类非凡之人，也可能是朋友或者至爱的死亡，或者你看透了自己的把戏，从而使你放弃了惯性的生活。

不知何故，你瞥见了更为自由、清晰、可靠、充满爱且真实的存在——所以，你想过那样的生活。

几千年来人们一直像这样受到鼓舞。那些碰到问题的人常常成了和尚、尼姑、巫师或者禅修者，他们将生命奉献给神秘的灵性之路。还有人选择了其他的方式，成为武士或者武术家，非常投入地将自己交给转化的戒律。听起来严肃且传统，对吗？

并不是必须这样。虽说在传统中有着很多的美与智慧，但是依天性而行的训练是永远鲜活的。它不断推陈出新，打破所有的束缚，不需要固定的方式，也不限于传统的方法。当然了，实践的精神能深切地加强任何传统的生命力。

事实上，传统常常离不开创新。我们所继承的传统，是一边汲取过去的智慧，一边不断地突破传统。为什么？因为世界在不断变化，我们在不断变化。人类生活发展了，练习也应随之发展。个性化的整合式生活练习有很多层面和维度，你走多深，练习就可以达到多深，而且可以灵活调整以使其适合你的独特生活。它可以有无数种变化。ILP 的**本质**很简单，在任何环境，无论是古代还是现代环境，它都体现了真正的练习所应有的力度：要**真实**、**真诚**、**完整**，在你自身存在的所有方向和维度上实现**觉醒**。

整合式生活练习意味着真实地活着，真实生活可能和以前完全不同。ILP 还可能将已有的真实带到更高、更整合的层面。ILP 释放出令你尽可能全然觉察的愿望——当下，当下，当下——随着时间的流逝在觉察中实现成长。

在对自己、他人和神秘存在的深度关怀当中，也蕴含了整合式生活练习。这种关怀激励我们想要做点什么，付出更多，突破狭隘的、支离破碎的观点，在我们自己和他人心中，在这个美丽而又可怕的世界中，让自由、爱、坦率和深度得到扩展和加强。

从某种角度来说，练习很简单，它就是一种个人的选择，一种真诚的生活方式，没什么大不了的……

这里补充几个参与 ILP 的可能的动机：

- 接纳和处理危机、痛苦及苦难。
- 成为更好的人——在所有的层面和领域中。
- 让诚实与美德与生活相伴。
- 接纳自己。
- 清醒。
- 理解所有的事物或找到它们的意义。

- 达到自己的最理想状态。
- 增加活力和创造力。
- 找到和／或实现最深的目标。
- 更全面地爱和关心他人。
- 做出最大的贡献。
- 了解生活、宇宙和灵性。
- 参与意识的发展。
- 热爱神秘（上帝）。
- 没什么特别的理由，就是被吸引了。

在体验了某种程度上不再全面和完整的练习后，很多人选择了 ILP。ILP 允许你将所有内容都纳入其中：

- 你可能接受过美体训练或者竞技体育训练。
- 你可能为了在商业上有最佳的表现接受了思想和情绪训练。
- 你可能练习过瑜伽或冥想，甚至长达几十年。
- 你可能做过心理探索，面对自身阴影、了解深层自我。
- 你可能出于对上帝、你所爱的老师或指导者的忠诚而练习。
- 你对 ILP 的兴趣可能来自你的学识、洞察力或者对理解的渴望。

有些激进的老师或学说指出了在我们练习的动机之下隐藏的限制。我们大多数人至少在刚开始练习时是“灵性物质主义者”，其灵修的追求偏向于个人的收获，想要完善或实现我们排他的自我感。这只是一个经过更好包装的唯我主义。但是随着我们自身的成长，排他的自我中心动机开始松动。最基本的悖论是**寻找**的悖论。每个刚踏上这条道路的人都是找寻者，但为了实现生命的完满，找寻者必须放弃自己缺失某些东西的看法。所以我们的动机也的确是在自然而然地改变、进化的。

没有哪一样动机一定是错误的，我们不需要先让自己的动机完全单纯起来。练习的动机非常多，每个动机都既有效又片面。练习的美丽在于它让我们发生转变，从而放弃原来的意图，继续前进！练习的动机随着我们自身的成熟而变化。每个动机都对人生的征途有所贡献，虽然我们必定要抛下这些动机。

最终，我们所有的动机和意图都会聚于当下：**当下**的练习是什么？

没有最好或最正确的练习途径，但是有足够的并非最佳的方式。ILP 放下包袱，直指本质，帮助你轻易找到有效的方法，浪费最少的时间。

我们开始好吗？

本书中的练习

书中开列了一连串经验性练习，它可以帮助你将理论转化为行动。那些明显具有“整合”特点，为 ILP 量身打造的练习，即为**金星练习**。此外，其他的练习虽然来源不同，但都在整合的背景下做了相应的调整。有些金星练习采取了**一分钟模块**这种极为浓缩的形式。你可以在任何时间进行其中任何一种练习，可以毫不费力地将练习带入日常生活，立刻就可以！

我们所说的“经验性”，是针对其广义而言的。也就是说，其至少要有**身体**经验、**思想**经验和**灵性**经验。在金星练习或者一分钟模块中，你可以试着投入任何一种练习：身体的、思想的、灵性的，或是它们的组合。

一分钟模块
你最深的动机是什么？

了解练习对你的意义，这点很重要。这里有一种了解动机的方法，你现在就可以做，但是最好在开始任何章节的练习前定期做它，只需一分钟！

将两手放在心脏上，做几次深呼吸。感受大脑、心和腹部的每一个活动。

现在，仔细地感觉你练习的最深动机。你真实的愿望是什么？你现在体会到的“推力”或者“拉力”的背后是什么？你的自我意识中有什么在升起？

你可能在找不同寻常的内容，也可能只是好奇会发生什么，或者感觉到某些说不清楚的东西。感觉你此刻最深切的动机，觉察它。

最后，感觉或觉察对经验的“观照”，这观照是你用来观察经验的觉察力的一部分。在观照以及每一个经验背后的经验者是谁？能觉察到动机的那个东西肯定不是动机，那么它是什么？

呼吸，放松进入这一层意识，持续片刻……

然后放掉这个感觉，继续前进。

02

“整合式生活练习”是什么

不管你的动机是什么，开始、继续并加深练习是非常好的第一步。但是，选择之后如何继续？30 年的经验告诉我们，没有组织框架的练习会糊里糊涂。**整合式**框架能帮助你理解众多可能的选择，从而带来最终的灵活性和全面性，让你全面深刻地实现潜能。

包含一切的方法

整合式生活练习的框架极为灵活，它不需要你无条件地、一本正经甚至带着某种优越感地进行，直至你更聪明、成功、漂亮，甚至接近完美的人。它是一套用来设计个性化练习的工具，你可以选择现阶段最适合你的形式，同时也要记住，最好的方法是可以随时间而改变的。

Kosmos

其首字母K，古希腊人用它来表示宇宙，其中不仅包括行星、恒星和黑洞这些物理存在（宇宙通常的含义），而且也包括思想、灵魂、社会、艺术、灵性等，换句话说，即是包罗万象。

ILP的整合部分（Integral），意指包含一切。为秉承这份内涵，它设计了名叫AQAL【（All Quadrants，All Levels）即“所有象限，所有层面”，后文还会讨论】的概念图谱。AQAL（发音是ah-qwal）指一种**涵盖一切的理论**，宽泛而精确地理解生活和现实的方法。AQAL是意识、宇宙、人类发展的图谱，它呈现在每个平面和维度上。

从技术上说，AQAL是图谱的图谱，或者综合了上千种其他理论之核心真相的**元理论**，它将灵修传统、哲学、现代科学、发展心理学以及其他许多学科的深刻观点组织成一个整体。AQAL吸收了众多伟大的思想家、教师和研究者带给我们的智慧，帮助我们理解自己和这个世界。

AQAL并不止步于此，因为它还是直觉的——它描述了你自己的**觉察范围**。你不需要具备高科技设备或者高水平，就能从AQAL的观点中获益。你只需要将一种新的觉察方法带到生活中来。

它类似于学习一门外语。刚开始，记忆新的词汇以及摸索新的表达方法可能会遇到困难，但一段时间之后，你会发现越是经常在生活情境中使用新的语法，就越容易记住并运用它，但是，即便如此，你仍会本能地先用母语思考，然后再将其翻译成外语。

经过不断地练习，你开始更为轻松、熟练地直接使用外语思考，最后，你甚至在梦境中都开始使用外语。当然，你也没有忘记原来的语言，你只不过是多懂了一门语言。越是熟练地使用这种语言，它越能影响你的生命，成为你的一部分。很快，使用新语言变得毫不费力，你可以用全新的方式和不同的人交流。你的世界扩展到了你之前所不可想象的新领域。

整合式生活练习“由 AQAL 驱动”

AQAL 试图反映宇宙本身，所以 ILP 几乎同生命的每一个方面有关。当你开始整合式生活练习之后，你将会变得更为开放，更加自由、灵活地接纳更多的观点，同时锻炼自身存在的每个方面。这不仅仅是一个精神游戏，而且还会是一种通过实修生出的智慧。整合式生活练习是运用于生活的 AQAL，这是一种在你的各个方面进行意识提升的生活。

在创造整合式生活练习时我们问过一些关键问题：

- 古代传统中最有效和最关键的练习是什么？
- 最近有哪些关于练习的新启发？
- 我们怎样找到一套方法，来联结最多样的洞见和教学法？
- 我们怎样利用这些知识来促成一生的成长和觉醒？

我们不是第一批试图整合东西方的主张，或者打算从宗教传统中提炼灵性智慧的人。虽然 AQAL 似乎的确为真正普世的练习方法补充了某些缺失的关键要素，但该方法仍然能够尊重甚至鼓励不同方法间的良性差异。

这听起来可能很宏大，但其基本规则不复杂也不难掌握。整合式生活练习是由一群生活在 21 世纪压力规则下的人设计的，同样，它也适用于压力下的人群。对于浪费时间的损失，你们不可能比我们更在意了。如果这套练习不够高效，就不会在本书出现。ILP 十分适合快速而专业化的生活，但是我们没有捷径。如果你真的想进行**深度的**练习，ILP 可以帮助你快速直接地做到。

ILP 如何起作用？首先，我们建议采用**模块式**方法进行练习。ILP **模块**是有关自身“存有”的特定部分的一类练习，如身体、心智、灵性或阴影等。确定练习模块有助于你对练习有概括性了解，从而决定选择哪些练习。

模块方法的一个好处是，使用几个模块就可以介入生活中所有的关键领域，同时保留你在**如何练习**上的完全自主权。ILP 不决定你具体的练习方式，这里的练习指的是有意识有规律的活动，如瑜伽、举重、旅行、服务大众，等等。ILP 提出几个主要的方向，即模块，它们是必需的；其他方面虽然同样重要，却是可选的，ILP 允许你自行决定如何介入这些领域。ILP 的安排便于你在接触全部基础领域的同时，还可自主选择合适的练习。

其二，ILP 是**可调整的**，你可以按照自己的时间简化和缩短练习。你是否常常觉得太忙没时间练习？那你可以选择每天只花十分钟做基础的整合式生活练习。这样，无论多忙的人都可以完成整合式生活练习。

对快速深层转化感兴趣么？那么你也可以使用 ILP 法则在最深的层面专心练习，像传统的僧侣或者奥林匹克运动员那样。可以每天练习几个小时，甚至参加静修，或在专注于练习的团体中生活。

整合式生活练习是……

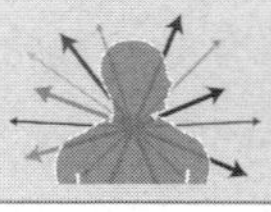

最全面的交叉训练，同时影响身体、思想、灵性层面，以及文化和自然领域。

模块式的，允许你在某个领域或“模块”混合和匹配多个练习。

可调整的，可根据你的时间进行调整，最短可调整为一分钟模块。

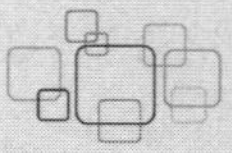

量身定制的，以适合你的生活方式，设计适合自己的项目，根据自己的需要练习。

精华式的，萃取传统练习的精华，抛开文化或宗教包袱，提供高度集中和有效的练习，适应后现代生活。

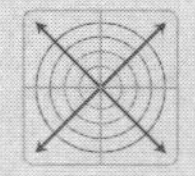

整合的，以 AQAL 技术为基础，“所有象限，所有层面”的框架覆盖了人的诸多潜能。

你是否兴趣广泛？还是只对特定练习感兴趣？ILP **可以量身打造**，允许你将自己独特的兴趣、热情和需要融入练习；ILP 不会把僵硬的结构强加于人，而是创造灵活、开放的空间，让你在其中创造性地理解自身的多个存在维度。

我们推荐特定练习，如金星练习，这些练习是经过**提炼**和**浓缩**的，去芜存菁，帮你“实现效果的最大化”。你可以肯定自己没有浪费时间。

最后，**ILP 是整合的**，这里的整合指的是“由 AQAL 驱动”。AQAL 是现存最全面的意识图谱，整合式生活练习是以 AQAL 打造的 21 世纪最先进的练习。整合式生活练习的 AQAL 结构不仅为高级的成长和自我实现创造了空间，还特别为觉悟或认识到“真如本性”（Suchness）或当下常在的“是”（is–ness）等创造空间。

无处不在的（也是独特的）觉醒历险

觉醒的历险在人类故事里无处不在。它因有各种可能的存在，从而具有创造性，无法预测也无法计划。蜿蜒曲折和白浪滔天的江水中，有些河段恰似“灵魂的暗夜”[①]，或者只有跪着才能通过的大门。但这份经历也可能是转化的历练、“生命绽放”的过程，或者是与上帝的一场恋爱。

ILP 法则非常简明，它使得练习对所有人来说都力所能及。它为一生的学习与转化提供了**组织框架**；通过描绘意识、生活、成长和觉醒的整体图像，提炼出练习当中的精华。它帮助你放下所有不必要的包袱，专注于强效有力的核心问题，如此便留出足够的空间让你选择自己的风格，以自己独特的方式进行练习。

每种传统路径都描画了自身独特的觉醒图景。即使现代科学化的意识也是从其独特的“觉悟”开始的。ILP 不排斥任何特定的觉醒模式，不是为了引发一种新的潮流。它的作用是**理解和补充**现有的方法，让它们更深地发挥作用，充分适应 21 世纪的现代生活方式。

---

① 这是自我探索与转化过程中必经的体验。随着对自我的了解日渐深入，以往对自身的定位，对身边人事的认识，对世界的观点均会发生变化，内心的负面因素也会一一曝光，当事人不得不面对长久被压抑的负面情绪。经过“灵魂的暗夜”后，人们往往会对生命获得全新的洞见。——编者注

ILP呈现了全新而清晰的框架，帮助修行者（他们可以运用任何途径，可以属于任何宗教，或者无宗教背景）理解和提升生存经验，并超越方法间的樊篱，对练习当中的普遍问题进行更深入和有意义的**交流**。

这就意味着：天主教徒、犹太教徒、穆斯林、佛教徒、印度教徒，以及任何其他宗教成员，无论是忠于本土传统的，还是跨传统的修行者们，都可以使用这种整合式方法，并且可以用一种统一的话语讨论他们的练习（这可能会不经意地发现新的联系，突出教派间的相似点，甚至凸显各教派同持有非宗教世界观的人们的相似点）。无神伦者和不可知论者也可以在生活中应用ILP，因为AQAL在信仰上是中立的，它不要求（也不反对）任何信仰体系。

这满足了一项很重要的需求。佛教徒很容易跟佛教朋友讨论他/她是如何通过灵修练习来面对生活挑战的，但他们同基督教徒或者穆斯林也能进行这样的讨论吗？处在所有这些宗教传统之外的灵修者也同样面临这样的问题。我们需要展开跨传统和超传统的修行对话。灵修练习的国际团体在不断扩大，为了更多人的福祉，我们也需要建立通用的词汇表。

因此，本书将引发一场关于个人修行新发展方向的对话，人类潜能的前沿研究者肯定会继续这场对话。整合式生活练习力图帮助界定一个正在形成的**领域**，并对它进行学习、探索和应用。

启动平台：四个核心模块

整合式生活练习有**四个核心模块**：

- 肉体
- 心智
- 灵性
- 阴影

重要附加模块包括：

· 整合式伦理
· 整合式性瑜伽
· 工作
· 情绪转换
· 整合式养育
· 整合式关系
· 整合式沟通

ILP 通常从**四个核心模块**开始。四个核心模块同个体存在的四个主要维度相关：身体、心智、灵性和阴影。它们除了你的参与之外，别无要求。如果你愿意的话可以独自练习。如果你能不间断且同时在四个领域练习，你就能实现并强化整体的发展，让内在和外在通过多层次的洞察，以更强大的明晰、气质与活力，在生活的各个领域更好地发挥作用。

传统的灵修道路通常只强调这些模块当中的两个或三个，它们几乎都忽略了阴影模块。现代和后现代的自我发展道路通常包含阴影模块，但思想模块上略显不足；而它们的灵性模块通常缺乏传统冥想的深度和严密性。

在每个核心模块中做一项练习，就等于在练习 ILP 了。就这样简单！如果用聪明的方法练习，就能避免常见的错误，否则会给转化造成障碍。

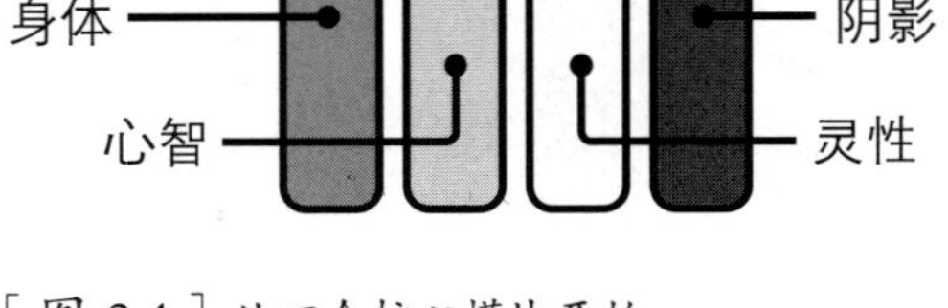

［图 2.1］从四个核心模块开始

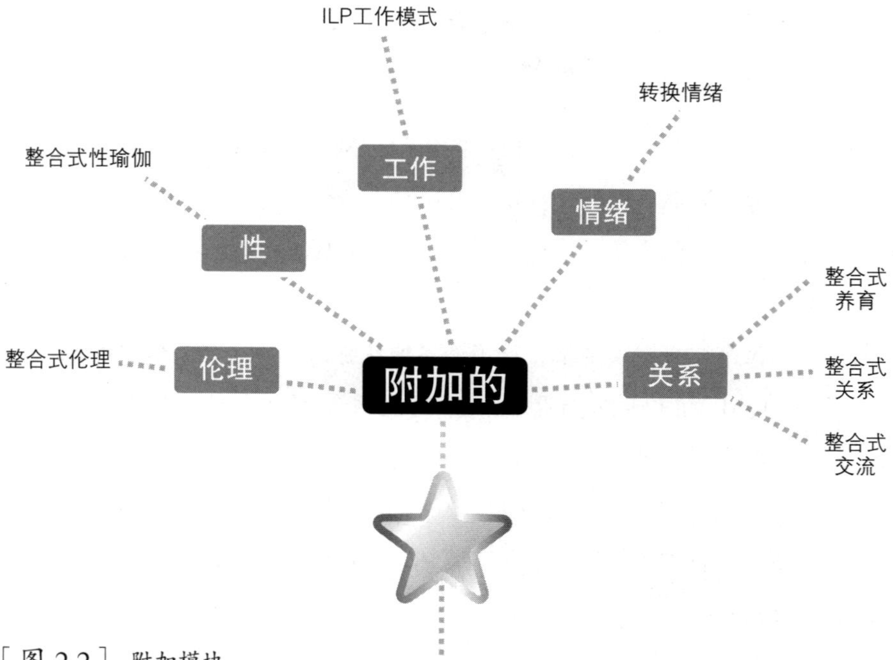

［图 2.2］ 附加模块

有人问：“如果我确实需要关注四个核心模块之外的内容怎么办？”你当然需要了！你可以将觉察和关心带入所有主要的关系和职责中（事业，亲密关系，家庭，其他），它们属于附加模块的范围。你应随时关注**任何**模块。**所有**模块，无论核心模块还是附加模块，都很重要。如果你近期要将事业同生活目的或者自己的热情结合，那么你可能需要关注**工作**模块以及如何展开**独特的自我**模块。如果你刚刚坠入情网（或渴望爱情），或正在处理亲密关系问题，那么可能需要关注关系模块。如果是开始一个新的家庭，那么需要关注**养育**模块！

四个核心模块是我们推荐的基础模式，并非僵化的教条式结构。你的人生之旅有很多章节，所以练习的重点也应该随之调整；ILP 模块只是一种方式，用来说明你生活中较为核心的层面。此外，不要将模块看作是僵化、隔离、抽象的内容，不要用分裂的和笨拙的方式来了解自己，对模块准确定位，保持平衡，并且把练习与生活融为一体。在进行练习的过程中，你需要带着能量，清醒、真诚和专注地进行，这些比准确的术语更重要。

金星练习

每个模块包含若干个可任意选择的练习。例如，**身体**模块当中的练习包括举重、健美操、游泳、瑜伽、气功、食疗和营养保健。**任何**关注生命实体层面的练习都可归入身体模块。同样，祈祷、冥想和虔诚的礼拜同精神相关，因此属于**灵性**模块。

我们在每个核心模块中都设计了许多**推荐练习**，并命名为**金星练习**。金星练习是以 AQAL 为基础的原创性练习，特别适合 21 世纪的生活现状，它们整合了传统、现代和后现代方法中最好的部分。许多金星练习是传统练习的**精华**，而且抛弃了宗教和文化的包袱；而有些练习是我们自己设计的，为了满足新近出现的需要。所有的金星练习都非常简化、高效而且浓缩，并且包含了练习当中最有意义的方面。

图 2.3 是四个核心模块中的部分金星练习，在书的后续部分还有详细说明。要了解你是否喜欢这些练习、它们是否真的有用，最好的办法当然是练习！

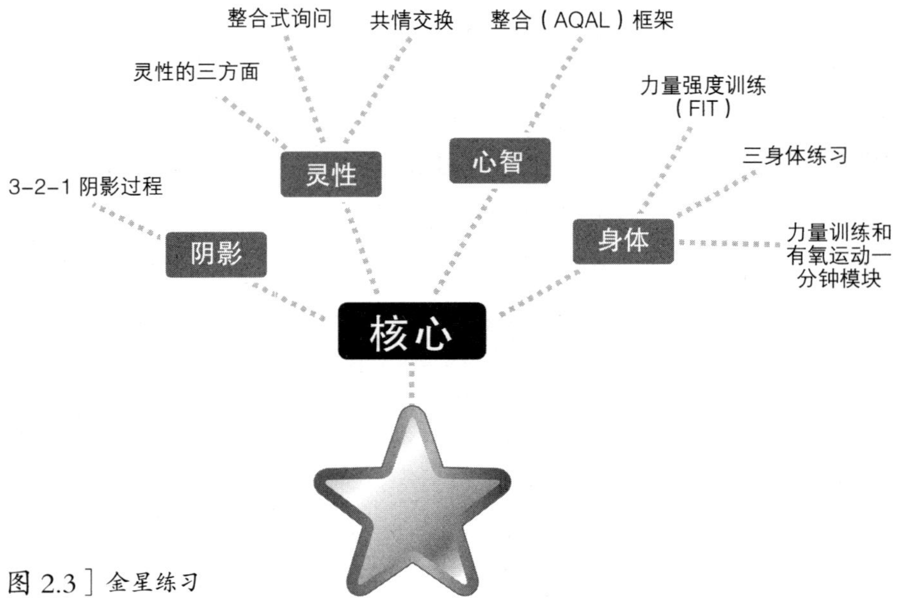

［图 2.3］金星练习

没时间？试试一分钟模块

你的 ILP 可以要多丰富就多丰富。我们针对没时间的人开发了快速微型金星练习，即**一分钟模块**。一分钟模块是金星练习的浓缩版，极为高效可靠，只需花很少的时间，可以在任何时间、地点进行——工作时，地铁里，午餐后，课间，睡前……随时随地。

一分钟模块不能**代替**更集中的练习。理想的情况是每天有一到两个小时用于深度练习；有时，例如长时间的闭关静修，需要花费你很多时间。如果没有那么多时间，一分钟模块可以帮助你接触练习的精华，这比完全不练习总要好得多吧。

可以使用一分钟模块**每天花十分钟**完成整个 ILP 的练习，这样在忙的时候也能轻松地继续练习，它排除了没时间练习的借口！**任何人**都可以找到时间按计划练习 ILP。

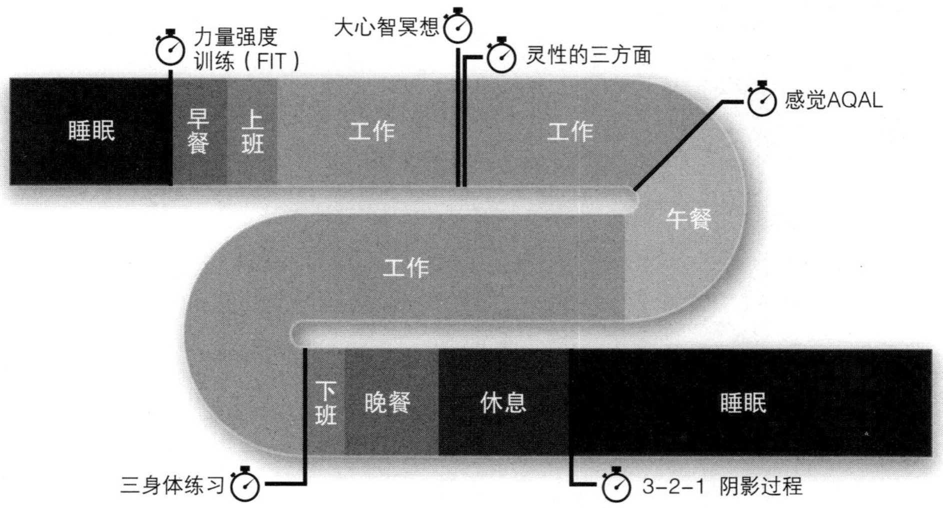

［图 2.4］一分钟模块 ILP 范例

整合式生活练习矩阵

模块

核心：身体、心智、灵性、阴影；附加：伦理、工作、关系、创造力、灵魂

示范练习

身体	心智	灵性	阴影	伦理	工作	关系	创造力	灵魂
三身体练习☆	读书&学习	冥想	3-2-1过程☆	道德探索	正确的生计	有意识的承诺	整合式艺术技巧☆	独处
FIT（力量强度训练）☆	讨论&辩论	祈祷	梦的工作	整合式伦理☆	时间管理	每周检查	练习、演奏&创作音乐	与自然交流
有氧运动	写作&日记	灵性的三方面☆	写日记	志愿者工作	职业发展	亲密关系工作坊	创造性写作	发现&实现目标
平衡的饮食&有意识地进食	了解自己如何赋予事物意义	整合式询问☆	心理疗法	社交活动	整合式交流☆	整合式养育	舞蹈&戏剧	深度心理学
瑜伽	整合式框架（AQAL）☆	灵修团体	家庭&配偶疗法	职业伦理	个人生产力系统	变得脆弱（开放）	烹饪&室内装修	与艺术、音乐&文学共鸣
武术		礼拜、唱歌&咏唱	情绪转换	慈善活动	财务智慧	整合式性瑜珈☆	创作性团体	想象探索之旅
体育运动&舞蹈	攻读一个学位	共情交换☆	艺术、音乐&舞蹈疗法	诚挚的服务				

如此简单

- 从四个核心模块中各选择一个练习
- 按你的意愿添加**其他模块**的练习

（☆是我们特别推荐的金星练习）

可以进行深度练习了？ILP 法则仍然有效

练习没有止境。经过几年的专心练习之后，有基础的修行者仍然在实践相同的模块，只是方式上更细腻、更精微。一旦全部生活都是练习，你就会更深地接触到自己的思想和情感状态，练习也会逐渐深入到关系、工作和其他模块当中去。当然，你也会不断回到身体、心智、灵性和阴影模块中。随着你逐渐步入生活与成熟的新阶段，练习也要不断被调整和深化。

ILP 法则帮助你设计并安排一种高效、平衡且全面的练习。你不会忽略任何要点，或个人发展的重要方面，即使是在你专注于某种特别训练的时候，如一段时间的集中冥想训练，或是为备战体育赛事而进行的集中训练。

练习应涵盖三种健康

有规律的练习能改变我们，无论是以剧烈的方式还是以微妙的方式。了解我们的**三种健康状态**，将帮助我们更清楚地理解这一点：

1. 水平健康：主动完善意识、生命力的可能性，以及我们在目前发展阶段所能得到的帮助；

2. 垂直健康：随着不断地成长，我们持续进入更大的意识范围和更复杂的情况，抛弃旧的存在方式，进入新的发展阶段；

3. 本质健康：在任意发展阶段，我们接触、适应并实现灵性——神秘的存在、真如本性或当下的“是”。

ILP 包括并整合这三种健康。

有时候，工作或家庭比练习更重要，这时就需要对练习进行适当的调整和改变。实际上，整合式生活练习当中各模块和各练习的运用方式，都可以随着时间发生变化：其中的大体原则如果能被坚持奉行，就会在生活中的每一刻发展出一种自然而固有的取向。我们不仅要为吸气，还要为呼气，为每种特质、每个阶段的健康生活留出空间。

练习的法则

没有捷径

之所以称整合式**生活**练习，原因之一就是没有**捷径**，否则我们一定会推荐。之前的半个世纪，其中一个重要且来之不易的教训，同时也是人类潜能运动的教训，就是周末工作坊的式微！一周或一个月的强化练习也越来越不受重视。唯有坚持每天认真练习，才能带来持久的转变！

要想实现持久的转变，最快速、便捷的途径就是类似 ILP 的生活方式，并且至少要涉及四个核心模块！这似乎要花不少时间（有时似乎一分钟也太长！），但能带来巨大回报，能开发我们的潜能，激活我们的能量和注意力，提升生命的效率和愉悦感。我们没有理由**不**进行 ILP 练习！

整合式交叉训练

传统的交叉训练是**平面的**。你练习健美操、举重，也许还练习瑜伽，而这些都仅针对**身体**层面。如果我们在**自身存在的所有维度和层面**运用相同的交叉训练法则——一个领域的成功就能加快其他领域的发展。结果会如何？这就是关键！例如，初步研究表明，同时练习冥想和举重的人，在冥想上进步更快，同样，做冥想练习的人在举重方面进步也快，我们称这种现象为**整合式交叉训练的协同作用**。四个核心模块同时激活几种强有力的协同作用——身体的和心智的、灵性的和身体的、阴影（无意识）的和灵性的，附加模块还可以进一步增强这些效果。

有些练习似乎更关注某个模块，但它具有涟漪效应：通过在生命某领域中某个模块上的训练，会增加所有领域中其他模块的效率！这就是交叉训练的力量。例如，阴影模块主要影响内在的心理机制。让我们想想它能影响生活的多少个方面：意识到并且承认自己的阴影，你就能够将更多的亲密和诚实带入人际关系中，释放身体内压抑的能量，使工作更为清晰而有效率，提高付出真诚和道德行动的能力，甚至可能改善你的财务状况。（例如，你可能有无意识的对金钱和权力的恐惧，现在能面对恐惧，你就能够克服它。）

后形而上学的方法

ILP 是后形而上学的方法，这个重要法则稍有些理论化，但是很重要。“后形而上学”在这里的意思是，人们对现实的理解都不仅仅是意识层面的，而且是和实践相关的。换句话说，你必须通过**行动**才能对事物有所**理解**。就好比必须去看，才能知道天在下雨；必须用显微镜，才能观察到阿米巴虫；必须冥想，才能理解禅学大师真正在说些什么。

传统的形而上学假设现实就是意识，不受个人所处环境以及个人行为和观点的影响。后形而上学的整合式方法认为，你必须先**实践**整合式练习，才能**体验**整合式现实。本书的任何内容都不应该仅仅被视为对真相的抽象说明。无论在什么情况下，你都必须通过亲身实践，才能确定某人所说的“真理”究竟是否为真理。

如果想知道木卫是否存在，就必须先了解天文学原理，然后通过望远镜观察天空。同样，如果你想知道禅宗所谓的**顿悟**（satori）或者开悟是否存在，你必须了解一些禅学知识，然后亲自冥想，了解心的本性。后形而上学方法不是不假思索地相信，也不是因为存疑而不相信，它要求开放和好奇的态度。从某种意义上说，后形而上学是一种科学冲动，在我们自身存在的所有维度和层面上，而非只是物质的层面上，探索新经验的可能性与合理性。

觉察、关心和存在

整合式生活练习的核心不限于特定的练习，而在于一种真诚的、发自内心的承诺，它要求对生活的每一个当下保持**觉察**、**关心**和**临在**，进而**增强**个人在觉察、关心和临在上的能力。ILP 修行者努力的目标是健康的身体、清晰的思想、开放的心灵，乃至更崇高目标。它们通过你生活的方方面面表现出来——你如何呼吸、如何感觉、如何工作、如何对待爱人、如何应对压力，等等。

真正地去觉察、去爱是意义深远的，它意味着你在每一个当下去**观察**、**感觉和存在**，不局限于某个观点，自由地跟随生活本身而调整和发展。

整合式生活练习是矛盾的。你的练习随时间不断深化，就像某些传统中的“渐修之路”一样，可能需要倾注几十年的努力，但这一过程随时可能被突然而来的觉醒和解放打断。在那样的高峰体验中，意识全然无碍，事物的真实本性鲜明而透彻地显现，但这种明晰可能很快就会消失。而如果高峰状态足够多地发生，自由意识就会逐渐渗入整个生活。因此可以说，进化之路既是**渐进的**，又是**突然发生的**。

整合式生活练习既有普遍性又有特殊性。本书虽然可能看上去像是一本练习“指导”手册，但是 ILP 更像是一种自我提高方案，对如何进入更高的意识状态给出了很精练的总结。以某种方式，你“做练习”，而在某些时刻，练习开始“改变你”。

其实因觉醒而生的自由从一开始就存在。从来就不存在问题，也没有必要改变自己。矛盾在于，转化也很重要，我们应该感谢它。在领悟的瞬间，我们的道路显出其本来面目——我们是无条件觉醒的容器。我们为了善良、真相、美以及练习当中的欢乐而练习。

你此生可以将自己的整合式生活练习一直发展和深化下去，使其越来越个性化和符合实际。你如何在挫败、失望和痛苦中练习？你如何回应别人的攻击？如果你爱的人死去，你如何反应，你又**能**做什么？你如何面对损耗、衰老和死亡等等这些不可避免的赤裸的现实？

在这样的时刻，练习最能发挥作用。如果你能够照见你的阴影问题，用适量的练习和营养品平衡你的身体，接触多样化的观点，放松你的神经，敞开自己以接触更多的生活和真相——这些因素将直接决定你的经验，决定你如何与周围的一切共处，决定你能否以及如何明智地利用练习以实现成长。

练习不仅帮助解决困难，它同样也有助于享受美好的事物。生活无限精彩无限美妙，陷入爱河……宝宝出生……想到一个好的新点子……有了更高的目标……开始新的业务……旅行并感受另一种文化……一瞥现实的本质……创造或享受美丽的艺术作品……无论好的还是不好的，所有的事情都让我们全力以赴。

灵性之光可能会像十亿个太阳那样刺瞎你的眼睛，一滴泪珠的美可能融化你的心，真爱会带给你地动山摇般的震撼。

然而，当你的亲密伴侣说了伤害或激怒你的话，你便忘掉了美和爱。

然后你再次记起或重新发现了它们：平衡，自由，欢乐，神圣，一体，普世；然后再一次发现它们。这就是练习的目的。

明智的觉醒方式

最好的事情就是开始！无论你是刚开始练习还是已经有一些练习经验，请使用这本书吧，把最智慧和有用的练习带入你的生活。

一旦打好基础，很容易开始你自己的 ILP。以下是简单而快速的方法一览：

- ILP 有四大**核心模块**：身体、心智、灵性和阴影。它通过**交叉训练**原则产生作用。
- 只需在每个模块选择**一项练习**就可以开始 ILP。范例参见 018 页 **ILP 矩阵**。
- **设计**自己的 ILP，并加以**调整**，使其适应你的时间安排、用功程度和灵感状态。
- **组合匹配**。适当加入附加模块的练习；关注生活中那些对于你来说最相关和紧要的领域。

- **金星练习**是 ILP 的优化练习，特别的浓缩，集中、高效，但不是强制性的。忙碌的时候请尝试**一分钟模块**。
- **困难在于生活这所学校本身**。但练习将帮助我们变得更真实、更有活力，而且有能力拥抱每天的困苦和欢乐。

03

感受整合意识

“整合”一词，意味着综合、平衡及全面。无论何时，当你用整合的方式去思考、感受或行动时，都会带给你一种整体感或圆满感，仿佛没有一样重要的东西被我们遗漏。通常，这属于一种**直觉**经验，它让你更正确、更真实、更贴近地了解现实世界！

有些方式可以非常直接地呈现整合的感觉，AQAL 整合框架就是其中之一。在日常生活中使用整合框架，可以帮助我们有效地训练意识，让它愈加完整，并将这种完整性更频繁地体现在生活中。我们可以用 AQAL 深化感受、对整体的直觉以及整合式生活练习本身。

第二章简要介绍了作为**万物的理论和图谱**的 AQAL 框架。我们说过，整合式生活练习由 AQAL 驱动，实际上，它是 AQAL **在生活中的运用**。如果将世界上存在的一切称之为**领土**，那么 AQAL 就是**地图**。AQAL 的功能就如同某种**现实中的绘图技术**，显示了万物是如何构成一体、产生意义的。因此，我们常说 AQAL“为万物赋予意义”。但这个判断难度极高，还是请你来亲自来检验吧。

本章将介绍和探索 AQAL 最简单易懂的一个方面：**四大象限**（即 AQAL 的“所有象限”部分）。在你的意识中，这四个层面是如此相近而且不证自明，极易被我们忽略！很多人际、政治、文化、商业乃至灵性观念上的冲突或误会，都源于忽略了其中一个或多个象限。要感受整合意识，我们能做的第一件也是最好的一件事就是：用自己的经验去检验四大象限。

存在的四个象限

象限，指你在这个世界存在的四个方面：**个体内在**（如思想、感觉、意图和心理状态）、**集体内在**（关系、文化、与他人共享的意义）、**个体外在**（如身体和行为）、**集体外在**（如环境、社会结构及系统）。

同时，它们也对应你当前意识中的四种视角：**我**、**我们**、**它和它们**。

我们的整合式生活练习通常在四大象限中发展，以四大象限的形式存在（这是它整合属性的一个体现），但是，有时某个练习会更强调某个象限。

在其后的四节中，我们将会列出透过“我”“我们”“它”“它们”的视角探索四大象限的练习。通过这种方式，我们将开始逐渐了解这些方面，以及在这些方面中升起的经验感受，这也就是我们练习的区域。

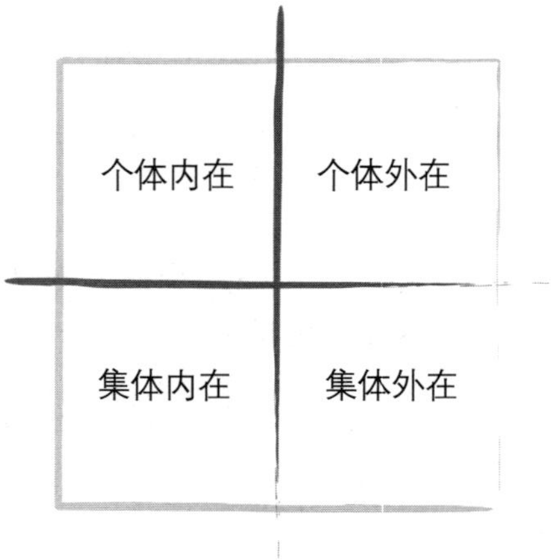

［图 3.1］四大象限对应你之存在的四个方面

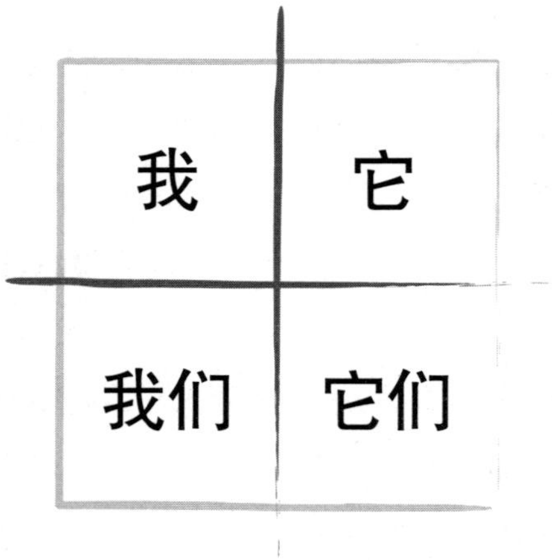

［图 3.2］四大象限是你当前意识中的四个视角

四大象限 = 360° 的生活

我们的生活以及我们的整合式生活练习，都在 360 度的空间内发生。我们的生活在四大象限内发生，表现为四大象限的内容。通过诠释这四个主要的视角，我们可以获取更为平衡和更为明智的生活。整合式生活练习并不是将生活分成四个或四千个碎片，其基础是觉察生活的整体性和单一性，即“整合性”。特殊练习常常会更重视某个象限，但四大象限仍然会体现在每一个练习中。

感觉“我”

进入“我”空间，作为一个有意识的个体，你的内在是一个带着“自我”感，有着主动意识的存在。那里发生了什么？在你的意识领域内出现了什么？除你之外，没有人能够完全回答这些问题。你的行为可以为之提供线索，但只有你的内在之眼才是这些问题的最佳解答者。因为，你的内在——“我”空间——别人是看不见的。

这里的痒，那里的酸，后背的疼痛，剧烈锻炼之后产生的活力，辛苦一天后的疲倦，爱人轻轻抚摸所带来的愉悦，对夜宵的渴望，脚的酸痛，出汗后的黏腻感……感觉一下你的“我”空间，那里有什么感受？

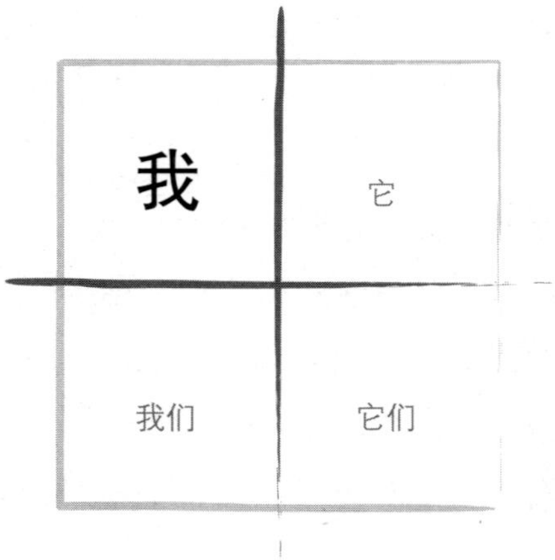

［图 3.3］四大象限：对“我”的强调

对世界愤怒得发狂，为人们的尽其所能而产生的恻隐之心，感觉自己无能为力而表现出的冷漠，拿到工资条时的激动，拆开它后的失望，在月光下散步的快乐，对工作的厌倦，因感受到强烈的爱而敞开的心，毫无理由的忧伤，对不能发挥自身潜力而产生的恐惧，对能成为现今的自己而升起的感激，对于你没在那里、没做成那件事、没和那些人在一起而生成的妒忌，醒来时的愉悦感……感觉一下你的“我”空间，那里有什么情绪？

内在的声音不停地插嘴，它扮演着控制者、怀疑者、保护者、批评者、审判者、鼓动者以及受伤小孩的角色。“你不够好”、“那样不安全”、“再努力一点”、“不对”、“应该这么做”、“一派胡言”……同时，还有创伤性的记忆不停地冒出：儿时受到的虐待，父亲的遗弃，朋友的背叛……我们身后拖着一个长长的阴影包袱，其中塞满了所有我们不愿面对，进而又投射到他人身上的性格特质。“我没生气，她生气了”、“我没嫉妒，他嫉妒了”，又或者，它塞满了我们因与自身的某一部分完全失去联系而导致的麻木。在你的“我”空间里，会有着哪些心理机制呢？

思想、观点、意见、意图、动机、目的、幻觉、价值观、世界观、生活哲学，这些都存在于个人内在的区域中。所有的概念，从“我觉得她喜欢我”到“$E=mc^2$”，都存在于这个“我”空间内。内在点燃的幻象显现为微妙的图像，进而做出极为奇怪的事情。无论这些幻象是恐怖的、性感的、或者是睿智和令人兴奋的，它们打开了一个和正常的清醒状态截然不同的微妙世界。而这一切明显是个体内部——那个“我”空间——当中每时每刻所发生的种种现象的一部分。

通过练习内观或者说将注意力集中于注视“我”，内心的波动就会停止，平静的时刻便会到来。当波涛与激流平息下来时，心就会如同一面明镜，照亮你的面目——你本来的面目。它往往难以捉摸，但是，你能够确信它是始终存在的。光芒四射的宁静打开了那扇透明无形的门，直达你意识之海的海底。你将见证你的内在觉性，即是那个承载着泛沫海水的空无空间——你的“我”空间。

感觉“我们”

选择你所置身其中的任意一种人际关系，想象你同那个人在一起。回忆你跟他们一起相处时的感觉和情绪。虽然你有时候不认同他们，但你还是在某种程度上与他们相连。他们更像是一个“你”，而非“它”。相互间的认知、交流和理解，构成了“我们”空间。你与我经历着关系中所产生的感受、幻觉、渴望与冲突，还有爱和失望的漩涡，责任和破碎的承诺，以及每一件被我们称为生命中的重要之事所带来的起起伏伏。现在，你可以感受一下关系当中，这些经验、想法、观念和情绪的真实本性——这个神奇之物就被称作“我们”。

当我遇见**你**，与你交流，**我们**就开始产生共鸣，彼此给予分享和理解，至少可以交换一些意见。两个“我”，成为“我们”。回想上次你同陌生人之间有趣的谈话，想想你在谈话之前和之后分别是什么感觉。刚遇到陌生人时，他是“它”，一个你能看见但不了解的对象。然后你与他开始聊天，交换彼此的故事，了解对方的情绪状态，觉察彼此眼神中所传达的个人经验。你能够真切地感觉到一个新的“我们”正在形成。通过每个字，每个点头，每个微笑，每个互相理解的手势，每个分享的经验，这个“**我们**”开始愈见牢固。

想想看，“我们”的范围是如此广泛：家庭中的我们、工作场合的我们、恋

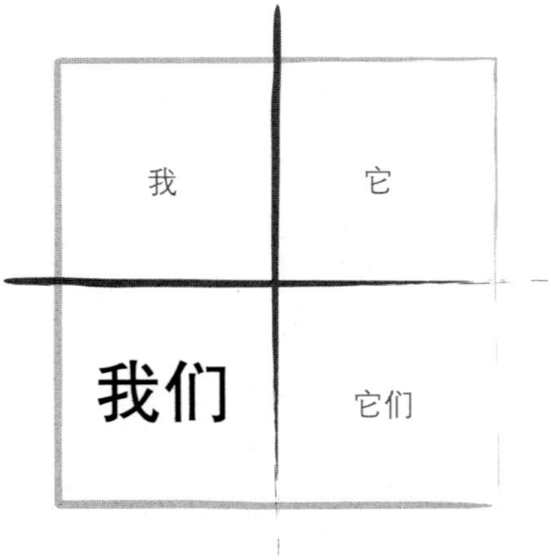

[图 3.4] 四大象限：对“我们”的强调

爱中的我们、体育队伍中的我们、作为好朋友的我们、所在社区中的我们、冥想团体中的我们、国家中的我们、地球上的我们，等等。注意这些团体关系，都有其实际可感的特性，都很特别。“我们”空间如此常见，以至于很容易忘记两个或多个人互相间达成理解是一件多么不可思议的事。为使沟通成为可能，就必须你进入我的思想，我也进入你的思想，而且还要进入得足够深入，这样我们才能彼此承认我们理解了对方的想法。很了不起吧？

与一个真正“懂”你的人处于相同的节律中是多么美妙的感觉！这个了不起的“我们”形成了，形成于我与你彼此理解、相爱和憎恨的时候，以及我与你以种种方式感觉到，彼此的存在就是我们之存在的一部分的时候。确实是这样的！

感觉“它”

相对于“我们”空间里的相互理解，“它”空间的视角所涵盖的范围属于表象领域，它使人和事物客体化，并产生各种有意识的行为。“它”空间有一种“实物”感，因为它是个体外部的领域。你可以看见、触摸、品尝、嗅到、听到和指点它。

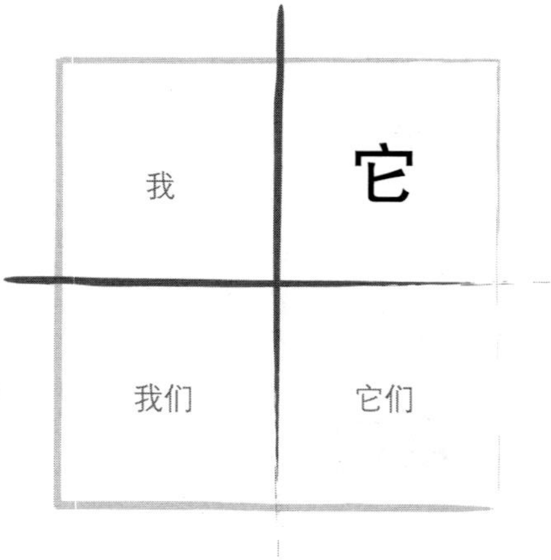

［图 3.5］四大象限：对“它”的强调

注意你自身的外在层面——你的“它”空间。肉体真是一个令人惊讶的载体（也是艺术品），因为它，你得以同世界相互作用。经过许多错综复杂的演化——从亚原子颗粒，到原子，到分子，到细胞，到细胞组织，到器官，再到器官系统——构成了我们的肉体。

现在，请你仔细观察身体上 1 英寸大小的皮肤。在这一小块皮肤中，有 4 码长的神经纤维，1300 个神经细胞，100 个汗腺，300 万个细胞，3 码长的血管。如果你有一台显微镜以及足够多的时间，你就能亲眼看到这所有的一切。我们每一个人，在生命最初的一个半小时里仅仅是一个细胞。想想这是多么神奇！而现在我们拥有大约 1 万亿个细胞！同时，在你读这段话的时候，你的 5000 万细胞已完成了新陈代谢。

我们的大脑可能是身体中最复杂的器官。从大脑处连接到身体各个部分的神经总长度将近 45 英里，信息沿着这些神经网络，以电脉冲的形式进行传导，传导速度超过每小时 200 英里，其产生的电能足以点亮一盏 10 瓦的灯泡（或是某种智能机器）。大脑中的 1000 亿个神经细胞保证了传输路径的独特性和无限可能性。

内脏属于个体的外部象限

虽然大脑、血液和胆汁都在我们体内，但其仍然属于“它”空间的范围，因为它们还是我们之存在的外在表现。通过把身体剖开，你可以像看到有形物体那样看到它们。但你之所以能看到每个细胞和器官，是因为它们均为实体，或者说是外在的。

停下来感觉“它”空间，也就是你心脏“扑通——扑通——扑通”的跳动。看看你手臂上凸起的血管，里面的血液每天周身循环大约 1000 次，经过的血管总长度超过 6 万英里。心跳的次数是每年 4000 万次。

你用肉体做什么——即你的行为——也属于“它”空间的范畴。你看起来怎样？你做些什么？实际上，皱眉时牵动的肌肉（43 条）比微笑时（17 条）要多。

就像所有的身体运动和各种行为一样，脸部表情活动也属于“它”空间。说到身体运动，世界健康组织报告称，全人类每天大约发生 1 亿次性交行为。可喜的是，接吻一分钟能燃烧 26 卡路里热量，更不用说……嘿嘿。不过这些只涉及身体的一个层面：肉身。你的“它”空间还包括精微体和因果体。后文将有更多关于三身体的内容。

感觉“它们”

花一些时间看看你现在所处的环境。你在哪里看的这本书？床上、图书馆、火车上、牙科诊所的候诊室里，还是加勒比海边的吊床上？不管在哪儿，你都处在与外界环境的关系中，再比如，周边的其他生物，建筑，地形地貌（山、河、森林）等。

再来看你的衣服。它产自哪里？是谁制造的？用了什么材料？支持你购买这件衣服的金融体系是哪种？它是怎样被运到你附近的商店的？你是通过电话或者网络购买的么？是哪些法规保证你不会被骗？对制造这件衣服的工人采取的是怎样的行政管理系统？在其生产过程中，有多少污染物被排放到生态系统中？这些问题分别指向我们所处的不同系统，而它们还仅仅只是与你这件衣服有关的部分系统。

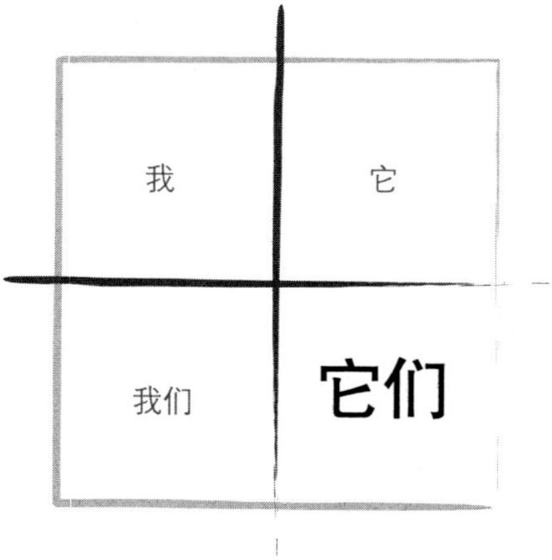

［图 3.6 ］四大象限：对“它们”的强调

尝试做如下想象：将视野从你家逐渐拉远，扩展到周边地区，你的城市，你的国家，你所在的半球，再到整个地球，到太阳系、银河系，乃至整个宇宙。然后再返回：从宇宙开始，逐渐缩小，到银河系、太阳系、地球、你所在的半球，到你的国家、你的城市、周边地区，再到你的家庭。想象生活的宏大网络，感受你与“它们”空间当中的众多系统之间的关系。

当理解了自己是如何参与世上无数个交织的系统时，你自然会产生关联感。我们共有的外部环境还包括政治系统、法律系统、经济系统。研究所（如教育机构和政府的研究所）、商业机构（如 Google），还有非营利组织（如红十字会）一起组成了社会的基础结构。交叉的社会系统网络用各种方式深深地影响着我们的生活和社会发展。

三大块：我、我们和它

有时，为了方便起见，我们将四大象限右侧的两个象限合并，简化为“三大块”：**我，我们，它**。

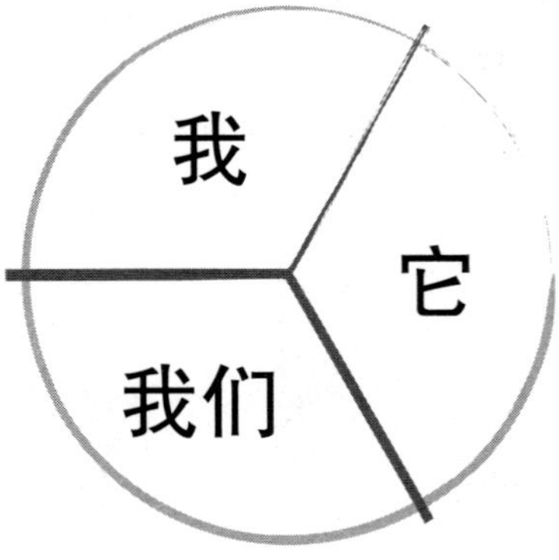

也许在这些交织系统中最有趣的，是那些将我们连接起来的各种分支系统和**通讯**网络。高速发展的电子社会，通过各种新的信息交换方式将我们连接起来。通讯的外在部分是指各种信息传输工具，如大众传媒、出版机构、手机网络、直播电视卫星系统，当然还有因特网。你对它们都很熟悉吧？

自然和社会共同组成了你的“它们”空间，即你置身其中的外部环境。

所有的四个象限，所有的时间……

可能你已注意到，虽然我们一次只考虑一个象限，但它们通常是共同显现的（更准确的说法是“**四面显现**”，意指在同一时刻从四个不同的方面同时显现）。这四个象限从不单独或脱离于其他象限存在。然而，当讨论或考虑它们时，我们倾向于一次讨论一个方面。

你探索它和它们时，忘了我和我们么？你探索我时，忘了我们和它么？大多数人往往会优先注意一两个象限，忽略其他象限。尤其是，我们试图通过解释，取消或同化其他几个象限的存在，借以突出我们想强调的一个象限——这根本不是整合式的思维方式！

整合式意识的一个关键技巧，是容忍**悖论**的存在。整合理论有时被描述为“都／和”的思考，而非“要么／或者”式的思考。虽然我们可以有意识地根据当时的情境，选择关注这一个或那一个象限，但我们也能够意识到，我和它都很重要，我们和它们也都很重要。四个象限同时存在，请试着感受所有的象限。

一分钟模块
感觉整体意识——马上！

由理论过渡到练习比你想象的要容易，我们在任何时间都可以练习。借助下面的五个快捷步骤，你可以通过四大象限，快速地将更完整的意识带入自己的生活。

1. 什么是四大象限？它们是一种表达个体（比如你）和集体（比如文化和环境）的内在（比如想法和感觉）与外在（比如身体和行为）的方式。

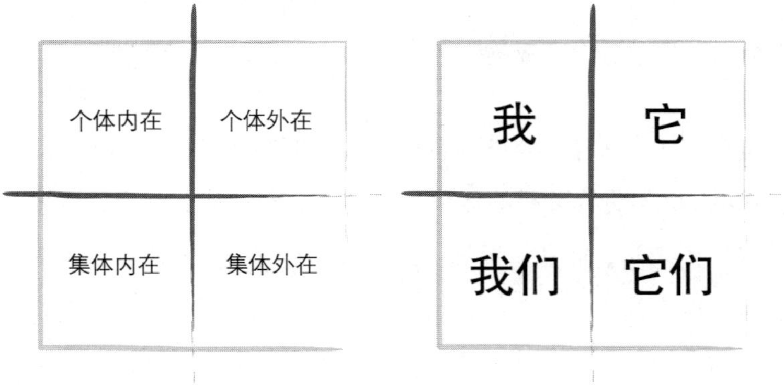

2. 快速扩展你的意识。花点时间，感觉你的“我”空间，即所有在你内部、让你成为你的东西。再感觉你的“我们”空间，即你和他人的关系。然后感觉你的“它”空间，即你的身体——感觉它的复杂性，包括围绕在这个世界上的你的客观存在的所有能量。最后感觉你的“它们”空间——你所从属或参与的众多系统，你的生活和它们紧密相连。请感觉你的意识是如何扩大到这些重要的各个层面中的。

3. 注意你在哪里卡住了。整合式理论认为，所有的四个象限——我、我们、它和它们都非常重要且必不可少。然而，多数人都倾向于只关注四个象限当中的一个或两个。例如，他们可能只关注**外在**的事实，却忽略**内在**的解释；或者，他们只关注**个人**经验，却不承认**集体**或者公共问题。在工作、健康或者亲密关系方面，你更关注哪个象限？你最关注的是**我**、**我们**、**它**还是**它们**？

4. 使用四大象限！万事万物皆重要且真实。任何时刻，你都应该去感觉你之存在的四大象限，也就是你的我、我们、它和它们这四个层面。注意你更容易在哪些层面卡住——你不停地向外看（它和它们），从不向内看（我和我们）么？你是否迷失在关系（我们）中，找不到自己的中心（我）了？你只关注外在的身体健康（它），却忽略了精神健康（我）么？也许你需要走出你的内心世界（我），该去打扫打扫住处（它们）了？**所有的四个象限都是重要、基础、真实且必不可少的！**

现在，进入无限：注意，此刻所有的四个象限都在你的意识**之中**，这样的意识含纳万物，它如此广阔乃至被称为“大心”。感觉你的纯粹意识——在那里，即使当你的小我或者自我占了上风，它都依然持有我们、它和它们的视角。体会那种开放、愉悦的意识，并继续你的生活。

这就是在生活中快速感觉整体意识的方法（参见第五章对AQAL的更多讨论）。对AQAL框架更为高级的运用，是结合其他独特的观点，运用四大象限去阐明医学、生态学、商业、灵性、政治及其他领域当中的诸多问题。AQAL框架正在被全世界的学者、教授、领导者和梦想家们所使用，以便将一种更丰富、平衡和综合的方法带入他们的工作与个人生活中，同时，它也形成了整合式生活练习的理论基础。

04

阴影模块

阴影是什么？

每个人都熟悉“身心灵”这个概念，但 ILP 在其中加入了“阴影”的概念，并把它视为所有真正的整合式练习的核心元素。身体、心智、灵性和**阴影**，是练习所要求包含的底限，否则转化过程将很难持续，这个原因目前尚不为人所知。而我们首次提出阴影的概念，则是因为其他方法都严重忽略阴影。

“阴影”一词指心理的“黑暗面”——我们分割、拒绝、否认、隐藏的部分，我们投射到他人身上的部分，或者与之断绝关系的部分。在心理治疗的语言中，阴影是“被压抑的无意识”，我们将它推出或者“压抑”到意识之外，使其成为无意识的内容。

即使我们意识不到阴影，也不会让它失去影响力：它会通过扭曲或者不健康的方法表达自己，或者采用通常被称为“神经病”的方式表达自己。

阴影工作和阴影模块运作的目的，是消除压抑、重新整合阴影，从而改善我们的心理健康，提高思考的清晰度。阴影工作带来的收获能惠及其他核心模块（身、心、灵），以及生活的各个领域，从人际关系到性，从情感到生命力，从工作到个人财务。

维持阴影是个高强度的工作！我们需要很多能量才能将自己不想展示的方面掩盖起来。阴影工作最大的好处是，它可以**释放**那些用来与假想敌进行搏斗的**能量**，并将这些能量用于我们的成长和转化。

想象一下，如果把这份可用于转化的能量看作银行存款600元，而你想进入发展的下一阶段，则需要付出800元。假设你压抑的潜意识中封存着400元，你若能从“能量现金”中释放哪怕200元，就可以进入下一个发展阶段了。阴影工作不但可以减少因心理搏斗而带来的痛苦，而且还可以决定是选择发展还是停滞不前。

心理疗法和阴影处理是现代西方心理学对转化练习做出的最重要的贡献。古代灵修传统对灵性发展的理解非常深刻，但没有找到适当的方法来解决属于心理动力学范畴的阴影问题。事实上，灵修传统最大的错误之一，同样也是ILP试图纠正的问题，就是：假设冥想这样的练习可以帮助个体转化，但实际上常有一些非常重要的自我侧面，尤其是阴影，被忽略了。而这样的结果往往是实现了**较高的意识状态**，却没有对“黑暗面”进行与之相应的、有意识且缜密的整合。

现在，揭露弗洛伊德理论所犯错误的做法非常流行，他是犯了些大错误，但对阴影本性的基本看法仍是正确的，即：**不想要的驱力或是感觉被意识压抑，暗暗地影响着生活**。

全世界数千个研究学者和治疗师几十年的阴影研究工作，已经屡次证明了他对阴影的这一基本看法。

然而，让问题变得复杂的是，阴影的本性就是要躲开意识，至少在某种程度上，**你不想看到自己的阴影**。所以解决阴影问题需要特别的工作。在被看到之前，阴影都会巧妙地将其晦涩的本性加于你的选择和行为之上，有时候甚至破坏你的整个生活。

无论愿意与否，你都有如下的选择：

成为阴影的主人。努力了解产生压抑行为的无意识驱力、感觉、需求和潜力，从而能更加自由地在生活中做出选择……

让阴影成为主人。让被你否认的驱力和感觉影响生活，完全远离有意识的抉择。

在阴影处理方面，我们有很多形式可供选择。几十年来，大多数阴影问题得到解决的人，都选择了向训练有素的治疗师寻求帮助。通常，他们选择个体咨询，也可能采取长期的研讨会或团体治疗这一形式。

心理治疗的领域非常广阔。其中包含众多的心理分析流派、心理动力学理论、常见的认知理论、整合各种感觉和情绪的疗法以及基于身体的各种方法。然而，同可用的方法比较起来，这些也仅仅是浮光掠影。

在各个发展阶段，有很多情况可能会带来内心的挫折、障碍或者伤害；而面对存在本身，我们也会自然地紧缩和关闭。各种伤害或者紧缩都会带来独特的、与众不同的阴影或者神经官能症。**整合心理治疗**的新领域便是针对不同的病理，找到解决问题的最佳治疗方法。

影响治疗的因素很多。有时候采取简要的疗法就很有效，而有时候则因为问题的严重程度，必须采用长期疗法。整合性治疗师的作用是能够在重要的选择上做出精准的判断，找到最合适的治疗方法。

有些人很不幸，心理障碍极为严重，例如罹患精神分裂症的人，他们最能从心理药物学中获益；通常，对他们而言，心理疗法反而是次要的选择。一般来说，整体性治疗既需考虑内在疗法，也需关注外在疗法，哪怕最严重的病例，治疗师也要力图在内外方面达到明智的平衡。

对于其他人（社会功能正常的人，想通过“清理内心垃圾”来**提高生活质量**的人），心理治疗是诱人的奢侈品，它可以帮助我们获得专业且共情的帮助，深入自己的阴影部分，扩展自我意识，为内心世界开拓新的选择。

如果你现在没有方法、时间或者愿望去寻求专业的心理治疗，或者仍想自己做些有效的努力，那么，静态的阴影工作特别适用。

3–2–1 阴影处理属于金星练习，可直接且高效地接触和整合阴影（每个 ILP 金星练习都是供选择的，3–2–1 阴影处理同样如此；另一方面，它对于整合式生活来说又是**必须**的）。下一节，我们将讲解 3–2–1 阴影处理，我们先来了解一下阴影的由来，并举些例子说明它如何在生活中运作。

3–2–1 阴影处理

阴影的来源

如果孩子生母亲的气，且愤怒的情绪威胁到了他的自我感受（“我完全依赖于妈妈的爱”），那么，他就可能否认或者压抑愤怒。

否认愤怒并不能使愤怒消失，这样做的结果，仅仅是让当事人有一种感觉：愤怒似乎不在意识当中了。她虽然仍旧生气，但似乎那已不是她**自己的愤怒**了。愤怒的感觉被放到了自我疆界的另一边，那似乎已经是意识之外的事件了。

压抑和投射可以分为三个阶段，如下例所示：

1. 我生妈妈的气。但是对妈妈生气会威胁到我生活中的温暖、食物、舒适、安全和生存。我很生气！

2. 这样不好！我压抑愤怒。可能我会将愤怒投射到内在的“你”或“他们”身上，更糟的是，投射到我所不认识的人身上。愤怒继续升起，好的，既然不是我在生气，那么肯定是别人。突然，这个世界上充满了愤怒的人。

3. 如果我足够压抑，就可以不再承认愤怒了。愤怒与我没有任何关系，我只是害怕和伤心（在愤怒的世界里，这两种情绪是完全可以理解的）。通过压抑愤怒，现实中，我实际的（也是“真正的”）感觉（生气）只在次级反应中被感受到了。这个过程即是：我将“生气”这种真正的感觉，通过压抑，异化成“虚假”的感觉（害怕、伤心和压抑）。换句话说，是我们自己制造了内在的欺骗，也就所谓的**二次虚假**感觉（本例中的害怕和伤心）。这些二次虚假感觉让我更加远离我百般抗拒的**愤怒**——即我最初、最主要和初级的感觉。这种衍生的感觉可能非常强烈，而且是可以被真实体验到的，但它不是根源，所以，我们不能从它们入手作有效的处理。

阴影工作属核心模块，不去意识自己最根本的情绪——愤怒——并**承认**它，我们将永远不会克服由其带来的忧伤和恐惧。

无论什么时候，当我否认或投射我的动机、感觉和品性时，它们就会出现在“外面”，恐吓我，激怒我，使我沮丧，或变成一种强迫观念。很多时候，最能困扰、扰乱、迷惑和强迫我的，实际上都是我的阴影或者特质，现在被我感觉成在“外面那儿”而非源于自身的特质。

对我来说，阴影似乎在“外面那儿”，但是它形成了我的感觉和动机。我的阴影无意识且不自觉地塑造了我的行为，创造出我似乎无法摆脱的模式。我只有一种出路——穿过它。

让我们来更仔细地观察阴影的来源。

第一人称认同：分裂的自我被自我认可为（主动或被动）我的一部分。但是，不管出于何种理由或条件，这个方面威胁了我的自我感。如果我们可以承认或接受自己主要的情绪或动机：“我生气（害怕、压抑或嫉妒）了，那没什么大问题。”这份感觉就不会被分裂，就不会被投射到“外面”——其他的人、事、物上。

第二人称认同：当我们无法接受自我的某些方面时，可能会将它们推出意识之外，推至另一个人身上。换句话说，分裂的自我，那些让我们恐惧、羞愧或不认可的部分，变成了我在你身上见到的部分，而非我的部分。“是**你**小气、不耐烦、懒惰，不是我。”

你生气了。

你饱受忧伤之苦。

你____。（填空）

但**我**不是。**我**没生气。**我**不伤心……或者任何其他被嫌弃的情绪。

第三人称认同：现在，这个情感或者情境对自我的威胁如此强烈，以至于自我将它完全放逐。本来是自己拥有的情绪（第一人称认同）变成了别人的情绪（第二人称认同），最后它完全被驱逐，成为同我没有关系的物体（第三人称认同）。通过驱逐它，我们把要拒绝的情绪推至离意识最远的地方。“生气？你在说什么？”

被切割出去的特质变成了抽离的“它”，我们不了解和看不见的成分——阴影。

再举一个阴影发生作用的例子：

第一人称 = 说话的人（我）
第二人称 = 说话的对象（你）
第三人称 = 谈论的对象（他 / 她 / 它）

亨利想处理税务方面的事情，他来到自己的办公室，计划开始工作。当他坐下来检查税务记录时，奇怪的事情发生了。他开始清洁书桌，削铅笔，整理文件，浏览一些关于如何在税务上省钱的专业网站，然后又浏览了一些其他有趣的网站，他迅速翻看了一些自己喜欢的杂志，重新考虑了一下，是否应该雇个书记员和会计。

他没离开办公室，因为他开始税务工作的欲望仍然大于不做。但他却忘了动机，并开始异化并投射动机。

在思想深处，亨利知道**有人**想让他准备税务，这是他仍然闲荡的主要原因。但是现在，他完全忘了是**谁**想让他算这该死的税，于是，他逐渐愤怒起来，被这一投射弄得烦躁不堪。

接下来，他需要做的是完成投射，也就是忘掉他**自己**做税的动机，找到那个可以将他自己的动机“安装上去”的人。

一无所知的受害者进来了：

亨利的妻子回家了。她一无所知，问："税怎样了？"

亨利厉声道："别烦我！"投射完成了。现在，亨利觉得不是自己，而是**妻子**想让他完成这愚蠢的税务。她表面上挺体贴，暗地里却一直在给他压力！

如果亨利没有处理税务的动机，他可能会回答，自己还没有开始，正在考虑是否要继续。但是他没有这么回答，原因是亨利内心知道**有人**的确想让他今天处理税务，既然清楚地感觉**自己并没有这样的念头**，那么肯定是别人。而他的妻子作为可能人选出现了，于是，他将自己的驱力投射到她身上。

投射完成后，亨利感到了外界的驱力，一个来自外界的要求。外界驱动也被称为**压力**。事实上，**任何时候**，只要一个人向外投射了某种驱力，他肯定会感觉到来自外界的压力。相信也罢，不相信也罢，这就是**所有**外界压力的最终本质。外界压力只有与对外投射的内在驱力挂钩才会产生作用。

如果他的妻子**确实**不断地催促让他准备税务，如果她更过分，要求他完成税务呢？是否整件事情就不同了？是否亨利感觉到的就不是自己的压力了，而是他妻子的？

不是的，结果不会有什么不同。妻子表现出的特质是亨利想要投射的，这也让她成为一个更好的"挂钩"，让投射显得更加诱人，但是……

……**他**的投射动机仍然是最重要的。

亨利的妻子可能的确想给他点压力让他做些什么，甚至可能因为其他一些理由来烦他，但是，除非他**也**想做，否则他不会真的**感觉**到**压力**。

怎么办呢？

从定义来看，特定阴影元素的真实本性就藏在意识背后。我们必须了解如何识别阴影的**症状**，运用"逆向运作"找到解决方法。这就是整合理论可以帮助我们的地方。阴影始于第一人称的冲动、动力或者感觉，它被错误地投射到第二和第三人称对象上。再强调一次，阴影的根源是 1–2–3 过程，而且发生得非常快！唯一能帮助我们的方法就是这个逆转过程：3 到 2 到 1。这就是 **3–2–1 阴影处理**。

练习 3-2-1 阴影处理的可能结果

重新整合分裂的部分。

拆除坚固的壁垒，释放能量。

产生同情或共鸣。

产生洞察力，如认出投射的最初来源。

创造性策略或行动进入意识。

某个情境或者人不再让人生气，不再不可抗拒、具有毁灭性或者让人心烦意乱。

3-2-1 处理采用角度的变化，找到被否认的投射或者阴影材料，将它们重新整合到意识中去。这个练习帮助我们用健康的态度与隐藏的自我接触，并完全地体验它，直面它。

只要人格碎片仍在无意识中游走，即使它再小，也会被异化成“他人”的部分，而不是整合的“我”。散布于心理中的“他人碎片”越多，成长就越困难。**当自我的某些部分被推出意识之外，将损害健康阶梯的发展。**

别忘了：推动和压抑阴影部分至意识之外的这股能量，本可以用于发展自身潜能的下一个阶段。

将意识之光带入阴影

合气道大师们深知，不知之物可伤我们至深，而所知之物可为我们所用。1-2-3 分裂步骤可以帮助我们重新发现并找到自我的分裂部分，让我们与隔离的自我重新联结。换句话说，就是与被否认的部分建立关系。

从“3”开始，找到“它”（第三人称角度）的部分，直接接触并恢复跟它的关系。然后我们接受“它”，将这部分还原成“你”意识（第二人称角度）。

同“你”交谈，建立密切关系，对话且相互适应。在“2”部分，我们开始接触“你”这只钩子，但不去认同这只钩子。最后，在“1”部分，我们收回被定义为“你”的内容，通过**成为“它”——我压抑的**情绪或动机（第一人称意识），完全承认这份情绪或动机是“我”或者“我的”。这样我们就完成了3-2-1处理：从第三人称到第二人称到第一人称。“它”还原为“你”，最终又被还原成“我”的一部分。

面对它，跟它**交谈**，最后，**“成为”**它，这就是3-2-1处理的实质。它可以帮助我们对于被压抑的心理层面获得深刻的自我理解，而且操作起来非常简单。

金星练习
3-2-1 阴影处理

首先选择要处理的内容。从那些吸引你或让你厌恶及不安的“困难人物”（如伴侣、老板或者父母）入手，这样操作起来会比较简单，当然也可以选择那些让你分心或着迷的梦中意象或身体感受。记住，这种干扰很可能是正向的，也可能是负向的。

识别阴影或者形成阴影的原料，有两种方式：

一种：让你以被动的方式超级敏感、容易触发、易起反应、被激惹、生气、受伤、难过，或者，它会以一种不停出现的情绪基调或心情妨碍你的生活。

另一种：让你以主动的方式超级敏感、易着迷、有占有欲、心神不宁、被过分吸引，或者，对事物持续地理想化，以致形成了特定的情绪和动机。

然后是如下3个步骤：

3- 面对

近距离观察你的困扰，然后，用写日记或者跟空椅交谈的方式，用第三人称代词如“他”、“她”、“它”、“他的”、“她的”、“它的”、“他们的”等细腻而生动地描绘这个人、情境、意象或者感觉。这是全然探索困扰体验的机会，特别是探索其中让你烦恼的内容。不要将烦扰缩小、淡化，而是要利用这个机会尽可能全面而详细地形容它。

2– 交谈

用第二人称代词（“你”和“你们”）与这个意识对话。这是与困扰建立关系的机会，直接与你意识中的人、情境、意象或者感觉对话。开始你可能会问这样的问题：“你是谁／什么？你从哪来？你想从我这得到什么？你需要告诉我什么？你给我带来了什么礼物？”允许这个困扰回答你，想象这些问答的内容，写下来或者读出。允许并接受对话的内容带给你的惊讶。

1– 成为它

用第一人称写或者说，用“我”和“我们”，描述你已了解的人、情境、意象或者感觉，完全从这位给你带来困扰的人的角度看待世界，这个人也包括你自己，允许自己不仅发现相似点，而且看到你们**其实**是合一的，是相同的。最后，说一句认同的话：“我是____。”或者“____是我。”这句话，就其本性而言，会让人觉得非常不和谐或者是“错的”。（毕竟这是你内心一直急着否认的！）但试试看，至少这句话里包含了一个真相的核心。

最后一步（3–2–1 的 1）通常还有第二个部分，叫重新拥有阴影。以第一人称的角度看世界，不是一会儿的工夫便可草草结束的，只有这种最根本的感觉——曾被排斥的感觉或动力——清晰地成为你的，才可以被处理和整合。

最后，让之前被排斥的现实在其他多个层面表现出来，它会带来意识、情感、精微能量的变化，从而释放那些因否认而被占用的能量和关注力。你感觉更高兴、自由、平和及开放，有时候还会兴奋或眩晕，这时，你就知道这个过程开始工作了，它带来了新的可选择的生活方式。

范例 1：菲尔拜访童年好友

3– 面对

我非常害怕拜访童年最好的伙伴。上一次去他家，他和他的妻子以及全家都让我受不了。他是个彻头彻尾的懦夫！他的妻子控制了他的生活！他的工作超级安全、有保障，同时也死气沉沉。他完全没有享受过生活之泉是何等的畅快淋漓！也从未感觉过发梢间徐徐穿过的微风！如果他能偶尔行走在狂野的边缘，就能比现在鲜活两倍！但他背叛了自己。这让我恶心，跟他在一起让我发疯。

2– 交谈

菲尔：为什么你让妻子决定所有的事情？

乔：我没有，但我尊重她的意见。

菲尔：为什么你对那个不怎样、死气沉沉的工作这么满意？

乔：喂，这个工作挺好的，是份体面的工作，我喜欢它。

菲尔：为什么你不考虑成立自己的公司？

乔：我喜欢现在的样子。它更安全，不累。这有什么不好的呢？

菲尔反反复复地问，发现乔喜欢安全稳定，不希望生活中出现大的起伏。但菲尔喜欢探险，争取所有能争取的以及可达到的极限。

1– 成为它

菲尔成了乔。菲尔说："我想要安全、有保障、顺利且可预测的生活。"

重新拥有阴影

菲尔意识到他否认了自己对安全和保障的需要，否认得如此彻底以至于他轻易就被乔的特质触动了。每个人都需要两个方面：一面是兴奋、活力、探险、热情、迷炫和高报酬，另一面是安全、保障、可预测和舒适。原先，他否认了一个方面，现在，他变得更完整了，他可以将两方面价值观纳入考虑，同时进行有意识的择选。

通常这需要感知力和能量上的改变。菲尔可以继续深入了解自己的安全和保障需要，整合它们，从而更加自由地在生活中进行新的选择。他可能感觉对乔产生了新的同情和共鸣。他可能意识到，12 岁那年父亲去世，他将虚张声势的父亲理想化，这一行为在其内心世界投下了阴影。他甚至可能找到新的方式来处理生活中的挑战，例如，他可能怀着深深的感激和乔及乔的家人共度一天半，剩下的时间则自己待在旅馆中，从而避免需求的某一方面用量过度。所有这些都可能发生。

范例 2：凯西给比尔能量

3– 面对

第一次遇到比尔是在一次网上约会服务中，我特别指定要找一个**非常聪明**的男人。读了比尔的个人简历我立刻被他吸引了：芝加哥大学的教授，拥有两个博士学位——理论物理和哲学！

头几次约会中，我认真倾听比尔说的每一个字，彻底地着迷于他的知识和观点。他越是谈论黑洞、M 理论、康德和克尔恺郭尔，我就越感觉被他所吸引。

跟比尔约会已有三个月了，我开始注意到有些事情让我很困扰：**跟他一起时我没有说话的机会**。他对一切都了如指掌，我不知道我能说些什么。他太聪明了，以至于我不知道他能从我这儿学到些什么。

我仍然很想同比尔在一起，但他这么的聪明，我不确定他是否愿意和我交谈。

2– 交谈

凯西：你喜欢跟我一起吗？

比尔：当然了，所以过去的几个月我那么想见到你。

凯西：我们的谈话会不会让你厌烦？因为你没有从我这学到任何新东西。

比尔：刚好相反，凯西，我觉得你是个聪明的女人。你自己创业，从头开始，我从你那学到的远比你所认为的要多。你管理公司，而且管理得那么成功，可不仅仅是运气，我从没干过那样的事，所以听你谈话，我收获很多。

凯西：你没注意到我跟你在一起时多么的胆怯，总是附和你的说法吗？

比尔：我半辈子在学校中度过，并不表示我什么事情都是对的！我邀请你挑战我，否决我的看法，说出你的意见。我非常尊重拥有独特观点且独立思考的人，很愿意听到你的意见，特别是和我不同的意见！

1– 成为

凯西成了比尔。凯西说："我很聪明。我的观点很有价值，值得分享。"

重新拥有阴影

在过去的某个时刻，凯西开始认为：在男人面前展现自己的智慧是不对的，所以她否认并隐藏自己的智慧。这个例子中，凯西的阴影是积极特质：智慧。她将自己的智慧投射到比尔身上。刚开始，凯西如此强烈地被比尔吸引，是因为她"正在拥抱阴影"。她迷恋的不仅是比尔，也是被自己否认的智慧。通过3–2–1 处理，凯西重新得到了自己的智慧。

这件事情激起了她对整个自我形象的重新评估，接下来的几天里她积极地写日记。在新观点被认可后，凯西感觉更踏实了，她最大限度地控制能量阀门，逐渐减少能量外流他人的行为。短暂的分手后，她决定继续这段关系，但不再将比尔的智慧理想化了，就像要填补自己的不足一样。凯西感受到了更多的自尊，并在此基础上看到了比尔的自我中心和小缺点。她开始用欣赏同伴的眼光欣赏比尔，将他看作一个多层面的人。

范例 3：托尼和怪兽一起冥想

离婚后不久，托尼开始了每周多次的噩梦。每个噩梦中都有一个丑陋的、牙齿尖尖、皮肤又冷又黏的怪兽，梦境中，这个可怕的怪兽不停地跟踪他。凶猛的怪兽恨托尼，想要杀死他。就在怪兽要抓住他之际，托尼醒了，黑夜中他满身大汗，恐惧漫过身体。

托尼练习冥想已有很长一段时间，他就这个问题询问冥想老师，老师建议他冥想与怪兽相关的恐惧。接下来的几个月，托尼按照老师的指示观察恐惧、感觉恐惧，在恐惧中放松，希望通过这种方式让恐惧释放，从而“解放自己”。这项练习的要点是：只要托尼允许自己的思想完全放松，完全“成为自己”，他情绪中卷曲收缩的能量就能获得释放，进而得到更自由的使用。

四个月勤奋的练习后，噩梦还在继续，有时候甚至更厉害。对托尼来说，怪兽如同地狱一般可怕，它仍然想杀死他。

托尼决定在日常冥想之外添加 3-2-1 处理练习，这里有一次练习摘要：

3- 面对

我仿佛处在一台计算机里，周围是闪烁的光和设备仪器。这个环境让人感觉刺眼、陌生、不自在。我感觉有东西在追我，跟着我，仿佛我是束手待缚的猎物。我往后看，看到一个高高的吓人的影子，它躲在黑暗里。我知道这个怪兽恨我、想杀死我。恐惧控制了我的每一块肌肉。我笨拙地逃离，跌跌撞撞地试图离开这奇怪的世界。但不管我如何努力，怪兽逼近了……更近了……更近了，几乎就在我头顶上，恐惧让我浑身发麻，我紧紧地闭上了眼睛。

2- 交谈

托尼：你干吗要追我？

怪兽：我恨你，想杀死你。

托尼：你为什么恨我，想杀死我？

怪兽：因为我非常生你的气。

托尼：为什么？

怪兽：你可恨、卑劣、应该去死！

托尼：那是什么感觉？

怪兽：愤怒，像熊熊燃烧的火炉！

托尼和怪兽继续讨论怪兽的感觉和经验！

1– 成为

托尼成为怪兽。托尼说:“我真生气! ”“我气得想要杀人! ”

重新拥有阴影

通过练习 3–2–1 处理，托尼意识到：在其恐惧的背后潜伏着极大的愤怒。离婚后，他将愤怒解离成一个分裂的阴影元素，当这一切在他的噩梦中呈现时，就表现为一只愤怒的怪兽。只有重新联结愤怒，托尼才能收回阴影带来的压抑，从而释放能量，进行更好的自我整合。

他意识到，这几年来自己一直隐隐约约地被压抑着。他因完全否定自己的初级感觉而被不断地剥夺原始能量，以至感到非常空乏。他开始在健身房里进行越发激烈的锻炼，并且尤为喜欢散打班。他也找到了一位好的治疗师，由他带领，重新收回并引导自身的原始能量。

当然，仅仅靠冥想无法完成这些工作。在日常的冥想中，托尼对恐惧做了极佳的目睹，但因恐惧本身是**虚假**的情绪，是初级感觉——愤怒——所带来的症状，所以，即便托尼观察自己的恐惧 20 年（很多人都这么做），最初的压抑——愤怒——依然存在。不收回初级的感觉，托尼的愤怒就会被投射，继而创造出怪兽，不断在他周围出现，引起他的恐惧（实际上，他恐惧的是自己的愤怒，而非怪兽）。他同恐惧接触并自认为在转化恐惧，事实上，他从未接触且释放过初级的也是最真实的感觉——愤怒。而后者才是他的噩梦和恐惧的根源。

冥想没有接触真实的分裂机制（1 到 2 到 3）和疗法中的主客关系（3 到 2 到 1），它是一种可以让你触及无限自我的方法。但同时，它加强了日常生活中有限自我的虚假性，结果将自我本身分裂成碎片，并将一部分碎片投射到他人身上。否认的碎片被隐藏，即使冥想之光也无法将它照亮。阴影模式躲在地下室中，秘密破坏你通往永恒之路的每一步。

症状	表现为	最初的阴影形式
对外界压力的憎恨	←	驱力
拒绝（“没人喜欢我”）	←	拒绝（“我拒绝他们”）
负罪感（“你让我愧疚”）	←	憎恨（对他人要求的憎恨）
焦虑	←	激动
自我意识	←	向外的关注（对他人）
性功能紊乱	←	“我不想让他/她满意”
恐惧（他们想伤害我）	←	敌意（“我很生气，无意识地想攻击”）
伤心	←	愤怒
退缩	←	拒绝
我不能	←	“妈的，我不干！”
强迫（“我必须”）	←	欲望（“我想要”）
憎恨	←	自我憎恨
嫉妒（“你这么出色”）	←	“我比我想的要好。”（金色阴影模式）

通常，你可以对属于第三人称的阴影症状进行转化，让它们回到最初的第一人称形式。上表可作为简易的参考指南。它提供一些常见的样本，让你了解阴影是如何转变成症状的（或相反）。只要继续练习 3-2-1 阴影处理，你将在自己个人的阴影动态中，获得更多的洞见。

[图 4.1] 次级、虚假的情感和驱力显现成初级的真实状态

一分钟模块
3-2-1 阴影处理

任何时间，只要需要，都可以做 3-2-1 处理练习。最佳的练习时间是早上醒来后和晚上睡觉前。熟悉这项练习后，一旦发生困扰你的事情，只需一分钟就可以完成这个处理。

早上： 早上起床前的第一件事，回顾昨晚的梦，辨认出任何一个能激起你

情绪的人或对象。在大脑里中抓住那个人或者对象，与他交谈（或者同他产生共鸣，只要感受你们面对面的感觉就好）。最后，站在他的角度，**成为**那个人或者对象。在这个练习中，你不需要写任何东西，只需将整个过程在大脑中走一遍就可以。

晚上：上床之前最后做一件事情，选一个白天让你很厌烦或者很喜欢的人。在你的大脑里，**面对**他或者她，与之**交谈**，然后**成为**他 / 她（如上文所述）。

再重复一次，你可以自己在任何时间安静地做 3-2-1 处理，无论白天还是晚上。

更高级的阴影工作

较浅的阴影

阴影的**存在**有几种**不同**的类型。本章侧重的主要是阴影中的一种——被压抑的无意识阴影。因为这种阴影的动机、感觉和需求如此强烈，威胁到了我们的意识层面，以至我们不得不将它们压抑到觉知之外。这种阴影是投射的主要来源，无论它是消极还是积极的。照亮阴影的工作永远不会结束。

另一种阴影也值得一提，它是由我们还没有拥有或继承的能力造成的。这个阴影由我们较高的意识部分投射而来，它想下来进入我们的生活。我们习惯了现有的自我，通常不允许深刻、独特的能力现身，于是将其压抑在意识之外的阴影中。只有解除这种压抑，特定的成长才会发生，从而了解自己，完全成为全然独特的个体。

换句话说，有时候当我们最高的智慧、直觉和能力与自我意象不符时，我们会以长期、固定的身份应对生活，因为没有能力负责任地将我们最高的潜能和意识进行整合与体现。我们被卡住了，从而成为了较低的自我，而非真实的样子。有时候，阴影不仅包含“低”的或原始的心理层面，而且还包含某些“最高”的进化层面。认识到这点非常重要，同时，我们要对这种可能性保持觉察。当你发现阴影在身上运作时，就要寻找清晰的思维和勇气，选择活在你最高的能力之中。在本书的编后记“独特的自我”中，我们会讨论向自己独有的活力和目的开放的过程。这些“金色阴影”同样代表金色的成长机会。

例如，有的人可能有很强的领导能力，但他们不喜欢自己想要“掌控”的这一部分，因为太具侵略性、太男性化、太独断了，他们有什么资格告诉别人该干吗呢？他们将领导才能同所谓控制和支配的负面特质联系起来，在自己身上创造了金色的阴影。他们可能很欣赏**别人**身上的领导能力，却讨厌自己拥有的有比这更大的能力。通过 3-2-1 过程，他们可能会看到自己想要成为领导的愿望，而这也可能成为他们自己练习和成长中最尖端的部分：在找回“金色的阴影”之后，它可以转化为远见之光，作为礼物送给你。

心灵的奇怪逻辑

在阴影处理中，心理的逻辑有时很奇怪，非常有必要对它们加以说明。深层心理对阴影本身和阴影的**相反形象**的反应方式差不多相同。我们否认的自我部分——阴影——和它的相反形象或情感的相反面，都可能让我们激动、愤怒、浑身僵硬、迷惑、失去判断力或者孤僻。

在上述第一个例子中，菲尔否认了他对安全感的需要，所以比较懦弱的童年朋友乔触发了他这一阴影部分。这些同样被否定的需要可能还会被触发，尽管方式有所不同。例如当菲尔见到和乔完全相反的人，另一个朋友罗尔——一个胆大妄为的家伙——时，他可能会觉得自己的勇气、狂野以及情感的强烈度就相形见绌了。如果那时他对罗尔这个无法无天的人进行 3-2-1 处理，他可能最后会说出：“生活就是强度和活力，否则就什么也不是；我一点也不关心安全或者保障。”阴影的本来面目让他接触到了重要的心理真相。相反的是，在第一个例子中，阴影的对立面，即被他否定了的对安全感的需要，也让比尔接触到了这个心理真相，但是对阴影对立面的处理，则需要更深刻的揭露。

这样，在完成 3-2-1 处理后，当你再次“尝试面对”任何一个原先引起你反应的事物时，让直觉注意到这些被自我否定的部分，而这部分你是可以深刻认知的。有时候，它们可能出现在与你开始的感觉恰恰相反的情绪中。

转化真实的初级情绪

阴影工作很重要，但通常这只是厘清情绪的第一步。在完成阴影工作之后，你不再迷失于次级、虚假的感觉了，你就有机会创造性地取回并使用由真实、初级的感觉所带回的能量。（从技术上讲，这不是真正的阴影工作，但通常是开始下一步情绪练习的适当步骤。）真实的初级感觉是你本身的原始能量，对于你保持完整是必须和必要的。如果情绪明显是“负面”的，如愤怒、恐惧或悲伤，似乎只会降低效率，毒害你的思想和心灵。但是“除掉”负面情绪并不是切实有效的方法，这种努力只会将负面情绪驱逐到阴影中，而阴影就是最初的问题所在！更有成效的方法是转化这些情绪，使之成为纯粹、本质的能量，并用于表达和释放。

下面五个简单的步骤传达了传统灵修练习中转换负面情绪的精华：

1. 注意你当下的感觉及这份感觉在身体中的反应，无论是在肉体层面还是能量层面。

2. 你的评判、怀疑，以及其他各种反应，此刻，皆让它放松，允许它成为本来的样子，并充分地觉察它。

3. 如果这个情绪是针对某人或者某物的，那么，请你放松与对象的关系，就让情绪能量留在那，注意它正在你体内出现（而不是强加给你的，例如“是她让我生气的”）。放松，直至你可以对自己的情绪模式和能量完全负责。

4. 感觉情绪以及在情绪发生的情境和关系中能量的升起。呼吸，允许情绪能量的流动。注意如何让它积极地进行，而非破坏性地。呼吸几次，注意情绪的变化过程：它是可以被引导，可以循环的。

5. 注意辨识情绪短暂性的本质，允许它释放自身的原始能量，如水沸腾为蒸气那样，自由、无障碍、积极地表达。

以上过程的核心是**接纳**和**允许**情绪的存在，减轻其周围的张力和阻力，然后，让情绪自然地在你面前展现，让它自由地、未受阻碍地、清醒地表达其原始的能量。

举一个例子——愤怒的转变。在愤怒的背后潜藏着巨大的能量。如果将这些能量释放，恢复到其纯粹、真实的本质，它会变成什么呢？通常，对愤怒的揭示会表现为能量与承诺，它会辨别、洞察、刺穿你的迷惘，并把你带入明晰，有时也会表现为能够促成必要改变的能量和意愿。愤怒这样的情绪能量不需要消失，事实上，它可以成为同情和自由的宝贵来源。

情绪转变不断进行

情绪是一种隐藏在深处的习惯。你已完成了一种情绪的转化，但有时会发现自己又重新掉入原先的旧有模式。新近出现的情绪能量需要新的方式进行整合。情绪的成功转化需要随着时间的推移，做不间断的练习。它们会明显而彻底地自我释放，但一段时间后又再次发生，所以，你不得不再次处理。持久的过程需要耐心和坚持。经过一段时间的练习，你可能会注意到情绪对负面经历的反应是如此迅猛而强烈，你也会惊讶地发觉，通过意识练习，甚至连粗俗的情绪都可以自然地自我释放。你的练习变得越自然，你就可以拥有越多的能量、产生更加细致的觉察力并掌握相应的技巧，用以处理生活中的挑战性情绪和能量。

情绪的转化同阴影工作如何配合

· 阴影处理中，意识到“它”或者“你”是“我”所否认的部分。

· 转化情绪的处理中，通过“我是”观察“我”的这些侧面。

· 在处理中：情绪被释放，不再被认同。

不让情绪支配你，而是你支配情绪。

情绪不再塑造“我”，而是成为“我的”。

换句话说，虚假的次级情绪转换成真实的初级情绪，再转化成觉醒的、超越的能量。

语言不能准确地捕捉情绪的流动，所以分类性的概括不可能完全准确，但不管怎样，图 4.2 中呈现的相关性可能会对你有用。

真实情绪	变为	自由的情绪能量
愤怒、批判的思想	→	清晰、整合、穿透性的理解力
骄傲、傲慢	→	镇静、满足和放松
热情和贪婪	→	智慧和轻松的理解力
不安、嫉妒和偏执	→	明智、效率、结果
顽固、傲慢和迟钝	→	空灵，轻松的意识
恐惧	→	原始的、现在的具体觉察
惊骇	→	觉察我们的肉体必然死亡
忧伤	→	关心和联系
贪婪和暴饮暴食	→	满足、慷慨
野心和欲望	→	技巧的、强有力的反应
疑惑	→	爱追根究底的智力
嫉妒	→	镇静、自爱和慷慨
麻木和僵化的抽象概念	→	不依附、宽广的视野
不安全和焦虑	→	放弃和空灵
回避和否认	→	惊讶、简单的存在
自我憎恨	→	超越的直觉
愿望和厌恶	→	原始的动物活力、早期活力
愤怒	→	克服障碍的能量

[图 4.2] 真实情绪转化成自由的情绪能量

阴影工作——转化情绪

西格蒙德·弗洛伊德对心理治疗的过程做了很多著名的总结，其中有一句："本我过去在哪里，自我就应在哪里。"阴影工作和情绪处理同样适用于这个说法：

"它"成为"我"。

"我"成为"我的"

并用"我是"去观察。

然后收回和释放能量。

发展同情绪的关系

在转化情绪的过程中，加入阴影处理可以为你的情感关系提供一个额外的开阔空间。而这份空间使得"放松、直接地体验感受"成为可能。你会感到好奇，并渴望探索它。你可以相信这个不是痛苦的，而是舒畅的。珍重你的原始情绪，与它们共处，它们最终会从紧缩的状态绽放，成为它们真正的、自由而觉悟了的样子。你可以确信，当这些发生在你身上时，你会感到活力倍增。原始情绪所包含的巨大能量最终会转化成额外的活力、觉知和成长动力。

3-2-1 阴影处理和情绪转化是真正宝贵而有效的练习。练习它们可以改变你整个内在经验的氛围，大大加速你的成长，丰富你的生活。多数人都非常害怕体验自己的某些感觉，正是这种害怕让我们不能全然地活在当下。

如果你确信"吓人的"感觉也能带来更多的活力和更好的机会，那么，情况就会改变。成功地完成这个工作不但可以释放先前捆绑在阴影情绪中的能量，还为将你的情感生活与同情心联结在一起提供了一个现实基础。

情感练习的结果可能是如下：

- 允许自己更直接、更全面地体验生活，包括先前很困难的感觉。
- 在先前麻木和害怕的地方更有活力和自主性。

· 完全临在于引起情绪的情境中。
· 对阴影情绪真诚地开放，自在地好奇。
· 内在的自我接纳和自我理解。
· 解开情绪上的束缚，获得更清晰地看待生活的能力。

整合光和暗、灵性和阴影

我们现在可以开始得出关于阴影的某些结论，找到阴影与 ILP 其他方面，特别是灵修和冥想的重要联系。

面对阴影，否则它会找机会绊倒你

灵修老师讲过很多美丽的课程，其中隐藏着较黑暗、由疏忽造成的教训：很长时间的高级冥想状态不一定能将阴影转化为光亮。许多本来很了不起的灵修者都遭遇过丑闻，包括性、权力、金钱的丑闻，这都是无意识的**阴影**动机造成的（有时其方式微妙且悖谬）。

你看不见自己看不见的

在非常深刻的冥想中会发生什么？可以在我的意识中观察恐惧和忧伤的升起，放下我对它们的“认同”，甚至可以发现永不消逝的现在，其中恐惧和忧伤都不重要。**但是，除非在冥想之外进行阴影处理，否则我们不会真正面对阴影**。这在学习了东方修行方法并辛勤练习静坐 30 余年的西方学生身上表现得很明显。那些冥想但忽略阴影工作的高级冥想者和两者都练习的修行者之间有明显的差异。

以 3-2-1 方式处理阴影，将相关的自我带回整体中，这个过程里**无限自我**或者**观察者**并未被接触，它们一直保持原样。冥想帮助我们认识大我，但不直接处理小我的问题。整合生活练习则不同：它既将有限自我同阴影结合，达到治疗的效果，也发现了没有自我和阴影的无限自我，因为无限自我如如不动地存在于所有条件下。

阴影工作涉及的领域广阔丰富

ILP 中满是阴影工作。

成长要求我们忍受不舒适。要看到更有意识的选择，我们必须觉察以前的习惯或倾向的无意识部分。这至少包含一瞬间准确无误的自我觉察，而这种觉察通常让人感到很不舒服。

不够成熟的人对于准确无误的自我觉察总是条件反射般固执地反对。修行者对自在的好奇心和兴趣反应不一。觉察到无意识、无效率的模式和倾向非常好，它意味着进行新选择的可能性，能为我们的生活带来更好结果的选择。

面对我们的局限，了解而非防御和否认它们，是一种核心能力，也是整合式生活练习的每个模块的核心部分。

阴影工作永无止境

阴影工作是必须的，又是永无止境的。不管你觉察程度多高，心灵都没有最终的完美状态。每个新的时刻，心灵都可能再一次无声无息地跟自己玩捉迷藏，所以照亮阴影的工作永无止境。

但是，不用消极地等待着所有的阴影都消失不见。你可以时刻在当下超越你自己，不管那些阴影。自我沉溺在无止境的“镜墙大厅”，所到之处皆是扭曲的小我影像，也是个错误。

尽管如此，阴影工作非常重要。真诚地重新拥有自身投射的人更成熟、更负责任，也更可信，这也是阴影工作成为核心模块的原因。心理治疗会结束，但阴影工作不会。我们越来越清晰，越来越有能力点亮觉察之光，让阴影工作更加细微和深刻。但只要有光就有阴影，我们要整合两者。

05

心智模块

练习接受观点

ILP 心智模块包括两个主要方面：

1. 提高接受更微妙、复杂而精确的观点的能力。
2. 拓展用来整合这些观点的练习。

本章集中讨论 AQAL 整合框架。通过在日常生活中学习和使用这个框架，个体接受观点的能力将大为提高，当你的认识得以拓展以后，这些观点也会**具有更多的意义**。事实上，我们通常将 AQAL 称为“影响心灵的”框架，因为使用 AQAL 可以扩展、深化和阐释我们对世界和自身的体验，我们借此能够建立新的联系，从而更深刻地感受生活，并凭着直觉感知更微妙的意识。

提高接受观点的能力

让·皮亚杰有一个经典实验——测试幼儿接受不同观点的能力。皮亚杰先让幼儿观察两侧分别呈蓝色和黄色的方块。他举起方块，问孩子“你看到了什么颜色”，然后再问“我看到了什么颜色”。年龄较小的孩子如果看到黄色的表面，就会猜想皮亚杰看到的也是黄色。但五岁左右的孩子却表现出很大的不同，他们即使看到黄色，也能知道研究人员看到了蓝色。这种孩子能接受其他人的观点，所以能正确地回答问题。

在理想的情况下，这种接受观点的能力会顺利地发展到成年。成长的过程，就是接受越来越广泛的观点的过程。我们先前只接受有限的观点，后来，我们超越了按照先前的认识方式所获得的有限真理，接受了更广泛的可信的观点。最后，我们学会用自己的方式看待问题。意识就是这样向前发展的。

了解更多观点的单纯愿望是心智模块的基础练习。尽可能地留意其他观点，并不断唤醒和接受更广阔的新视野，试着自己思考来得出结论。练习者要切记，每个观点都既真实又片面，**你自己的观点也不例外**。因此，尽量不要捍卫自己的观点，相反，你应该对新的视角更加好奇和开放。

说来容易做来难。你可以采用无数种方式，来锻炼自己对新观点的开放心态：读书、跟陌生人聊天、旅行、欣赏艺术作品。心灵宽广无边，你能够接触到的观点也是如此。这正是 AQAL 框架不可或缺的原因。这种**整合**多种观念的认知方式实际上给更多（也更深刻）观点创造了空间。正如壁橱在清理之后可以放入更多东西（并帮助你在需要的时候找到想要的东西），AQAL 帮助你创造了“包罗万象的生活空间”。

心智模块和 ILP

心智模块贯穿于整个自我整合练习之中。其实，我们现在就在做心智模块的练习：**接受对练习本身的观点**。

在我们的生活中，成功地进行这种练习涉及自我的方方面面，也包括心灵。成熟的心灵允许我们在安排练习、应对挑战和激发新认识的时候，能够接受多种观点，并做出更好的抉择。成熟的心智让我们不仅能展现出普遍的和谐和完整，也能清晰地展现出个体的真实面貌，亦即**独特的自我**。

整合框架的要素

AQAL 整合理论

AQAL 是心理整合的有力工具。它识别出了少量能够帮助你识别、分类并最终超越（和包含）各个观点的简单分类。让我们看看 AQAL 的要素。

AQAL 的意思是“所有**象限**、所有**层面**、所有**路线**、所有**状态**、所有**类型**”。练习的真正目的就是：努力阐释瞬息万变的世界的复杂性，以及意识的深度和宽度。而 AQAL 则是实现这个目的的最简单的分类集合。

我们常说 AQAL“包罗万象”，但 AQAL 框架并不是僵死的教条。实际上，它留下大多数待定的细节内容，你可以向里面补充新的发现和个人经验。AQAL 之所以是“包罗万象的理论”，是因为它积极接纳并有意识地吸收**尽可能多的认知方式**，从现象学到系统科学，从文化研究到经验主义，从冥想到发展心理学，等等[①]。它奠基于数千年的智慧、数百年的科学，以及数十年的跨文化研究。AQAL 促使我们认识到：宇宙比我们以前想象的要大得多，因此，它几乎能成为帮助人类进行任何探索（包括整合式生活练习）的全能框架。

---

① 严格说来，这是“多元化的整合方法论”，它告诉我们，如何将众多学科各自的真知灼见和认知模式全部整合，从而获得真理和智慧。

AQAL：所有象限、层次、路线、状态、类型

下面是 AQAL 框架要素的简单概括：

象限包括宇宙的两个最基本特征：内在 / 外在和个体 / 集体，它的四个截面形成了**个体的内在和外在**、**集体的内在和外在**（我、我们、它、它们）。

层次是较高级结构，能发展突破到新的领域。这些结构反映了意识的高度（如自我中心、种族中心、世界中心），它有时候也被称为意识发展的"阶段"或者"波"。

路线是实现生长发育的特定区域（例如，人际交往、道德、音乐、需求、认知）。有时候也被称为"多元智力"或者发展"流"。

状态是暂时和变化的，有时候是较强烈的认知方式（例如，清醒、做梦、沉睡、冥想状态、"自如境界（the zone）"或者高峰体验）。

类型是水平差异（如男性化或者女性化的表达方式、文化差异、人格类型，如九种性格或者迈尔斯·布里格斯类型[①]）。

包罗万象的空间

众所周知，当代生活可能让人无法抵挡。不计其数的信息和各种各样的体验就像双刃剑，信息过量可能令人觉得窒息、劳神、害怕、无能为力、畏缩、不堪其苦、筋疲力尽……信不信由你，**整合式框架能够简化这种情况**。AQAL 是信息过剩的止痛药。

---

① 美国的凯恩琳·布里格斯和她的女儿伊莎贝尔·布里格斯·迈尔斯研制了迈尔斯·布里格斯类型指标（MBTI），这个指标以瑞士心理学家荣格划分的 8 种类型为基础，加以扩展，形成四个维度，即①外倾（E）－内倾（I）②感觉（S）－直觉（N）③思维（T）－情感（F）④判断（J）－知觉（P）。四个维度如同四把标尺，每个人的性格都会落在标尺的某个点上，这个点靠近哪个端点，就意味着个体有哪方面的偏好。比如在第一个维度，个体的性格靠近外倾这一端，就偏外倾，而且越靠近端点，偏好越强。——编者注

零散的信息毫无价值，信息只有与宏观的图景联系起来才有意义。在我们看到较大的整合模式之前，分散的信息碎片就是成堆毫无意义的闲置品。**AQAL用最基本的整合模式，将那些信息堆整合起来**。整合的视角揭示出了那些貌似毫不相干的经验碎片如何形成了整体，如何包罗万象，如何简化生活但又不过分简化，并为诸事留出空间。

这是否仅仅是头脑中的旅行？

任何ILP的重要任务都是整合心智、身体和灵性。但这并不意味着摒除心智，毕竟，心智是这个等式的核心！很多人认为心智是灵性成长的障碍。我们坚持超越心智、放开心智、抛弃思想。“不要沉迷于思想，关注你的身体。”或者“不要太冥思苦想，安住在当下！”“灵性的真实状态是：仔细地倾听身体的智慧，不要做出过多智力上的判断。”

人们讨论灵性时很容易产生偏见，认为心智会使我们脱离当下体验，它是“概念的”，而身体则是“经验的”。我们想同自己的灵性达到某种程度的融合或亲近，心智却用它的划分和区别谋杀了感觉体验，更别提冥想时涌出的滚滚不绝的思绪和杂念（心猿）了！这样，培养灵性的规则通常就变成了“安住当下”，也就是别思考过多。

如果不进行真正的整合练习，我们就很有可能执着于心智。但ILP**包括**心智和智力，它并不排斥它们，相反，它让心智也成为练习的内容。使用AQAL框架本身就是身心灵（和阴影）的整合练习。

清晰地思考可以培养明确的道德感、清醒的选择，甚至同情心。我必须首先能够**接受你的观点**（心理行为），才能对你**感同身受**。真正的灵性生命需要健康而发达的心智。

象限

没有任何地图能包括所有细节，不过它可以**为所有细节创造空间**。例如，罗盘上不可能显示所有的方向，但只要指出两个方向：北/南和东/西，这样，它就能让我们辨别出所有的方向了。同样，四象限用下面两种简单的区分创造出了包罗万象的空间：

1. **内在**（想法、感觉、意义和冥想体验）和**外在**（原子、大脑、身体和行为）。
2. **个体**（具有独特的形式和经验）和**集体**（在文化群体和系统的形式下相互影响）。

做出这两种分类以后，就出现了第三章讨论过的四个象限或坐标空间：**我**、**我们**、**它**、**它们**。

从左上象限的意识和阴影到左下象限的文化价值和人际关系，从右上象限的个体行为和身心因素到右下象限的生态和技术经济系统，整合视图能够清晰地诠释四象限中的各种现实如何相互影响，并在每个瞬间赋予地球以及我们自身意识以生命。

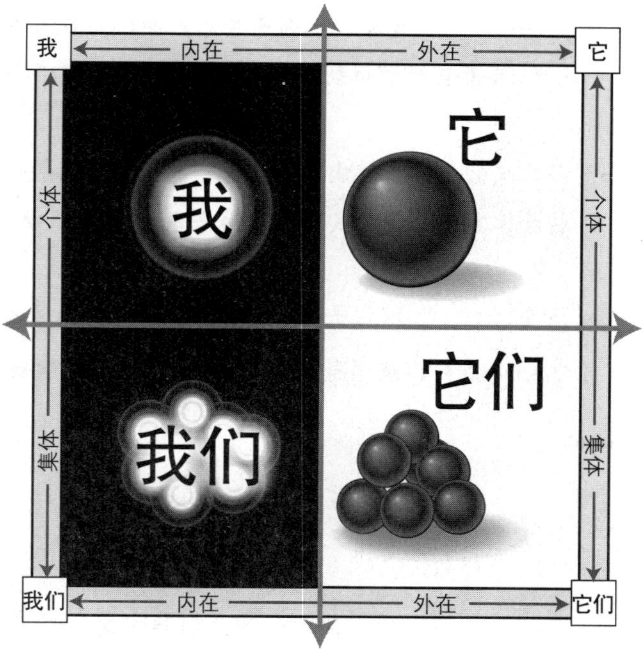

［图 5.1］四象限

事实上，象限代表的四个维度存在于每个生活情境中。想象你早晨走进办公室大楼：

左上象限，内在–个体“我”空间： 你对今天的会议既兴奋又有点紧张。你想着如何最好地准备会议，种种想法在大脑中层出不穷；

左下象限，内在–集体“我们”空间： 融入熟悉的办公室文化，这里每天或明或暗地交流着共同的意义、价值、期待。

右上象限，外在–个体“它”空间： 你的身体举止很明显：走路、挥手道早安、开门、坐在桌子前、打开计算机等等。离开会时间越近，大脑就越活跃、心跳越快，出汗也越来越多。

右下象限，外在–集体“它们”空间： 由数英里之外的供电所发动的电梯，将你送到你想去的楼层。你轻松地走过熟悉的办公室，来到自己的办公桌前，登录公司内部网络，检查公司几个国际市场的最新销售量。

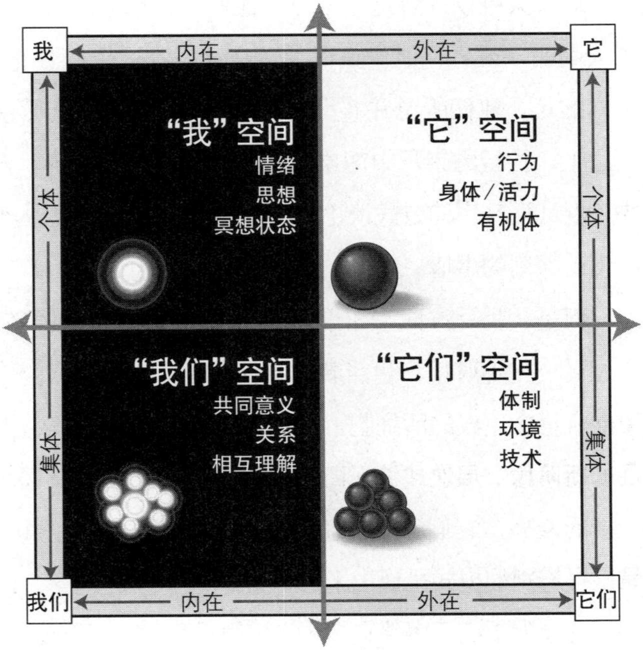

[图 5.2] 四象限中有什么？

你可以看到，四个维度的现象是同时发生的。在当下每个瞬间的经历中，四个象限同时存在（更准确地说，它们是“四元共生”象限）。而且，**整合式生活练习锻炼你生活中四个象限的方方面面**。ILP 留意所有这些方面：**个体内在的“我”、个体外在的“它”、集体内在的“我们”、集体外在的“它们”**，它们存在于每个时刻。

当你理解 ILP 并开始练习的时候，你有时可能发现自己“忘记了”生活中的某个或数个象限，此时，你仅仅关注现实的某些部分而忽略了其他方面。当整合框架成为第二天性时，你可以更轻松地认出某个情境的四个维度。

意识的层次

这是 AQAL 框架的第二个基本要素。它主张，事实上存在着**较高（或较发达、觉察力较强）和较低**（或较落后、觉察力较弱）**的意识结构**，而且，个体和社会都能成长到发展“**阶段**”或“**波**”中的较高层次。

许多人难以理解这个观点。他们认为讨论层次问题，意味着你认为自己比别人高明，或者，他们觉得“较高意识”这个概念有些模糊，而且过于新潮。不幸的是，他们所说并非没有道理：有时候，人们傲慢地试图将自己凌驾于他人之上，在智力崇拜中想象着虚假的优越感。的确，人们**确实**有时候用相当含糊、混乱而轻率的方式谈论着“较高意识”，这使得人们所谓的“觉醒”不再是高贵而深刻的事情。

但是，另一方面，如果你观察进化的过程，就能发现，不断积累起来的无数细微变化不时地产生着**新的特征**，并形成了全新的事物（比如，从原始的化学混合物中生成的活细胞，或者，早期人类最先创造出来的艺术）。这标志着**发展的新阶段**、**层次**或**波**在四个象限中同时发生：物理和生理的进化（它）、社会经济的发展（它们）、文化的发展（我们）和个体意识的发展（我）。这些阶段**是**以可辨别的模式呈现出来的。

考虑如下连续事件：

· 做爸爸妈妈要你做的事情（例如：童年）。
· 做你和中学朋友想做的事情（常常反抗爸爸妈妈——青少年期）。
· 做你自认为正确的事情，成为自由和负责的成人（成人期）。

或者这些连续事件：

· 奴隶制
· 种族隔离
· 人权

在这些例子中，较高意识的出现有先后阶段么？在这些连续事件中，我们是否想要**倒退回以前**？

有些人不喜欢讨论层次，他们不想贬低任何人，也不想制造不公平地对待他人的借口。这个理由很充分。但有些时候，我们显然**需要**判断复杂程度和意识高低程度。某些情况下，坚持较高的立场很重要。讨厌同性恋是较高还是较低的意识？社会对公民赋予平等权利是高还是低？用两极分化的模式（比如，我们 VS 他们）看待世界，比处处都重视真理的相对阴暗面更高么？

我们也可以将生物进化看作层次的范例（图 5.3）。

从圆圈中可以看出，分子比原子“高”，因为分子超越原子又包含原子。同样，细胞超越了分子，有机体又超越了细胞，依此类推。当较高的层次超越并包含较低的层次之时，就会发生质的飞跃，亦即产生了先前没有的新东西。这种“新东西”意味着进化的新层次。

几十亿年以前，大爆炸生成了宇宙，但恒星、行星和生命体都没有完全成形，它们是**逐渐进化出来的**。首先出现的是不同形式的能量和亚原子微粒，然后依次是：原子、分子、单细胞生物、多细胞生物、不同形状的植物和动物、早期人类。最后，呀！居然是我们这些令人惊叹的现代人类！有些理智的人可

［图 5.3］身体和生物进化的简单层次

能不同意这个神奇过程的某些细节，没关系，不管人类具体是怎样进化而来的，我们仍然可以合情合理地说，人类器官比碳原子更高级、更复杂，也拥有更高的意识层次（幸好，我们不用担心伤害碳原子的感情，因为它**没有感情**，或者说，如果有感情，我们的傲慢也不会冒犯这种感情）。

注意：我们能完成碳原子不能做的各种事情，拥有碳原子不具备的各种品质，这样，我们就**超越**了碳原子，但与此同时，我们的身体中**包含**着碳原子。事实上，我们**依赖**着它们，它们比其他东西更**重要**。如果碳原子消失了，也就没有人类或其他生物了。我们几乎具备整个进化顺序中的所有特征，从原子到分子、单细胞、神经细胞，再到大脑边缘系统，最后到复杂的大脑皮层，这使得我们能够做很多事情，比如：运用象征性语言来说话或思考，或者冥想宇宙的进化。这种从简单到复杂、从低意识到高意识的生命进化之旅，可以在宇宙数十亿年的演化过程中找到蛛丝马迹。每个新层次都超越和包含了以前的所有层次，并且不断成长，成为更具创造性和拥有更高意识层次的新事物。

四象限显示了进化的层次。左侧的象限用**内在世界的深度**（interior depth）

或觉悟程度（awareness）来衡量发展，右侧象限则用**外在世界的复杂程度**来衡量发展。然而，由于四象限的“四元共生”关系，内在意识的提高通常也会引起外在复杂程度的增加。

右上象限复杂的大脑皮层，对应于左上象限产生的较高智力。而后者又与左下象限人类文化的繁荣和右下象限文明的发展相对应。就这样，四维度同时发展（永远将会这样），使人类具有了更高的意识层次和复杂程度。

对**个体发展**而言，这意味着我们可以有意识地关注自身**在四象限的和谐发展**，从而发展出更高的意识和同情心。这是整合生活练习的主要功能。四象限深深地融合，彼此相互作用，所以整体发展**必须**在四象限同时发生。任何象限的滞后都会**阻止或延缓**其他三个象限的发展。例如，如果你想要增加左上方内在意识的清晰度，右下方的外在环境（家庭或者办公室）如果很混乱则无益于实现这个目的。这也就是当我们努力集中思想（内在）的时候往往也会下意识地去清扫房间（外在）的原因。

在相反的象限内努力，有时能产生相同的效果。例如，如果你要提高身体健康水平（右上象限），你可以和注重锻炼、饮食合理、生活方式健康的人交往（左下象限），以便帮助你增强体质。我们就这样在象限中兜着圈子。

如果我们想要成长得更健康，并具有更高的意识层次，这就需要超越和包含原来的层次。旧我成长为了**新**我。这个新我既保留了旧我的某些**持久**特征，又抛弃了旧我的某些**暂时**特征。从高屋建瓴的角度来看，原来不可见的东西现在变成可见的了。你有过这种经验吗？今天的你不是十年前的你，你也很清楚这点。你可以回顾原来的自己，描述你超越旧我的很多方面，以及保留下来的许多特征。

进化学研究者，例如哈佛大学的罗伯特·基根，将人类成长和发展的过程描述为更复杂的意识发展过程，亦即意识觉察到先前定形的观点：这个阶段的**主体**成为下个更高阶段的**主体的客体**。

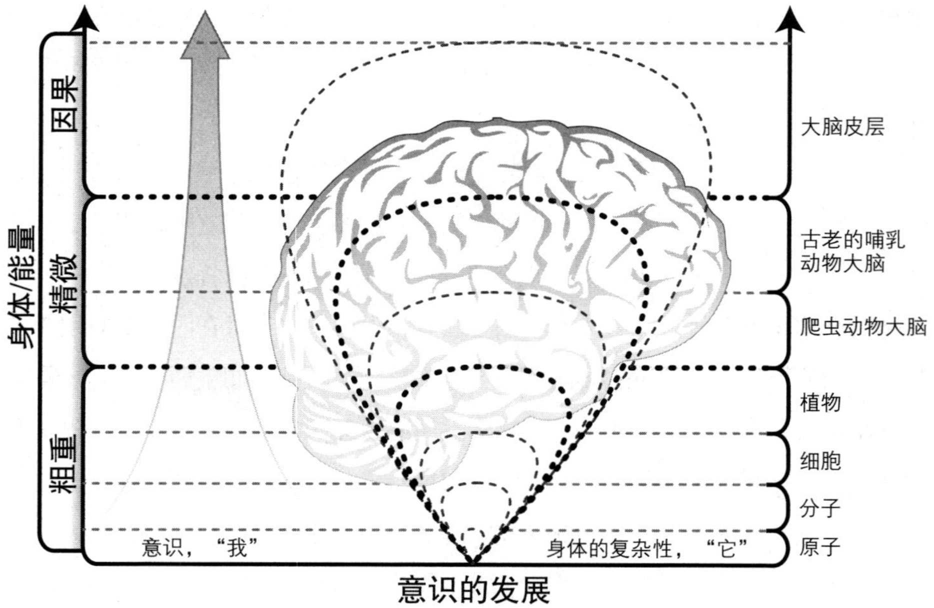

［图 5.4］提升意识 = 增加复杂性

为了更深地揭示这个发展过程，我们将采用极简单的四阶段（层次）道德发展模型。婴儿出生时还没有被社会化，没有学会文化伦理和习俗，这称为**前道德成规期**，也叫**自我中心期**，因为婴儿的意识主要在关注自己。婴儿不会接受别人的意见，也不会认为别人是值得让他加以道德关注的同类。但是，当幼儿开始学习文化的准则和规范，他 / 她就进入了**道德成规期**，也叫**种族中心期**，因为在此阶段，儿童以自身所属的特定团体、部落、宗族或国家为中心，往往并不关心团体之外的人。但是，到了道德发展的下一个重要阶段，即**后道德成规期**，个体认同再次扩大，我们开始注意和关心所有人，而不考虑他们的种族、肤色、性别或信条，所以，这个阶段又名**世界中心期**。如果个体继续发展（也许通过练习 ILP），就会进入道德发展**后 – 后道德成规期或宇宙中心期**，能够和**全部有情众生**产生共鸣并关注他们的存在。

就这样，道德发展从“我”（自我中心）发展到“我们”（种族中心），再到“所有人”（世界中心）到“有情众生”（宇宙中心）。这个范例很好地说明了意识发

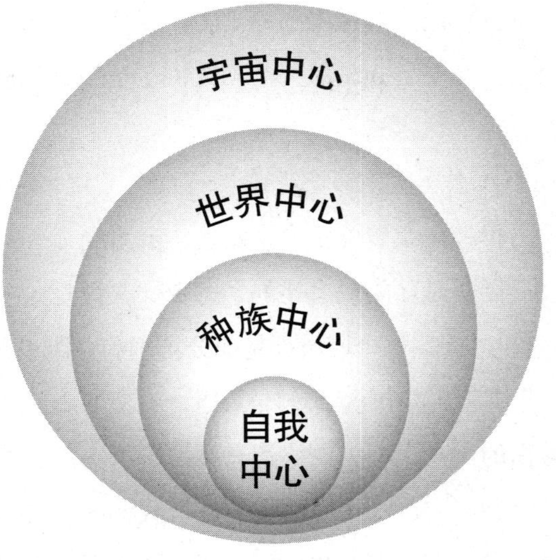

［图 5.5］道德发展阶段

展阶段如何逐步超越了自恋，并获得接受更广泛更深刻的观点的能力[①]。

- 自我中心 = 我
- 种族中心 = 我们
- 世界中心 = 所有人（所有人和我们生活的星球）
- 宇宙中心 = 有情众生，演变的宇宙

在发展过程中，我们快乐地抛弃掉较低层次的**有限观点**，较低的意识层次无法继续妄称自己是宇宙的中心。对更高层次的理解和接纳是自己**不断进步**的

---

① 记住：任何人绝对不会仅仅停留在某个层次上。相反，人们总是围绕着**某个特定层次上下**起伏，或高或低，充满希望地徐徐向前发展。说某人在道德上的世界中心层次，意味着：他们在面临道德困境时，**绝大多数**时候都能考虑到他人，但他们**有时候**也会"种族中心"，另外某些时候还会"自我中心"。因此，当某个人发展到某个特定层次之时，这意味着：在正常的情况下，他们**更可能会**按照那个层次的特点来行事为人。这也是我们有时候将层次称为"波"的原因，"波"这个概念能够突出层次的变动性。

永久性里程碑，这样你就会产生内在的动力，促使你**达到更高的层次并帮助别人做出同样的努力**。而整合式生活练习则提供了全面而巧妙的方法，以便实现个体的内在发展愿望。

无论我们**处于**什么层次，该层次都具有意义（并非常重要），而且绝对无可厚非。你会严厉批评新生婴儿不会走路么？或者批评五岁的孩子不懂微积分么？没有哪个发展层次是坏的或者错的，每个层次都是天然的成长之路中的一个过程，都有存在的权利。每个层次都是**部分**正确的，但较高的层次（顾名思义）则**更加正确**，因为它超越和包含了较低层次。

没有绝对**最高的**层次，因为始终都有**更高的**层次需要我们去发展。无论愿意与否，我们肯定会向更高层次发展！因此，我们应该善待自己，不要太迷恋于发展。作为整合练习者，我们的任务是**根据觉察到的所有层次**来行事为人，因为所有层次都是真实的，都属于壮丽的宇宙；我们越理解这些层次，生活中就越有效率和爱心，越能柔和、自然，并从容淡定地成长。

对层次的觉察在很多方面都会影响到整合练习。例如，我们常常可以选择在哪个层次上作出反应。选择在最高和最真实的层次上来应对各种经历和体验有益于整合练习（和日常生活的成功）。我们也会不断地和各种不同层次的个体或团体交流与互动。整合练习通常所采用的方式有：认识不同的人，学会使用他们能理解的语言……关于整合交流的更多信息可参见 106 页。

发展路线

我们讨论了数种不同领域（社会的、生物的、道德的）的发展层次，它们横跨四个象限。意识是否同时在所有领域中全面发展呢？AQAL 认为：完全不是这样。尽管不同领域的成长相互关联，而且某些领域的成长可能对其他领域的成长必不可少，但我们仍然可以区分多个发展路线，个体的成长在这些发展路线上以相对独立的方式发生。事实上，发展层次始终是**某条特定发展路线上**的层次。层次更像起伏多变的**波浪**，而不是僵硬的阶梯状结构，发展路线也与之相似，更像弯曲的**河流**而非笔直狭窄的轨道。

我们已经发现了十多条发展路线，包括：

- 认知
- 需要
- 自我认同
- 价值观
- 情感
- 审美
- 道德
- 人际关系
- 运动
- 灵性

每条路线都是独特的，它的发展**相对独立**于其他路线。换句话说，你可能在某条路线上高度发展，另一条路线上发展适中，而第三条路线上则发展迟缓。例如，有些人人际沟通的技巧很高，道德水平则很低，比如利用人际技巧来骗人的高明骗子。有人可能情商很高，但不懂电脑技术。也有人可能认知能力非常好，大脑就像一本百科全书，但情感上乱糟糟的，或者在运动时甚至摸不到自己的脚趾头。

不管我们特定的发展路线是高是低，发展路线显示了我们能够拥有的多种“智力”。哈佛大学霍华德·加德纳关于多元智力研究的类似概念广为人知，这种多元智力理论包含了所有发展路线的子集。

AQAL 将层次和路线（或波和流）组合起来，展现了更全面、平衡、精确的整体发展观。**整合心理图**是观察个体的层次 – 路线关系的有效工具。

图 5.7 的整合心理图画出了五条重要的发展路线，并描绘出了这些线在三个层次的不平衡发展，借此来阐释层次与路线的关系。

图 5.8–5.11 是其他心理图范例。不要僵化地看待这些图（记住：层次和路

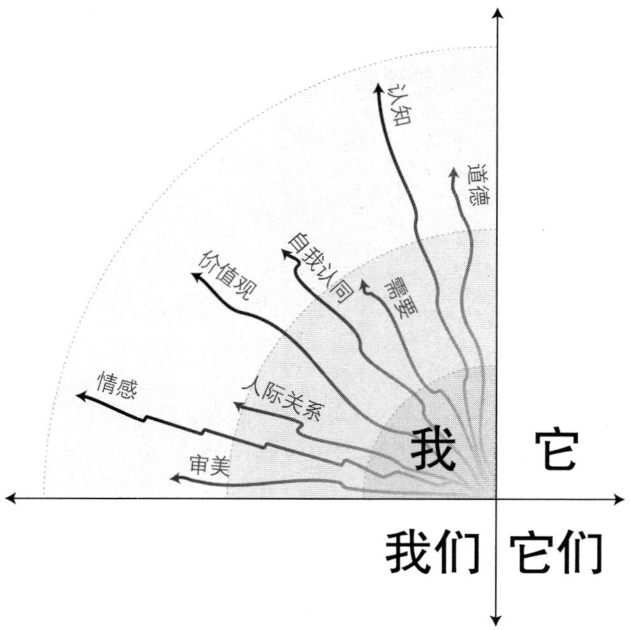

［图 5.6］部分发展路线

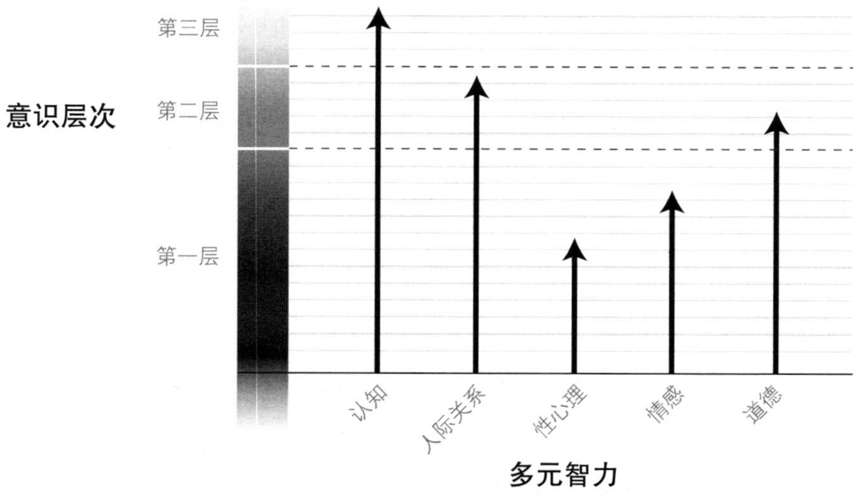

［图 5.7］整合心理图

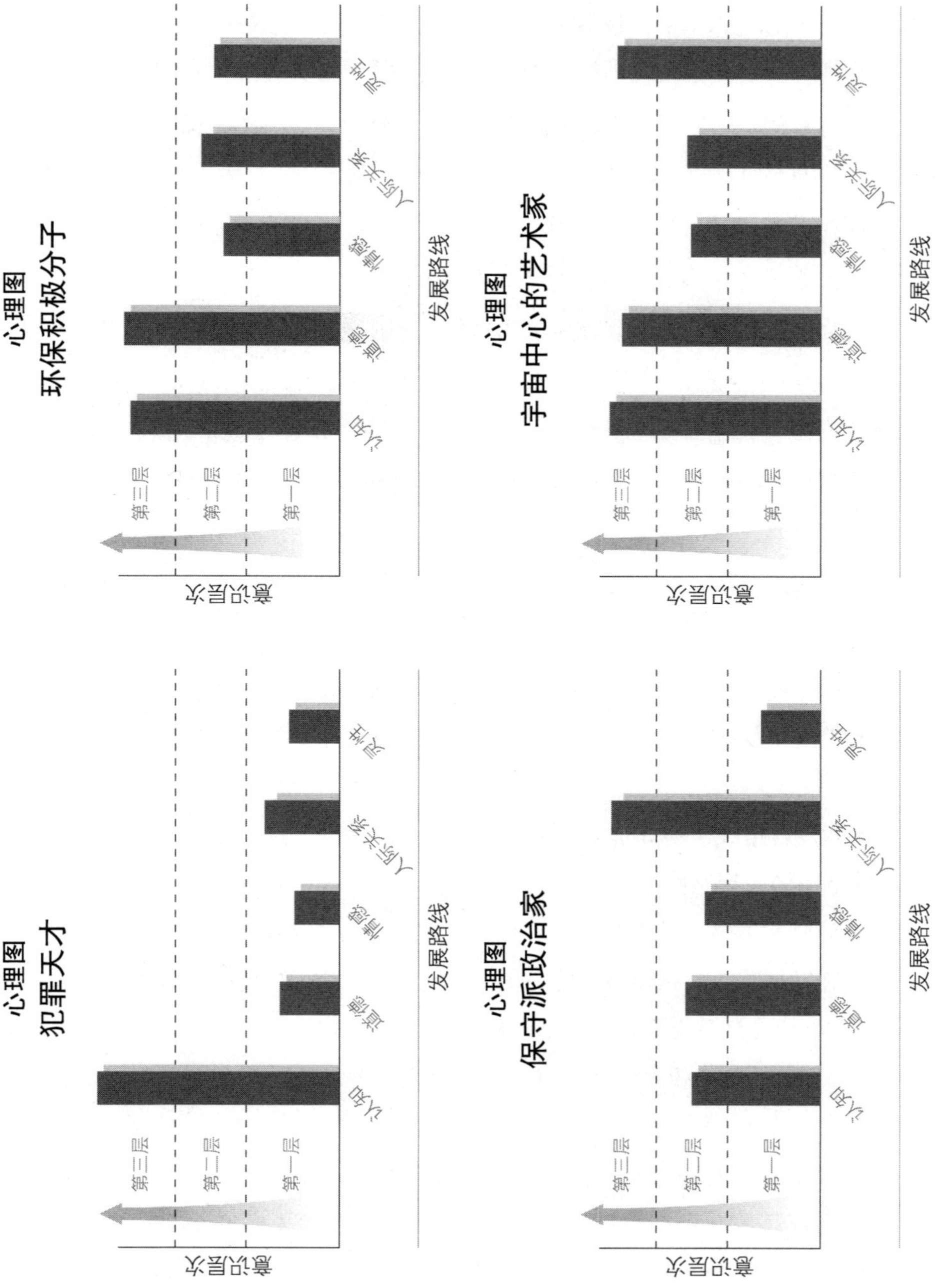
心理图
犯罪天才
心理图
环保积极分子
心理图
保守派政治家
心理图
宇宙中心的艺术家
意识层次
第三层
第二层
第一层
认知
道德
情绪
人际关系
灵性
发展路线

［图 5.8–5.11］

线实际上就如同波和流那样流动多变），但它们简单而快捷地提供了概念化我们整体发展的方式。当然，实际情况通常比任何图表都复杂得多，但是，导向性的整体视角非常有助于我们理解人类发展过程中许多复杂的细微差别。

你可以看到，每个整合图表都有不同的发展路线，其高低、强弱和多寡（有时候是悲剧性的）程度各不相同。这有助于我们意识到：实际上，所有人的发展都是不平衡的。我们因此不会误认为因为自己在某个领域很出色，所有其余领域也必然很出色。真相往往更接近于相反的情况。不少商业领袖、灵修教师和政治家之所以惨重地失败，就是因为他们不知道这些基本事实。

了解自己的心理图，培养更完整的自我形象和自我认知能力，并让自己拥有更多的自由（智慧），来选择与自身和他人的优点与弱点共处的最佳方式。事实上，**你可以根据自己的整合心理图来确定适合自身的整合式生活练习**。

发展路线的类型

- **认知发展路线**（发展其他能力的必要但不充分条件）
- **自我相关发展路线**（Self-related lines）（例如自我、需要、道德、自我认同、价值观）
- **才能发展路线**（如音乐、视觉空间、数学、运动）
- **其他重要发展路线**（灵性、审美、情感、性心理、人际）

发展学研究者确定的众多发展路线或流可以分为四大类。

1. **认知发展路线**应该单独归为一类。研究表明，认知线使个体具备接收观点的原始能力，它是发展大多数其他路线的“必要而不充分”条件，因此认知线（与ILP的心智模块）极为重要。认知线成为其他发展路线的必要不充分条件的主要原因是：为了影响、感觉、认同、需要或关心某个对象，个体必须首先要了解它。

2. **自我相关发展路线**或流，通过主要的意识波，同自我、自我需要、自我价值观、自我认同和发展联系起来。尽管众多的自我相关线彼此各不相同，但它们又紧密相关。每个人的许多自我相关线通常接近于同一意识层次。

3. 霍华德·加德纳发现多种**才能**或智力发展路线，如语言、空间、数学、音乐和运动智力。各种才能线相对独立发展，这意味着，有的才能已经完全绽放出来，而其他才能则刚萌芽，还有的才能甚至处于沉睡之中。

4. **其他重要路线**没有列入自我相关线中，但全面成熟比天分更加重要。这些路线包括：灵性、审美、情感和人际发展路线等等。

相应的简单策略是，集中关注最高（发挥你的优点）和最低的发展路线（弥补你最有限的弱势能力）。通过特别留意 1–2 条你最能出色发挥自己水平的路线，并拓展你的最大潜能，你可以向世界更充分地展示你的最高天赋。而关注发展最不好的路线则可以克服阻止你实现最高目标的潜在障碍。不管你选择关注哪些线，AQAL 框架确保你至少能**意识**到你自身和每个人遇到的发展路线。

整合式生活练习不要求（甚至也不赞成）你在每条路线上都过度发展，成为十项全能意识运动员或者发展学多面手。如果你愿意，你当然可以做每个层面和路线上的全能选手，不过你很可能没那么多时间。整合式生活练习肯定不会这样要求你。你不需要在所有的发展路线上都十分出色，相反，你能够觉察到它们就行了。**这种觉察本身会在你的生活中增加平衡的力量**，因为你会自然地调整你的行为，以便发挥你的优势，弥补你的弱点。例如，你可以通过增加或减少练习来纠正任何不平衡的状态。AQAL 框架犹如地图，而地图中的领土就是你自身。通过理解这幅地图，你的自我意识自然而然地会得到发展和深化，这样，你就能对个人生活和工作中遇到的问题做出更好的选择，为世界做出更大的贡献。

回答生活提出的问题

我们可以将发展路线视为生活向我们再三提出的独特问题。生活向我们提问，我们则做出回答。

- 我意识到什么？（认知）
- 我需要什么？（需要）

- 我是谁？（自我认同）
- 什么对我很重要？（价值）
- 我对此感受如何？（情商）
- 我觉得什么是美丽的或有吸引力的？（审美）
- 什么是正确的事情？（道德发展）
- 我们应该怎样交流？（人际发展）
- 我的身体应该怎么做？（运动能力）
- 我的终极关怀是什么？（灵性）

每个问题都有着悠久的历史。其中，有些问题历史更久、更成熟，有些问题则相对较短、较不成熟。人们就像你我这样，始终在琢磨着这些问题。正是因为生活本身向我们提出了这些问题，我们的回答方式得以发展成熟。我们的**横向发展**，意味着在每个层次的回答变得更健全或更不健全，而我们的**纵向发展**，则意味着我们在每个层次的回答存在着智慧上的等级差异。

暂且回顾你的过去，注意你在生活中对这些问题的回答有什么变化。你现在觉察到的东西比十年前更多吗？你现在的自我认同比青少年时更广阔吗？离开大学之后你的价值观变化了吗？这些年你的终极关怀变得更强烈了吗？我们将这些都列举出来，好好地加以审视，随着时光的变迁，我们在如何回答这些问题，这样，我们就很容易看出发展路线的变化本质。

记住，我们并没有编造这些路线和层次。AQAL 综合了全世界几百个学者的研究结果①。每个研究者基本上都向数千人询问了一系列的问题（有时是

---

① 很多重量级的进化心理学研究者，对路线和层次进行了理论化和量化，其中，认知领域的研究者有：让·皮亚杰、罗伯特·基根、迈克·康芒斯、弗朗西斯·理查德；需求领域的研究者有：亚伯拉罕·马斯洛；情感领域的研究者有：丹尼尔·格里曼；自我认同领域的研究者：简·罗文格、苏珊·库克·格鲁特尔；价值观领域的研究者有：克莱尔·格雷夫斯、丹·贝克、克里斯·考曼；道德领域的研究者有：劳伦斯·科尔伯格、卡洛尔·基尔甘；灵性领域的研究者有：詹姆斯·弗勒。认知心理学家霍华德·加德纳率先提出了多元智力的概念，他设想有八种智力：语言、逻辑－数学、空间、身体－运动、音乐、人际、自省和亲近自然。

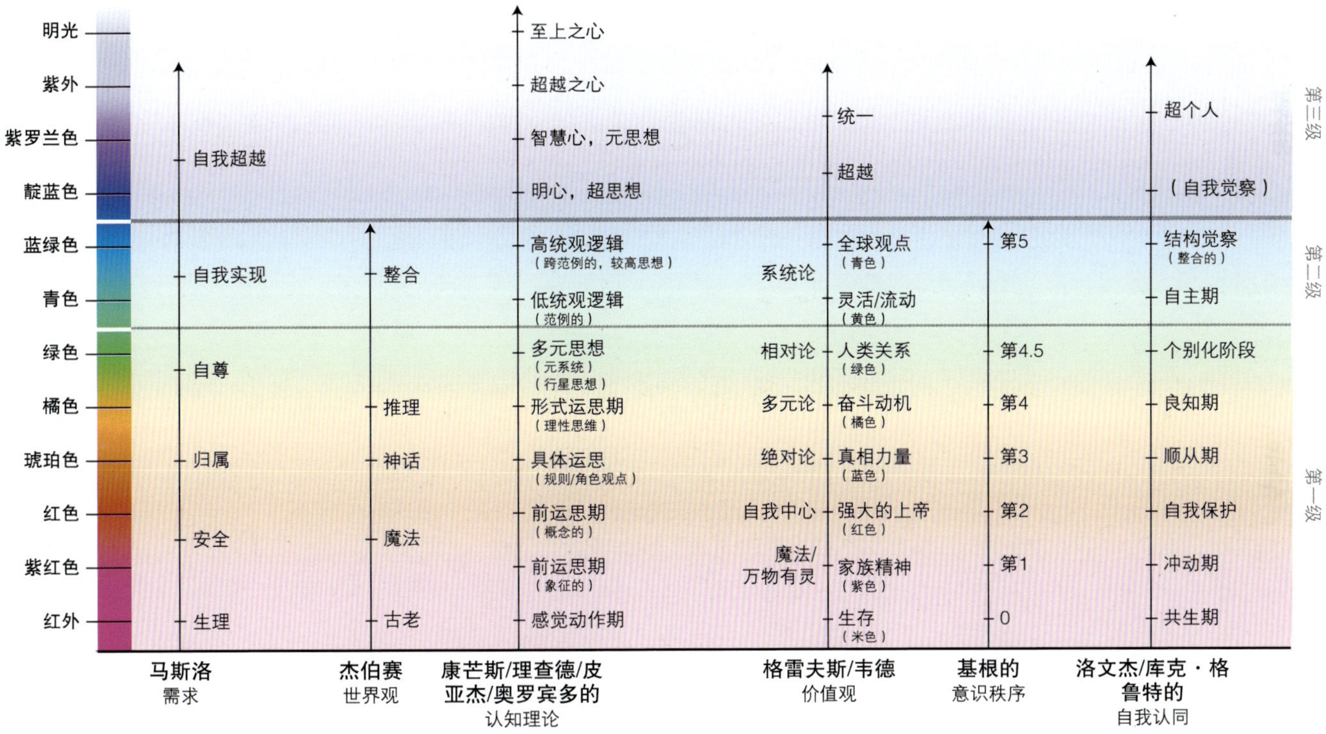

［图 5.12］某些重要发展路线的意识高度

同文化人群，有时是跨文化人群），并注意到了答案后面潜藏的模式或者结构，而且密切追踪着相同人不同时间的回应。这样，我们才得以知道，每个发展路线都有自己的成就级别，从低到中到高，再到极高（目前还没有上限标志）。AQAL 采用的“全部层面 / 全部路线”方法，将不同的拼图方块聚集起来，展现出目前人类潜能的综合画面。

层次和路线：通向山顶的多条道路

现在我们回头看看整幅巨大的画面。所有这些发展路线和层次之间有没有共性？某条路线的发展和其他路线的发展有没有相似之处？ AQAL 的答案是肯定的。个体内在的全部发展具有的共性是**意识本身**，而所有层次共有的大致相同之处则是意识的**高度**。

想象一座大山和十条山路，在这里，山路代表发展路线。当然，当你踏上不同的道路时，你看到的山的面貌也会迥然不同。每条道路都是独特的，不同于其他道路。但你可以说所有的道路都是沿着等高的斜坡通向山顶：3000 英尺，5000 英尺，7000 英尺等等。高度标记本身（4000 英尺，8000 英尺等等）是**没有内容**的，“空洞”的，就像意识本身，但每条路（发展路线）都可以用山的高度来测量。“英尺”或“高度”指发展的程度，这是另一种说明意识的“总”深度和复杂度的方法。

将高度设为发展的通用标记，这样我们就可以讨论各种发展路线的共通之处。但需要再次指出的是，就像“英尺”或“英寸”，高度这个词**本身没有内涵**，是空洞的。没有人会说：“今天英尺用完了，我不得不停止盖房子。”或者“我最好出去买些英尺来。”它们只是极有用的抽象测量单位，这里提到的“意识”也是这样，它不是事物或现象，我们无法对其进行描述。**意识本身并不是位于**其他**发展路线之中的某条发展路线，而是容纳和呈现所有路线和层次的空间**。

我们如何来描述它呢？方法有很多种。我们选择了按自然界彩虹光谱的顺序排列的系列颜色，将它们作为一套简单易记的速记符号（见彩插 5.12）。

每种颜色代表一种普遍的意识层次或高度，适用于我们讨论过的任何路线[①]。每条路线以相对独立的方式展现出来，你的整合图表中混合着高、中、低等不同的高度，**琥珀色**价值观的个体可能呈现出**蓝绿色**认知，**绿色**的需要，**红色**的道德发展，**紫红色**的运动能力，**青色**的情商，**橘色**的灵性（例如，一个聪明的、反社会的、半身瘫痪的原教旨主义者）。

在讨论发展层次的任何特定路线时，颜色是一种简单而有效的语言。你从哪个高度回答生活的问题？每当你必须毫无保留地回答生活提出的问题时，你实际上都是根据你在那条路线上的发展高度来回答的。大多数人都在无意识地回答生活提出的问题。**琥珀色**回答的是：什么是**正确**的？**橘色**回答的是：我**需要**什么？**绿色**回答的是：我**重视**什么？**红色**回答的是：我们应该如何**互相影响**？如此等等。

对层次和路线的认知使我们具有了选择的可能性，不管这种可能性有多么微弱。洞察到自己在心理图表中的位置以后，你就比无意识反应拥有更多的余地来作出不同的回应，并从稍高的层次来回答问题。你越有能力这么做，事情就会越简单。这最终就会成为你的永久特性。同时，你越是能够从较高处来回答问题，你就成长得越快，就越能深入到每道波和流之中。

第一步是意识到路线的存在！下一步是将最高智慧投入到较低、滞后并可能阻止你成长的发展路线中。也许你的认知和灵性能力很优秀，但情感和人际能力却很笨拙。你的情感和人际动力是如何限制你完全参与复杂生活的呢？看到这个模式就能够让你集中心智，专注于能带来最佳效果的练习和成长。

---

① 熟悉螺旋动力模型的人会发现：有些颜色与螺旋动力模型的颜色相对应（红色、橘色、绿色、蓝绿色），有些则不是这样（紫红色、琥珀色、青色）。这里介绍的意识高度模型包括螺旋动力价值线和其他的所有发展路线。因此，不管颜色是否完全匹配，每个螺旋动力层次都对应于某个特定的意识高度：紫色－紫红色，红色－红色，蓝色－琥珀色，橘色－橘色，绿色－绿色，黄色－青色，蓝绿色－蓝绿色。

AQAL 路线和 ILP 模块

运用整合式生活练习**模块**，**能够**促进你在许多独立（和相关）**发展路线**上的成长。模块和路线彼此关联，但并不等同于路线。

例如，身体模块不仅仅包括运动路线的发展；养育子女包括所有象限的很多路线；所有模块的大量练习都能促进我们在认知和自我相关发展路线上的成长。

整合式生活练习的每个模块，都必然能促进和激励特定能力的发展，从而促进成簇路线的发展。当所有核心模块都同时被付诸实践之后，我们就称之为整合式交叉训练。因为整体训练大于部分训练的简单叠加，所以整合式交叉训练的效果特别强。而核心模块之间的协同作用则能促进和巩固我们在**许多**关键发展路线上的成长，因此，ILP 能够使整合练习变得成熟而完满。

世界观光谱

颜色光谱（紫红、红、琥珀色等）使我们能够更容易地来讨论各种意识高度。在交流中，用速记的颜色代码比使用各层次的术语要简单得多。不过，请记住，颜色指高度，可能涉及**任何发展路线**，因此在很多例子中，你必须确切地指明，你所讨论的是哪种发展路线。

世界观	描述
青色/蓝绿色	整合–宇宙中心，能遨游于所有以前的层次，看到其中的相对真理
绿色	多元化–多世界中心，万物皆有神性的阶段，条条大道通罗马
橘色	理性–世界中心，普世关注、推理和宽容的层次
琥珀色	神话–民族中心，绝对的传统真理阶段，部落/民族信仰；神话
紫红色/红色	魔法–自我中心，魔力的世界，牺牲，奇迹

［图 5.13］主要世界观

世界观发展路线特别有用，因为它是个体或文化对世界的最基本假设[①]。我们的世界不是预先设定好的，每个人的感受方式也各不相同，因此，也就存在着不同的世界观——不同的分类、表现、表述和整合经验的方式。个人的世界观构成他适应环境和寻求存在意义的基础。

每个基本的意识高度都有自身独特的世界观，以及解释和理解事物的方式。正如上图所显示的，每个后续的世界观依次具有更多的意识和复杂性、智慧和同情心。下文阐述的所有世界观都是真实的，但也是片面的。每当世界观迈向更高的意识高度之时，也就标志着观点比以前更加**真实而全面**。由于个体和集体不停地学习、发展、接受新的观点，所以，这些世界观通常是复杂的混合物。大多数时候，我们都会按照“核心”世界观来待人处世，但有时候，我们也会将更高或更低的世界观作为行动的准则。现在，我们来看看世界观图谱中部分关键颜色的最本质和极端的表现形式。当然，在某种程度上来说，这些描述有些夸张，因为现实中并没有人真的会那样。这些描述并不妄想表达每个结构的全部复杂性，但你也许能在认识或听说过的许多人身上（甚至包括你自己）辨认出这些特点。

对个体来说，每个人从诞生之初就拥有了世界观。全世界的新生婴儿在长大以前，都具有**红外**的世界观，然后逐渐成长为**紫红色**、**红色**、**琥珀色**，甚至可能更高的世界观。在你认识的人中，谁拥有**紫红色**世界观（小孩？），或**绿色**世界观（人文学科教授？），或**蓝绿色**世界观（禅宗的业务顾问？），当你阅读下列描述文字的时候，请试着在你认识的人和自己身上识别这些层次。需要再次重申的是，这不是为了论断优劣，而是为了更好地理解人们之间的差异，并进行更有效的沟通。

当意识滞留在与问题相同的层面上时，我们就解决不了任何问题。

——阿尔伯特·爱因斯坦

---

① 尽管世界观发展路线和价值观发展路线密切相关，但不等于价值观发展路线（克莱尔·格雷夫斯的研究工作和螺旋动力学都证实了这点）。它关注“人生意义”和理解世界的方式的变迁发展，而不关注价值观（我们认为很重要的东西）的演变，尤其不关注我们最重视的东西。

红外——古老的世界观

生存是古老世界观的严峻使命和目的。生存的本能要求我们获取食物、水、安全和温度之类的必需品。世界仿佛是毫无差别的众多感知活动，新生婴儿就如同原始人类，在他们古老的世界观中，他们和世界是一体的。

紫红色——魔法世界观

魔法世界观中，主体和客体有部分重叠之处，所以岩石、河流等“无生命的物体”都被直接认为是有生命的，甚至还拥有灵魂。那些神圣的地方、物体、礼仪、事件和故事可以影响世界，所以我们要信赖它们，保护它们。部落习俗就这样（包括成年仪式和节气）得以从古代流传下来。

为了防范和抵御外来者，人们紧密团结起来，认同并融入到某个部落之中，从而获得了安全感。族长、父母、祖先、习俗和部落是效忠和仰慕的对象。为了部落的安全和福祉，必须遵从那些神秘的迹象和强大的神灵的愿望。

红色——力量世界观

这个世界观标志着：尽管自我常常不由自主地服从自己所拥护的团体的利益，但他已经开始与部落分离开来。个性化以后的红色自我认为自己是世界的中心（自我中心），想要立刻表达并实现自己的需要和愿望——“一切都跟我有关。”有红色世界观的人不为未来打算，他们宁愿为了满足现在的需要而鲁莽冲动地做事情。

红色个体从自我中心出发，寻求强大的男神、女神和人群，以及不容小觑的势力。生命就是充满掠夺者与猎物的野蛮丛林。为了避开威胁并生存下去，红色个体发挥自己的力量，或者试图与强大的头领联合。他们从生至死都恪守着“强者生存”的丛林法则，通过恐吓和统治他人实现自己的目标。但是，如果你是更弱小的个人或团体，为了获得护佑和分享战利品，屈从于军阀或首领并接受你在统治集团中的位置，通常对你更加有利。

琥珀色——神话世界观

在神话世界观中，神或众神统治着世界，他（们）是能够被深切感受到的强大力量，直接管理着俗世男女的各种事情。来自不同部落和氏族的琥珀色个体并非仅仅通过血缘和亲戚关系而团结起来，他们相信同一个神，因此，在这个神的护佑之下，他们宛如兄弟姐妹般团结友爱。

他们可以遵守旨在维持现有生活方式并促进稳定的统治规则，并在该规则下和平共处。每个个体都必须为上帝和国家做出牺牲，因为后者赋予生活的秩序和意义。牺牲和苦难使我们变得高贵，而红色个体的暴力与破坏冲动则威胁着有序的世界。秩序和美德仰赖严格的法律、强大的警察和士兵，他们才是英雄。所有努力工作、遵守规则、履行社会责任的人都是可敬的。

规则赋予生活明确而绝对的意义、方向和目的。我们必须遵守那些更高原则。每个人在社会中都有恰当的位置，并由法律和宗教诫令团结起来。琥珀色世界观保守而传统，它强调秩序、稳定与习俗。

极端对立、黑／白、种族中心的观点盛行。你不是信徒就是异教徒，不是圣人就是罪人，不是同意我们就是反对我们。权威告诉我们正直生活的正确路径。通过严格忠于传统的、根深蒂固的生活方式，罪恶感抑制住了冲动；现在的牺牲和稳定能确保未来的回报。那些坚持不懈地遵循着唯一真理之路的人会进入光辉灿烂的天堂。

橘色——理性世界观

橘色是现代化的理性世界观，它打破了个人对团体的忠诚，要求所有人都遵循普世的体制和法则。它是第一个真正的世界中心观。人人平等、自由和公正的理念就来源于橘色世界观。现代化的历史表明，橘色追求进步、成功、独立、成就、地位和富有。传统不能决定和限制未来。今天的行为目标明确，就可以创造新的未来。

在充斥着各种观点和机遇的竞争性市场中，橘色的目标是赢得胜利，而取胜之道则是谋略、计划和尝试着寻求最佳方案。科学方法就是个例子，显示出了橘色信仰的特征：主客观领域完全分离开来。橘色科技的显著成功，不断地提高着全世界的物质生活水平。

绿色——多元世界观

绿色世界观能站在橘色的单一系统之外，看到多种观点。由于绿色不能做出深刻的判断，因此，多元化和平等主义是绿色的最恰当反映。在绿色的整体生活网络中，万物都同等地彼此联系起来。绿色往往会对另类、少数人和缺乏代表性的声音"去边缘化"。多元世界观试图平等地接受所有不同的观点。

绿色世界观1960年首次登上世界舞台，当时所有重大的社会革命，从环保运动到整体健康运动，到人类潜能运动，都有绿色世界观的足迹。绿色强烈而敏感的多元化特征驱使它四处浏览，以确保不会抛弃任何人，也不伤害任何人的感情。绿色社团强调政治正确性，这通常导致他们通过共识来做出决策。

青色——整合系统世界观

意识继续发展，进入青色。青色注意到那些本质的东西：每个观点都极好地捕捉到现实的某些重要方面，同时忽略和边缘化其他方面（每个观点都既真实又片面）。青色也认识到，有的观点比别的**更**真实、全面。换句话说，观点间存在着深度的差异。

此时的世界观被视为具有发展深度和更多复杂性的包含型等级系统（或合弄结构[①]）。青色世界观认为世界中心观点比种族中心观点更深刻，种族中心观

---

① 我们常说的"部分"，意思是某个局部的、不完整的东西，它本身不能独立存在。我们所说的"整体"，则被认为是某种本身是完整的，不需要进一步说明的东西。但是，绝对意义上的"整体"和"部分"在任何情况下是不存在的。合弄结构中的成员同时兼备整体和部分的特征，就其下层而言是自律的整体，就其上层而言又是非独立的部分。一个合弄可以是另一个合弄的一部分，同时又可以包含其它一些合弄，形成一个合弄系统。这种系统又称为合弄结构。——编者注

点比个人中心观点更深刻。而绿色世界观则没有能力做出那样的判断。

青色世界观还认为以前出现过的世界观不会消失。所有这些世界观都在进化之舞中自然呈现出来，每种观点（和万物）都应受到关心和尊重。青色世界观具备深度和广度，有能力，也有兴趣接受更多不同的观点，这使得它能够洞察并有效地应对复杂而互相关联的系统（不管是心理学和人际关系领域，还是各种组织或全球机构）。达到青色高度的个体在清晰感、创造性、效率和沟通技巧上均有“重大飞跃”。

在青色世界观中，**存在**需求（Being needs）取代了**匮乏**需求（deficiency needs），前者源于富足而非缺乏。在这个阶段，人们通常将各种“难题”视为创造性的挑战，并乐观地寻求“双赢”的解决方案。他们超越了犯罪心理学，能够同情别人的经历，但又保持着距离，不让自己在情绪上卷入其中。他们的心胸宏阔而宽广，能够在当下的状态以及他们力图达到的理想状态中充分而负责地生活。他们也能够腾出注意力，享受美妙的存在本身。个体既具备健康的私心和利己主义，又能关心所有人的自我发展和福利。

蓝绿色——整合世界观

蓝绿色世界观能更深刻地认识所有观点的形成过程，甚至包括我们的自我意识。在蓝绿色层次上，人们开始产生觉悟，认识到所有概念的形成过程不可避免具有的局限性，并可以自然而然地与**产生各种观点的空间共鸣**，而不是观点本身。蓝绿色可以运用不同的辅助工具来解释经验的内在奥秘，并满怀着悲悯，欣赏每个意识层次的价值，同时又能看到它们的局限。

蓝绿色不仅增加了系统性觉知，又趋向于认同这些系统而非个体，这是超个人意识的开始。清醒状态的蓝绿色个体，可能认同或者“融入”自然或灵性，从它们的富足中获得动力。

蓝绿色个体常常发现很难找到能理解和感受他们全部意识广度和深度的同伴，甚至连他们世俗的思维过程也不仅是关注人的多维复杂性，而且关注所有人、生物和生命系统的和谐统一。他们更多地关注并致力于唤醒他人和世界，并为他们造福。

靛蓝色及以上——超整合世界观

靛蓝色是第一个真正的超个人世界观，这意味着个体意识超越了自己。靛蓝色超越了对个性的排他性认同，同时，在它的主要特征中，仍然包含着这种个性。靛蓝色世界观的本质开始超越主客体的分离，认为主客体都来自彼此关联的统一体。这个层次的标志是：个体与经验和现象的关系变得高度地充满直觉，深具灵活性和流动性。靛蓝色世界观认为存在是极紧密地彼此关联的，是光亮、生命、思想、物质、能量、时间和空间之流的生态系统。

人们在直觉的灵光一现中洞察到整体。蓝绿色用想象力思考（统观逻辑，vision-logic），而靛蓝色则不必将事实串联起来就能洞察到整体。靛蓝色对系统和超个人的整体十分清晰明了，洞悉了超越个体的生态、政治和文化整体。个体的自我意识开始进入更广阔的系统，认同这些系统，并经常感受到深沉的和谐与融合，在清醒状态和粗重世界中尤其如此。

靛蓝色世界观不仅能洞穿与粗重世界相关的自我，而且也不再执着于它们。这个自我原本是我们思维的中心和支撑点，我们始终由它出发，来领会由关系－过程－经验所组成的复杂舞蹈。不再执着于自我以后，我们就缓解了个体与相关整体之间的张力或压力。生活被视为高度灵活的时标（time scale），在分钟、年、终身、千年、数百万年、完全的永恒之间发生着变化。靛蓝色个体感觉自己安住于宇宙中，顺应着出生、成长、衰老、死亡、欢乐和痛苦的自然变化。

以上所列的世界观远远不是完整的清单，它们只是研究者找到的最明显的阶段，以及可以初步证实的最高阶段。我们必须牢记甚至尊重每个世界观层次，因为它在意识的进化中曾经产生过影响，并且会继续产生影响。在发展的螺旋状上升过程中的某些特定时间和地点，每个世界观都发挥过极美妙的作用，以后还会继续发挥作用。想想吧，在人类文化史上的某个相应时刻，上面列出的每个世界观都曾经是革命性的先进观点，也是伟大的创造性飞跃。

我们如何共同创造世界观？

在很大程度上，每种世界观都在集体的层面上无意识地发挥着作用，仿佛它所阐释的世界才是正确的。整合理论（融合了后现代主义的主要观点）推翻了这种**“给予的神话”**（myth of the given），这种神话认为：存在着人人可见的纯客观的预设世界。

在形而上学的意义上，世界观从来都不是固定的，也不是预先设定的。正相反，世世代代的人们越过大体相同的路径，辛勤地雕琢着世界观，并为未来的探索者创造了新的宇宙习惯，让他们循此而行。由于更多的人走过了较早的世界观道路，所以早期阶段比晚近的更陈旧、更墨守成规。如果说**紫红色**是大峡谷，那么**蓝绿色**就是沟壑，**靛蓝色则**是沙痕。**“宇宙并不完满，也不是固定不变的，它通过我们在不断地进化着”**这个惊人的观点如果被完全接受后，就会给人极大的鼓舞和自由。

整合式波动自然地发展进化着。全世界已经有数百万人自发地具备了青色整合意识，成千上万的人开始具备蓝绿色整合意识，有些人甚至开始具备了靛蓝色整合意识。整合理论没有**创造**这些可能性，它仅仅以崭新的清晰度和特性**解释**了这些可能性。这就使新的革命成为了可能，但它并不妄想取代新的革命。它让你在每个时标上都能同时瞥见生活令人惊奇的真相。

每时每刻都在产生新的可能性，而进化的过程中，世界观的外在形式也被大量创造出来。随着越来越多的人形成了先进的世界观，他们实际上也在**共同创造**着特定的形式，使那些世界观得以借此呈现出来。整合式生活练习存在于**后形而上学**的环境中，包括你在内的练习者们，都将作为进化本身的自觉推动者，进入新的宇宙区域。

给四象限赋予新的内容

所有四个象限都有发展路线吗？绝对都有！**每个象限里都存在着进化**，也都有高低不等的许多发展路线。右侧（即外在）象限具有各种层次的**物质和能量**的（无论是个人还是集体），而左侧（即内在）象限则具有不同层次的意识（个人和集体也同样如此）。

图 5.14 中，对角线箭头表示每个象限的众多发展路线，同心圆表示每条发展路线在进化过程中的意识高度（或层次）和复杂性。

注意，没有哪个象限是首要的。绝对没有与内在分离的外在，也没有不属于集体的个人。因此，我们不能说某个象限的活动永远首先发生，并引起其他

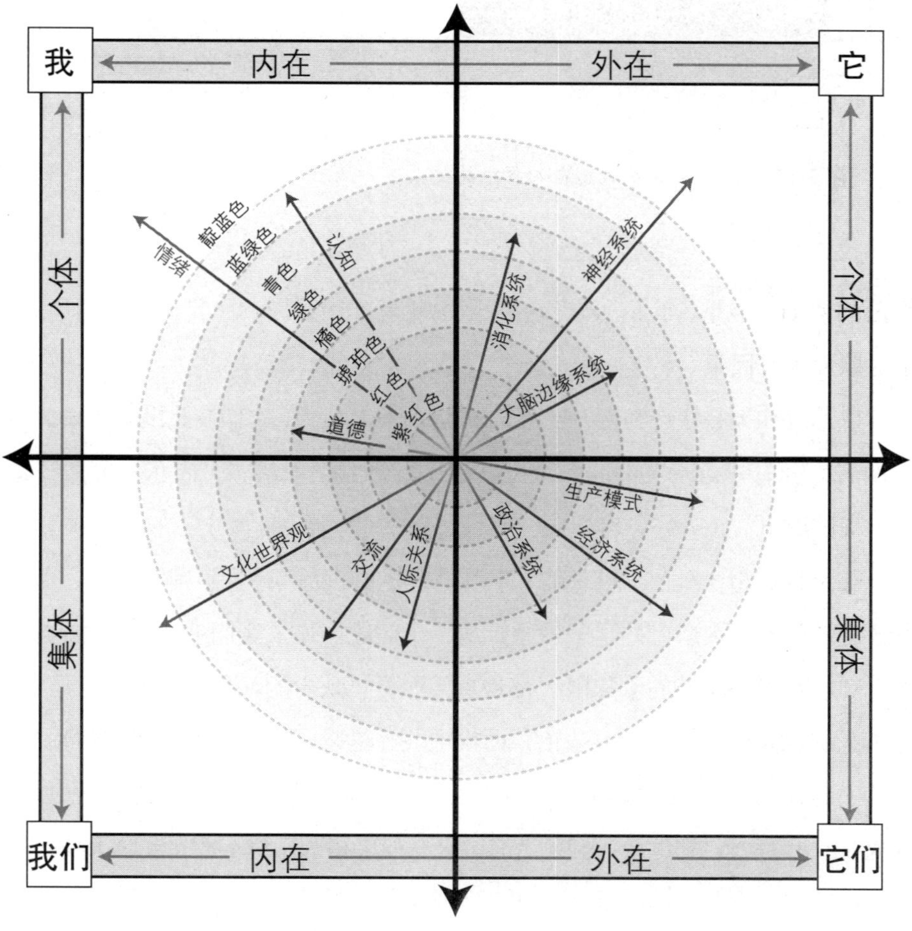

［图 5.14］四象限的所有发展路线

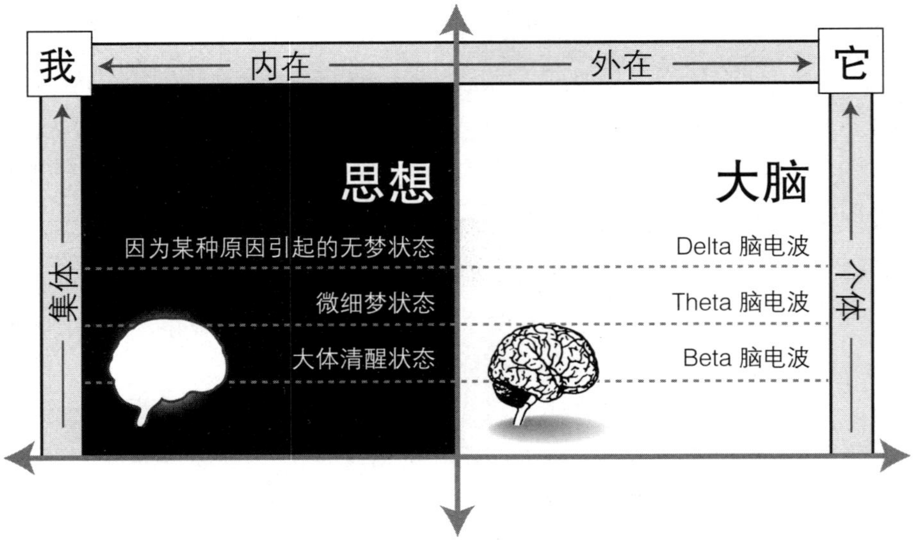

［图 5.15］思维和大脑状态在四象限的关系

象限的活动。但是，我们可以研究象限的相互作用和影响。我们考虑的是它们的**关联**而不是**因果**。

以思维和大脑状态为例（见图 5.15）。AQAL 认为，它们彼此没有**因果关系**，但两者之间有非常真实的联系。可以参见下面的意识状态（内在，主体经验）和对应的脑电波（外在，客体）。

如果我们想要断言，只有某个象限是重要的，而其他象限则不重要，那么，哲学上的思维 / 大脑问题之争就永远成了个问题。如果我们承认左上和右上象限（更不必说左下和右下象限）**都是**真实而不可缺少的，我们就可以远离“意识和大脑孰真孰幻”的无益争论，而集中关注这些同等重要的分组**如何**相互影响的有趣问题。更确切地说，我们可以了解自身在四象限中的发展——ILP 不仅仅是哲学练习，它也让我们在当前层次变得更和谐完整（横向健康），**并**成长到更高的整合层次（纵向健康）。ILP 包括能够让我们最充分地发挥思维和大脑功能的练习。

意识状态

意识状态属于目前最有趣的研究领域，这个领域的练习也较为成熟。各种状态纷至沓来，持续片刻后又消失了，它们短暂而多变。我们每天都在各种状态中循环：高兴、厌烦、恐惧、失望、愤怒、觉醒、好奇……这些状态就这样周而复始，川流不息。

四象限内发生的所有现象都要经历众多状态，这包括上方的个人象限和下方的集体象限。如果某个公司经历了金融风暴，几个月以后又复苏过来，那么，它就经历了右下象限的临时状态变化。你也可以想想在遭受恐怖分子袭击后，左下象限的整个文化中所激起的共同仇恨和恐惧。每个象限都会发生短暂的状态变化，图 5.16 是几个其他例子。

状态还可以是拓展个人经验的神奇门户，经由它，我们可以体验到意识的无限潜力。此外，它也能短暂地瞥见其他世界。狂喜或高峰体验的状态非常强烈，你有没有曾经非常热烈地做爱，以至于感觉自己和性伴侣完全融为一体？打网球的时候，你是否曾进入状态，可以把球打到球场上的任意位置？在森林中漫步时，你可曾体验过同身边郁郁葱葱的绿意完全融合的感觉？你是否听过非常美妙的音乐，感觉到自己的心灵完全敞开，敏感而又暴露无遗，原始的狂喜和生活的痛苦浸透你的整个身心？想想最近那次让你超越普通知觉、惊鸿般瞥见各种可能性的高峰体验，有些时候，那些能稳定而更自由地通往更高意识状态的冥想者和神秘主义者甚至会主动培养这些状态。

第四境，和更高状态？

某些伟大的冥想传统描述过另外两个状态，据说只有非常有经验的冥修者才能达到。这两个状态都“超越”了清醒、做梦和深度无梦睡眠这三个主要状态。

在**图力亚**（字面意思是“第四”）状态，个人既不关注粗重的清醒体验，**也**

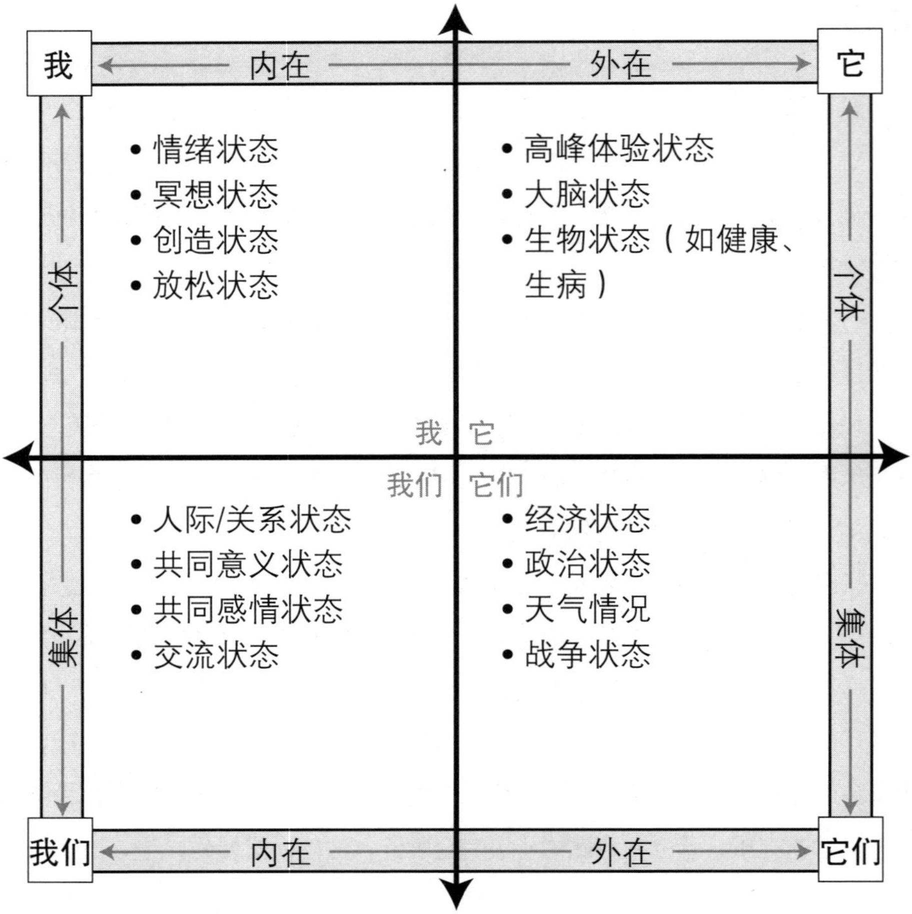

［图 5.16］四象限的状态

不关注梦境和视觉经验中更精微的现象。事实上，注意力不再集中于**任何**现象，甚至也不关注**极精微**的寂静状态和深度无梦睡眠的静止状态。无论发生什么，或什么也不发生，意识都保持着稳定。意识只是主体或者所有经验的旁观者，它明晰而清醒，贯穿觉醒、梦和深刻无梦睡眠状态。如果这种内观意识（witnessing awareness）变得非常强大，它可以在分分秒秒都保持着稳定！不论发生了什么事情，也不论身心做着什么事情，这种觉解都能宁静地安住于自身之中。

而在图亚塔亚状态（字面意思是“第四境之上”），这种稳定的内观意识会继续增强，最终，觉察之心与所觉之物之间的分别消失了[①]。“体验的主体”和“被体验到的客体”之间的隔离感消失了。这时，个人就能体验到内在世界与外在世界是一体的，并超越任何主体/客体的分离（即内外不二，心境同体）！

我们每天都在经历三个最基本的状态：清醒、做梦和深度睡眠。此刻，你处于清醒的意识状态，正在觉察着物理现实，你可以掐自己的身体来予以确认。今晚入睡时，你会进入光怪陆离的梦境状态，你的情绪和想法都会变成栩栩如生的形象。再过片刻，你就会沉入深度无梦的睡眠之中，梦不见任何东西。

每个人都很熟悉清醒、做梦和深度睡眠这三个主要的意识状态。然而，在每个状态里，你有多**清醒**呢？醒着时保持清醒是容易的，在梦中具有觉察力称为清晰梦境（lucid dreaming），那些深度无梦睡眠中能保持完全清醒的人已经实现了“无色空”（formless emptiness）。我们可以通过冥想之类的练习，训练自己在散步、做梦和深度睡眠时保持完全的清醒。

不必非得等到睡觉时去体验光怪陆离和无色空之类的梦境，这些状态对应于所有存在过的**能量**（我们在日常清醒状态时不会完全发挥这些能量），它们对所有人开放，下至婴儿，上至佛陀。你可以立刻**感受**这些能量，因为任何时候，只要你想获得它们，你都能够如愿，但前提是：你知道去哪里寻找。

状态训练

有些状态会自发地产生和消失，比如：突发的自然兴奋、意外的昏沉、白日梦的幻想。你也可以**训练自己**进入较高的意识状态，让它们成为你日常生活的一部分。事实上，伟大的灵性传统导师几千年来始终在做这件事情，他们留

---

① 即佛教所谓的“能所双亡，智境俱遣”。——译者注

下了大量的跨文化实验记录，确认了这些状态的存在[①]。长时间反复进入较高**状态**常常有助于（不是每次）加快你向更高**阶段**发展的步伐。整合式生活练习的一个主要好处就是，帮助你发展自己的能力，以进入**训练有素的意识状态**。

一分钟模块

意识状态（快速浏览）

运用五官来感受自然。看看周围的环境，你看到什么？闻到或尝到什么？听听此刻能听到的任何声音，例如自己的呼吸声。注意全身的任何感觉。有没有热、压力、痛、重……或者痒……紧绷感？允许它存在，同时观察觉醒时的意识状态。

开始将注意力转向更精微的状态，关注与情绪相关的感觉。有没有悲伤、快乐、焦虑……或是激动、愤怒……？你感到自己的情感活力如何？你是否感觉到身体任何部位的刺激、颤动或者活力的强度？例如离皮肤几英寸的位置，你能感觉到周围空间的能量吗？

再转向更精微的感受，将觉察力转向心理层面。有没有回忆、思想、意象、冲动……？关于过去或未来的想法？现在感受较高的直觉思维。能否凭着直觉感受到头顶上更精微的能量涡流？将你的知觉转向外面更远的地方……知觉拓展得更广更远。

现在注意自己怎样观察和感觉自然界的声音、景象，感觉自己精微的情绪、能量、想法和直觉，但你并不等同于它们。密切地关注它们，认识到它们都不

① 现代研究似乎证实了古代方法的效果，这些研究表明练习者可以通过“像阶段方式”（stage-like fashion）稳定地到达更高状态，学习如何有意识、有目的地随意进入梦境、深度无梦睡眠和其他状态，包括意识的高峰状态。我们称它们“状态 – 阶段”，以区分“结构 – 阶段”，后者标志着出现了持久能力（如青色世界观或者蓝绿色的情商）。冥想训练通常和状态 – 阶段有关，个人通过冥想之类的练习，可以学会如何稳定地达到更高的神秘意识状态。一般来说，较高状态的体验往往能加快进入更高意识层次的速度，但它们之间并没有绝对的因果联系。冥想训练不一定能改变任何其他发展路线的层次，例如，杰出的冥想者可能人际交往能力或数学技能很不成熟。

持久、转瞬即逝，它们都在你始终存在的觉知心中发生，这种清净的觉知心才是你的本来面目。感受着在你广阔的觉知心中生起的诸法万象。感觉你不在宇宙之中，恰恰相反，宇宙在你的里面，你安住在安宁之中，心中空寂无物，诸相万法无不如实显现在你的心中。你就是那个永远临在的自己，永不变化，永不移动，永不动摇。感觉空明而静默无言的因果状态，它无边无际、自由、完全、完满、完美。

深呼吸，享受这种感觉……现在将注意力回到物理空间，继续生活，同时保持着梦与深度睡眠状态中了无挂碍和开放的感受。

整合式生活练习就这样大力吸收人类灵修传统和学派的集体智慧。这些传统是个宝库，让我们能共同更深入地学习天下万法的方方面面，并促使我们的觉醒。这些传统知道如何帮助人们，打破仅仅关注生理体验、狭隘思想和情绪的普遍习惯，通过精微体验，我们可以利用其建立健康、自由和清醒的关系；这些传统也知道如何成为正在生起的各种体验的安静无言的内观者，并超越这个目标；它们甚至也能深刻地理解在这段旅程和探险中存在的挑战和复杂细节，各种各样的人在这场探险之旅中都曾经超越了自己与自我、上帝、他人和世界的深刻关系。这些传统拥有丰富的技巧和方法，可以帮助你安全有效地走过这段旅程。ILP 尽情地吸收了这些丰富的资源，它的高级练习饱含着最伟大的灵修传统积累起来的巧妙方法。

红药片还是蓝药片？

有的人用迷幻植物或化学品（有时叫灵魂显现剂）来体验强烈改变后的意识状态。改变大脑化学成分（右上象限）可以诱导意识状态发生改变，或者诱发高峰体验（左上象限）。因为使用药物存在着问题和危险，这其中包括法律、文化和可能的医疗问题，这里不作推荐。但是，从原则上说，它们是有效的，有的练习者就用药物进行状态训练。

思维 / 大脑机器：比如声光设备和音频信号技术，也能诱发较高状态。诱发状态的外源性方法（如药物和声音技术）可以补充冥想这样的内源性方法，这具有很重要的意义。

你属于什么类型?

有的差异不是纵向的或者发展的，可能两个对象差异非常大，却并没有层次高低的比较。AQAL 框架用类型这个词描述这类**横向**差异。关于类型的例子非常多：

音乐类型：爵士、摇滚、经典、重金属。

云彩类型：积雨云、层云、卷云、雨云。

语言类型：印欧语系、汉藏语系、南太平洋语系。

关系类型：亲子、手足、友谊、职业、爱情。

发色类型：金色、褐色、白色、红色、黑色。

地理类型：沙漠、森林、热带草原、沼泽、苔原、山岳。

你可能发现自己通常更喜欢某种类型，例如你可能喜欢爵士胜过摇滚，喜欢住在海边而不喜欢住在山脚下，喜欢金发胜过黑发，或者迷恋雨云。但需要再次重申的是，我们不能说某个类型更深刻、更发达、比其他类型更好，它们只是不同的阶段。每种类型都有独特的特点、优点和弱点，天赋与缺陷。AQAL 认为，所有类型都同样重要，我们不应该忽略任何类型。氦和碳是两种原子**类型**。分子比原子更复杂，因为分子**超越**和**包含**了原子。层次代表纵向差异，类型代表横向差异。

看看这些名字：拿破仑·波拿巴、海伦·凯勒、亨利·福特、弗里德里希·尼采、米开朗琪罗、帕特·罗伯逊、马莉·库里、开膛手杰克、巴比·鲁斯、马克·吐温、圣女贞德。他们都非常有名又非常不同，对吧？对生活中的问题，如“你是谁？”或者“你需要什么？”或者“你的终极关怀是什么？”他们的答案肯定乱七八糟。虽然上面列举的这些人的意识层次并不相同，但他们都拥有一项相似的运动学**类型**：左撇子。你可以是左撇子奴隶，左撇子科学家，左撇子圣人（也许在你的一生中兼具这三种身份），虽然你在不同的发展路线中进化得层次越来越高、越来越深刻，但你的类型基本不变。

现在，我们来更仔细地观察道德发展路线的类型，读者想必还能记得，它们从自我中心变到种族中心，再变到世界中心（及更高）。研究者发现，男性和女性的道德发展顺序相同，但侧重点或态度不同。男性化取向更强的人会通过和女性**相同的垂直发展阶段**，但更大力强调**权利和公正**，女性化取向更强的人则更重视**责任和关怀**[①]。

无论你是男性还是女性，你的类型都只反映了发展的**特征**而不是结构。**男人和女人都拥有男性特征面和女性特征面**（就像他们都有左手和右手）。只不过，在男人身上，男性角色占主导地位，而在女人身上，女性取向更强（就像我们通常更多地用某只手，而不是另外那只）。当然，有的男人可能有更强的女性化倾向，有的女人则男性化倾向更强。这说明了他们能量取向的水平差异。

随着整体意识的成长，我们就能够善待自身存在的方方面面，包括自己和

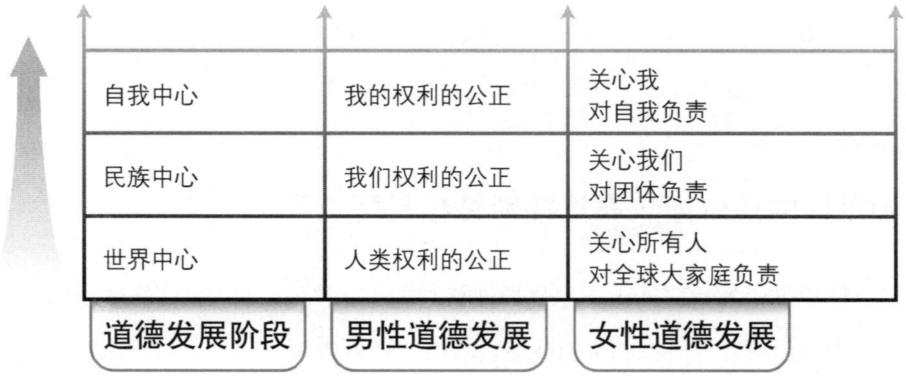

［图 5.17］男性和女性道德发展阶段

---

① 劳伦斯·科尔伯格和卡洛尔·基尔甘彼此都是最著名的男性和女性道德发展研究者。

他人内在的男性和女性能量。这不表示我们必须减弱两方面，不让任何一方占据主导地位。恰恰相反！根据性别和当时的需要，我们可以**更男性化**或**更女性化**！区别在于，我们不以压抑女性气质为代价来激发男性气质，反之亦然。例如，我们可以在工作中更有进取心（男性化），但回家后却激发出更柔软、温良的女性化特质。这取决于我们内在的男性化和女性化趋势如何发生作用，以及我们在具体情境中选择如何应对世事。

性格是类型的另一个范例。我们在生活中都有自己的性格类型和独特声音。性格类型学区分了最普遍的个体模式，这些模式只是另一种帮助我们看到自身内部的动态趋势的工具。任何性格类型学，比如九重人格或迈尔斯·布里格斯性格测试，都有可能让你在自己的内心中识别出每种类型的特征，因为你的性格包括无数个侧面，可能比任何类型学都要复杂。然而，某种类型常常比其他类型更加突出，这时，你就可以说："我是这个类型。"

你使用的类型系统越复杂和细致，它就越不像静态的身份盒，你也就能越了解自己动态多变的性格。有时候人们甚至使用两个或更多的类型系统。使用类型（和层次）系统的意义绝对不是将某个人对号入座，限制他/她的发展，而是帮助我们认识自己和别人的内在心理模式，以便促进我们更好地沟通和成长。**认识**到自己的类型以后，你就不再完全受它限制，恰恰相反，你可以按自己的意愿更自由地改变它（至少创造性地利用它）。

确定你的迈尔斯·布里格斯性格类型

简单地了解迈尔斯·布里格斯性格类型区分以后，你就能更充分地了解刚才的内容。此处只是很简单的概述，以便勾勒出 AQAL 的"类型"法则。

现今世界里，迈尔斯·布里格斯性格测试中的性格类型应用最为广泛，它在心理学家卡尔·荣格的研究工作的基础上，区分出了四对性格类型。

第一对类型：内向 – 外向。

通常来讲，如果你和其他人、物、情境和外部世界打交道时很有活力，那么你可能更倾向于**外向**；如果你更注重思想、信息、缘由、反思以及你的内在世界，那么你更倾向于**内向**。简而言之，你是愿意“说出来”（外向）还是“想清楚”（内向）？迈尔斯·布里格斯的类型学中，每一种类型都用一个字母指代：外向（E）或内向（I）。

第二对类型：感觉和直觉。

强调信息处理的方式。你可以处理生活中的真实细节并愿意遵照指导逐步去做吗？如果答案是肯定的，你可能就是**感觉**型，也就是说，你会首先注意细节。反之，你更愿意关注思想、创新的可能性、找到新的模式和意义、期待着那些暗中隐藏的事情吗？那么，你属于**直觉型**，因为直觉型总是先注意大的全景。这两种类型就是通常所说的感觉（S）和直觉（I）。

第三对类型：注重做出决策的方式。

如果在客观逻辑基础上，你通常采用客观、分析的方法作决定，那么你就是**理性**取向；反之，如果你的决定更取决于个人价值观、感情或同他人的关系，那么，你更可能是**情感**取向。这对类型被称为理性（T）和情感（F）。

第四对类型：生活方式的安排。

如果你更喜欢生活有计划、稳定、目标明确，那么你更加接近**判断**型。如果你更喜欢自然的、无计划的、富有弹性的生活，只有当无法预料之事情发生时，你才愿意酌情做出反应和调整，那么，你更接近**感受**型。当信息不充分时，判断型人格会采取自我封闭，而理解型却不然，他会拒绝自我封闭，以便获取更多信息。这对类型是判断（J）和理解（P）。

迈尔斯·布里格斯的性格类型由你的主导性偏好组成，因此，可以用四个字母来表达你的类型，如“ENSP”或“ISTJ”。

性格类型如何影响练习

理解性格类型对整合式生活的练习非常有用。有大量资料解释了不同的性格类型，也解释了性格偏好如何影响生活的各个方面（包括抉择、人际关系、工作）。了解自己的性格类型，有利于设计一个能够帮助你实现自己独特的生活目标的 ILP。

理解所有的性格类型可以帮助你了解自己，更加欣赏不同类型的人，并提高与他们灵活交往的技巧。如果你知道自己所属类型的优点，你可以更好地利用它们来实现你的生活目标和愿望。

知道自己在哪些方面过于极端也是很有好处的。例如，如果你非常男性化，但你争取自主、独立的奋勇经历让你感到孤独和脱离了现实，那么，你可以选

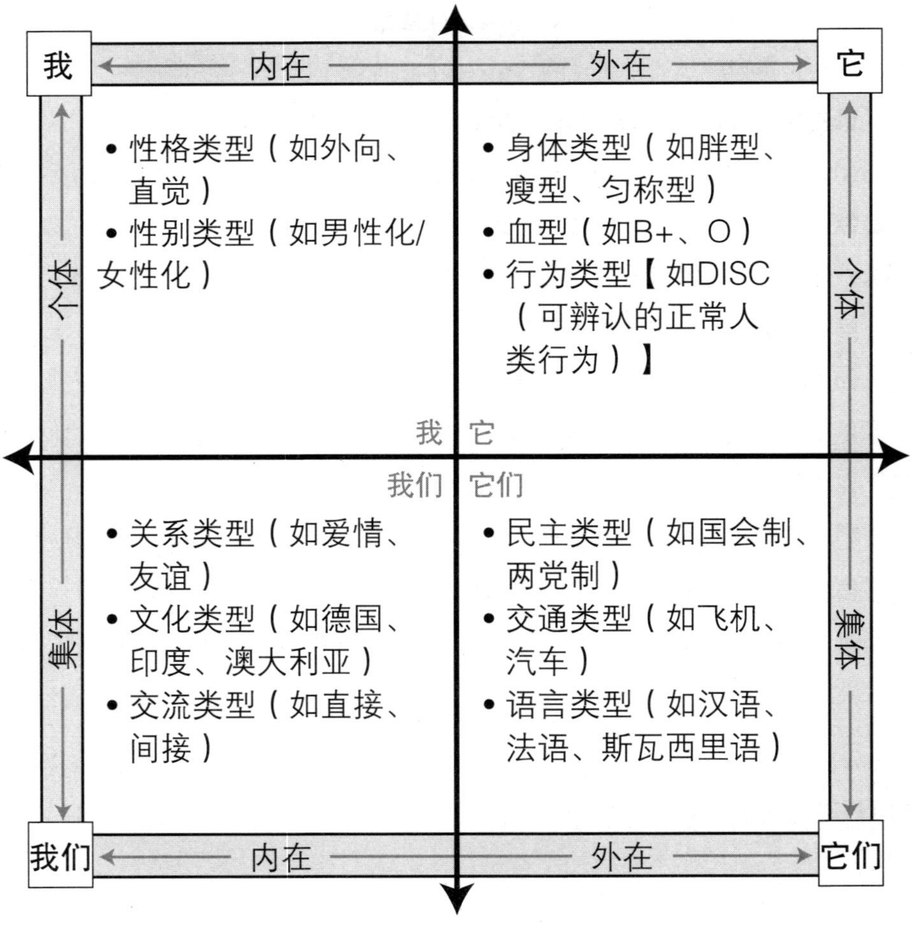

［图 5.18］四象限的类型

择减少男性化取向，培养女性化特征，例如增强接纳、感受和亲密交流的能力，这样做对你会很有益。相反的情况，你感觉和遇见的每一个人都很融洽，你很难将自己与他人区分开，你无法认清自己的本来面目，或者无法确定自己的需要和愿望。这时候你可能需要用 ILP 来训练你的男性化特征面。无论在哪种情况下，男性化和女性化特质都没有高下、优劣之分，它们只是每一个意识层次的两种性格类型。

整合框架的应用

用 AQAL 看到更广阔的世界

AQAL 要素就像你的鼻尖，尽管它始终近在眼前，你却通常注意不到它。AQAL 不仅代表你在世间存在的**各个方面**，也代表你可以运用到自己、他人或任何对象身上的系列**观点**。当你发现 AQAL 可以运用到生活中的多种方式以后，你会惊讶于它的灵活性。

你可以根据需要，利用 AQAL 来迅速判断某种情境。运用这些象限是深入理解任何情况的简单而迅速的办法，无论是你和亲密伴侣的争吵，还是国际战争，它都同样有效。这种方法能够使你特别留意你的内在思考、他人的反馈、可能的行动，以及生活的其他方面的相互联系。

一分钟模块
快速浏览

使用快速浏览，可以迅速了解你的理性 / 情感（“我”）、别人的观点（“我们”）、与较大系统的关联（“它们”）、你在具体问题上可能采取的行动（“它”）。

如果你需要做比较次要的决定，可以用 1 分钟来浏览这些象限。花 15 秒钟来了解每个象限："我"、"我们"、"它"、"它们"，看看会有什么想法。练习快速浏览有助于花**较少**的时间来作出**更**聪明和睿智的决定。

你从什么观点出发？

AQAL 是多元统一（unity-in-diversity）的图谱，能帮助我们理解他人，以及我们对同类所做的看似疯狂的事情。使用整合式图谱，我们可以更清楚地看

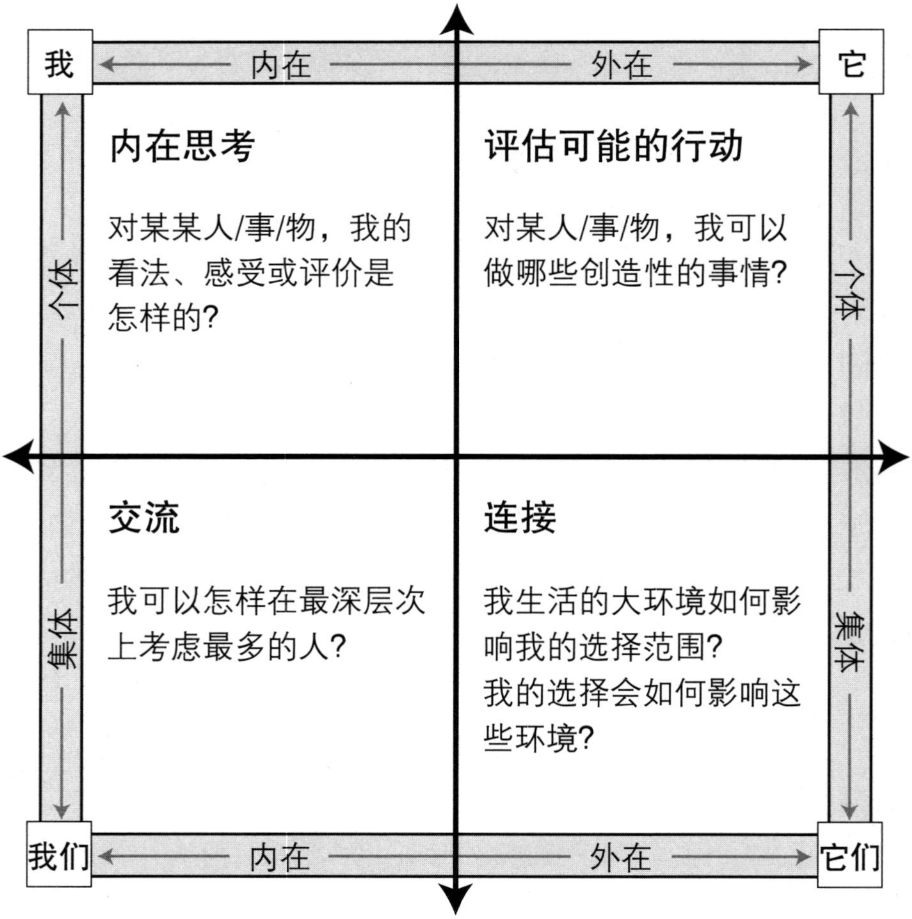

［图 5.19］用 AQAL 迅速判断各种情况

到所有人共有的普遍心理结构，以及使我们变得与众不同的动力、特征和发展差异。学习 AQAL 能增强我们接受多种观点、理解别人以及回答下列问题的能力：**这个人的立足点在什么地方**？**他们关注哪个象限－观点**？**他们在哪个意识层次行事为人**？**哪条发展路线很强或者很弱**？**他们处于什么状态**？**他们是哪种性格类型**？我们越理解他人的背景和立足点，就越能更好地和他们建立关系，并创造更多的和谐。

这绝不是说我们必须赞同其他人的观点，在这个多元化的多彩世界里，我们不会总是同意彼此的观点，或通过对话达成良好的共识。然而，尽管我们不能始终达成一致意见，但更全面的理解让我们在表达异议的时候能更加理解对方，并对新颖的方案敞开心灵。在我们更深地理解人们的立足点以后，冲突未必就会消失，但我们可以选择更明智和合适的方式回应我们遇到的冲突。

政治就是个完美的例子。在美国政治体制中，共和党倾向于在琥珀色－橙色高度（更保守、传统、种族中心和宗教化）采取行动，而民主党通常根据更加橙色－绿色的世界观（更进步、世界中心和多元）采取行动[①]。共和党认为**个人的**道德败坏、决策失误和缺乏动力是许多社会问题背后的核心原因（左上象限），而民主党人通常将社会弊病归咎于不公平的**体制**（右下象限）。共和党／保守派对无家可归者的典型回应是：取消政府救济，要求无家可归者对自己的生活负责，努力工作。民主党／自由党的典型回应则是：增加预算，提高社会福利，为那些被不公正的经济体制边缘化的人创造机会。

只要运用几个 AQAL 要素，就可以马上很容易地发现：党派政治是有限而片面的真理之间的危险竞争。我们也能很快地发现：为什么有些政策建议分歧如此之大（琥珀色和绿色党派，关注着不同象限），有些则差不多（两党共享着橙色世界观）。**整合式政治**强调两党的明显缺陷，这些缺陷很大程度上是因为他们的观点不够全面，难以解决我们现在面临的复杂问题。

---

① 红色的自我中心世界观同时存在于两个党派中，它使情境变得错综复杂。

无论是总统还是你的邻居不同意你的观点（例如在政治、宗教、艺术、经济等问题上），如果你能意识到，这可能只是因为他们处于那条特定发展路线的不同意识层次上（比你更高或更低），那么，它就能带来令人难以置信的解脱感，帮助你理解为什么无论你怎样努力，他们都不同意你。你和别人交流超过他/她的理解力之外的东西时，会产生发展性脱节（developmental disconnect）[①]。试着和部落军阀理性地讨论民主问题，或者和五岁的孩子辩论量子物理学的详细观点，就会产生这种情况。如果你想说服原教旨主义者相信，很多不同宗教都是到达同一座灵性山峰的不同路径，那么，我祝你好运。我想，在周六晚上，你可以做些更好的事情。

你越深刻地理解和练习AQAL框架，你就能越有效地与他人进行沟通。当你真切地认识到他人的立足点时，你就能够用他们可以理解的语言，与之就价值观和彼此所关心的事进行交流。**整合式沟通**会根据他人的性格**类型**（如感觉语言，直觉语言）、**状态**（狂喜语言，忧伤语言）、**象限**焦点（我们语言，它语言）、**路线**（音乐语言，数学语言）和**层次**（琥珀色语言，绿色语言），来调整或**转变**你的说话方式，同时仍然保持真实的自我所拥有的本色。的确，这并不容易，但非常值得努力[②]！

在不同的观点中**相互转变**非常重要，我们具有促进发展性成长或**转变**的内在冲动，这种冲动就是整合式生活练习的核心动力。信仰的转变并不等价于纵向成长。从某个阶段到下个阶段的实质发展通常需要平均五年左右的时间（这是人们真正成长的时间，但很多人其实并没有）。正如橡子不会在一天之内长成橡树，人类也不会一夜之间在道德上从自我中心跳跃到世界中心。我们不能用**客观**事实和证据来判断许多争议，因为分歧源自不同的**主观**意识层次对事实做

---

① 当然，情况也可能相反，你在某条路线上的层次可能比别人要低。如果这样的话，比较明智的做法就是期待他人理解你的层次，让对方慈悲地帮助你，让你在所处的层次上更健康和快乐（因为你很可能要在那个层次上停留片刻），又轻轻地推动你，让你略略有所提高。

② 如需更多信息，可参见www.Intergral-Life-Practice，查看亚当·莱昂纳德的毕业论文《整合式沟通》。

出的不同解释。自我中心的人可能需要十年或更长的时间发展到世界中心，在那之前，他绝不会赞同世界中心的观点，甚至不会真正理解它们。

真正的挑战在于为包括我们在内的每个人创造空间，使我们能安然地从自我中心发展到种族中心，再发展到世界中心、宇宙中心和更高的层次，同时，从这个人生驿站通向下一站的道路也应该安全无虞。只有从后道德成规世界中心观或更高观点出发，个体才能认识到环境危机、艾滋病盛行、国际贫穷、世界饥饿的普遍存在及其后果。只有具备健康的传统基石，个体才可能拥有道德勇气，使世界发生有意义的变化。

有悖于整合理念的观点

许多外行人认为他们知道**答案**，他们的方法**最好**，他们掌握了**真理**。你碰到过这样的人，是吗？他们当然不可能百分之百的正确，因为他们彼此互相抵触。不过，反过来也不成立：**没有人会傻到从头至尾都是错误的！**每个人都是从某个**观点**或**角度**看问题，本质上都具有局限性和片面性。你考虑的观点越多，你就越能理解某些人/事/物，无论它是涉及你自身，你与他人的关系，还是某种处境。相反，你考虑的观点越少，你就越容易因为视野有限而犯下**错误**或做出误解他人的事。当有人忽略某些重要观点，将自己的理解误认为“真理”的时候，错误就产生了，因此就会得出误导性的结论。

在这个意义上，AQAL 整合式框架试图综合宇宙历史中尽可能多的观点。它用象限、层次、路线、状态和类型，识别和综合了无数有用的局部真理，尽可能地做到包罗万象。这样，辨认谬误（即拒绝承认局部真理的片面性）就容易得多了。在本节中，我们将简单介绍四类这样的谬误，它们是如何试图削弱真相的，以及 AQAL 是如何帮助我们形成更广泛的观点。

绝对主义错误

也许，这类错误是最普遍的，当有限的观点不自量力，企图包罗万象之时，就会产生这种错误。此时，局部真理妄想成为整体真理，它跨出自己擅长的领域，侵入其他区域。任何 AQAL 元素都可能发生这种绝对主义错误，我们从**象限绝对主义**开始讨论这种现象。这种现象的极端的做法是接受自己最喜欢的象限，得意洋洋地宣布它是一切。图 5.20 中是四个将现实贬低为他们喜欢的象限的极端做法。

整合式方法承认并尊重所有这四种观念的重要局部真理，但减弱其极端性，以便它们能相互融合。这个方法尊重并吸收了专家们（甚至绝对主义者们）所

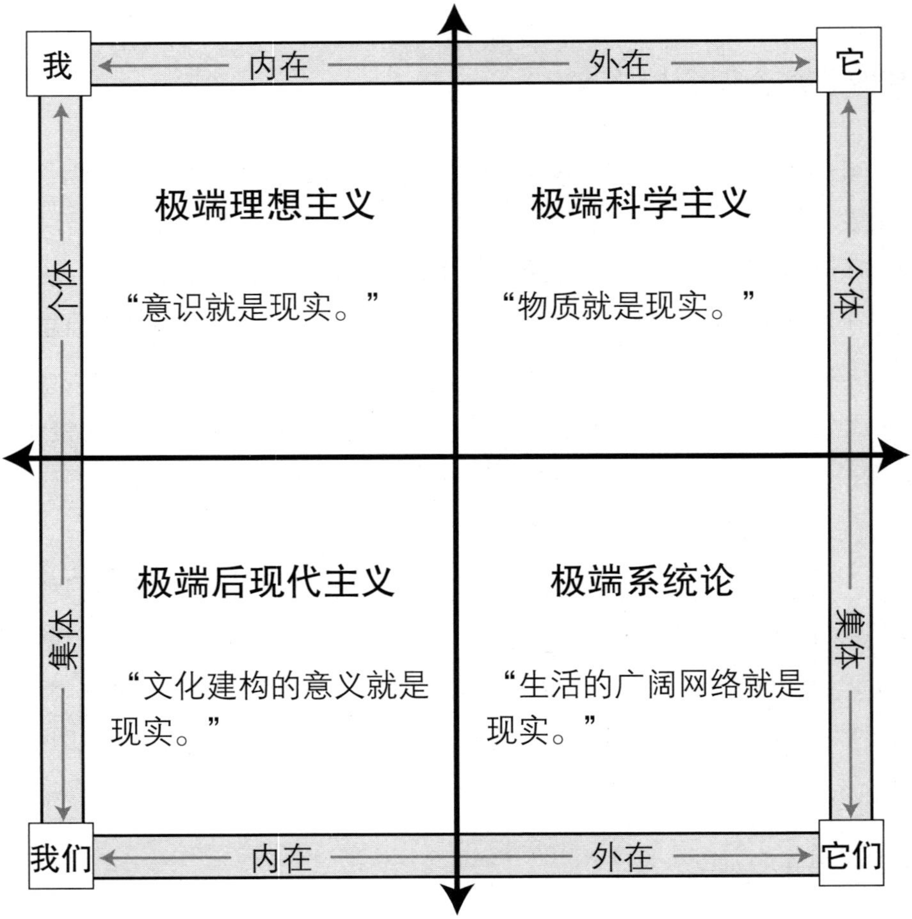

［图 5.20］象限绝对主义

有合理和有价值的发现。每个有效方法（或练习）都揭露了重要的真理。整合式框架提供了空间，让物理学家、文化人类学家、系统理论家和神秘主义者等专家都能分享他们的方法所揭示的真理，但并不排斥其他有效揭露真相的方法。简单地说，象限将每个方法**限制在**它最善于研究的区域，并在这个领域内让它**自由地发挥自己的能力**。

所有的AQAL要素都是如此。早期发展学研究者往往假设有种东西名叫“发展”，自己正在研究它。因此，认知学研究者相信认知路线是唯一重要的发展路线，价值观研究者则认为价值观路线才是，这两个例子都是**“路线绝对主义”**。

如果我们意识不到发展层次的存在，假定自己的层次（在任何特定发展路线上）才是唯一有效的，这时候就会出现**层次绝对主义**。**类型绝对主义**也与此相同：如果我们不承认性格类型的差异，我们就更容易认为，自己的生活方式或风格才是正确或最好的。最后，如果你有超个人状态的体验，但没有理解众多状态的性质和所有可能存在的状态，你就可能错误地相信你的状态已回答了所有的生活问题；这就是**状态绝对主义**。

在所有的例子中，绝对主义的错误意味着夸大某个片面的观点，这样就排斥掉了其他重要真理。然而，AQAL的框架足够大，它可以海纳百川而毫无遗漏，因而能够终止这种错误。

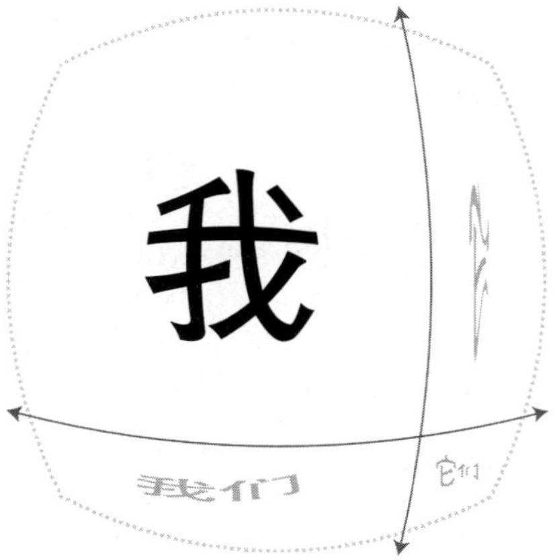

［图 5.21］左上象限绝对主义

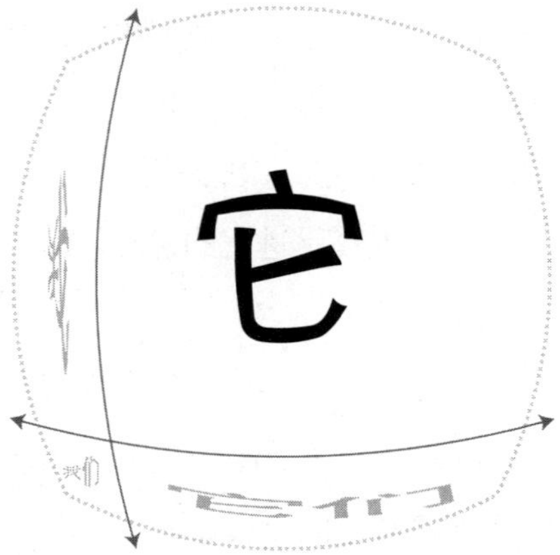

［图 5.22］右上象限绝对主义

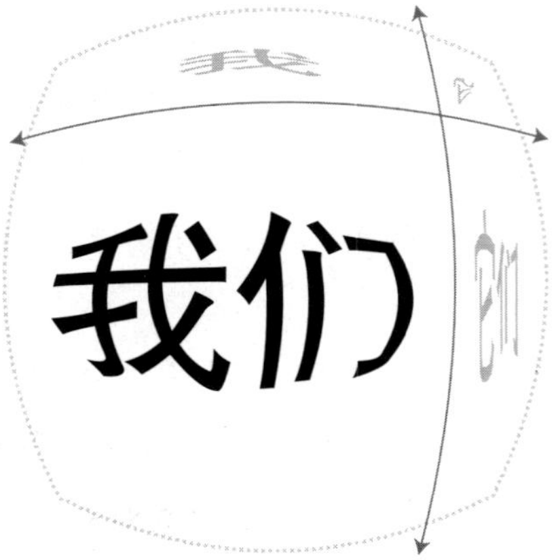

［图 5.23］左下象限绝对主义

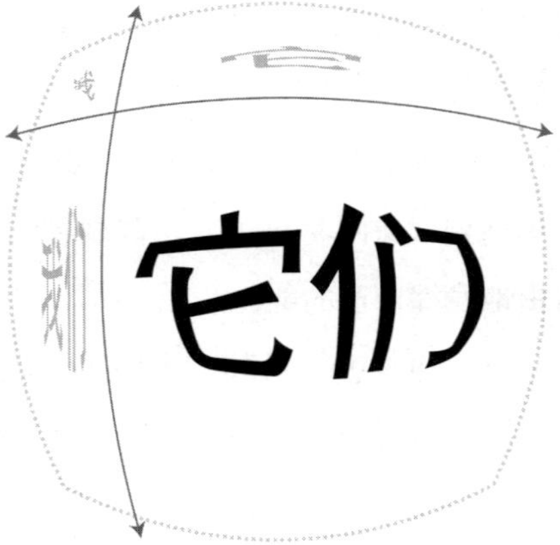

［图 5.24］右下象限绝对主义

前 / 超 – 错误

婴儿有知识吗？大学里，所有的抗议者都是出于“人人享有公平”的动机吗？毫无疑问，对两个问题的肯定回答都是**前 / 超 – 错误的例子**，当我们将较低发展阶段（前）误认为较高阶段（后或超），或者将较高层次误认为较低层次时，我们就犯了这种错误。现在，让我们来逐一了解。

婴儿有知识吗？人类发展的浪漫理论宣称，初生的婴儿与灵性世界（亦即存在的神圣根基）保持着完全的接触。然后，当自我开始获得力量的时候，成长的婴儿就会同这个神圣根基失去了联系。从这个角度看，心理灵性发展的过程就是重新获得童年失去的东西，即回归无我的神性。整合式观点正好相反，它认为人类发展是进化的过程，即是：从前 – 个人到个人，再到后 – 个人（或超个人）阶段。

前 – 个人表示自我意识形成以前的阶段；**个人**表示发展出功能性自我（functional ego）的阶段；**后 – 个人（或超个人）**表示超越并包括了自我认同、洞察到更高程度的终极真理的阶段。这些层次都同样地与灵性世界发生着联系，差异在于自我在多大程度上觉察到自身与神圣根基之间始终存在的和谐。

浪漫主义混合了前－个人（无意识）和超个人（超－意识）。没有哪个婴儿曾经进入过超个人**层次的**自我世界。我们在诞生之初，自我都是前个人的，这个阶段缺乏意识，无法做出任何区分，和物质世界完全融为一体①。因此，自我发展并非从无意识天堂进入意识地狱再到超意识天堂，而是从无意识地狱到有意识地狱再到超意识天堂。简而言之，发展是走向成圣之路，而不是复归于婴儿。

大学里，所有的抗议者都是出于"人人享有公平"的动机吗？过去几十年里，技术学校和大学始终是学生们抗议国际血汗工厂和关注公平贸易、生态、女权、言论自由、多元化、战争等问题的场所。当我们关注成群的抗议者（右下象限）和个人抗议者（左上象限）的行为时，我们通常会发现，那些活跃分子会齐心协力，团结在某种事业的旗帜下，挥舞着标语字牌、游行示威、写请愿书，或者从事类似的其他活动。

尽管这些外在行为具有相似之处，但抗议者的内在动机却往往存在着巨大的差别。越战期间的道德发展研究表明，只有少数大学抗议者是出于后传统（世界中心）的动机，例如关心美国**和**越南人民的生活，或者想要结束这场不正义的战争。而大多数抗议者则处于前成规期的道德发展层次，抗议是为了挑战权威（"别告诉我应该干什么！"）或者害怕自己被征召入伍。前／超－错误很难区别出来，因为**前**成规期和**后**成规期都是非习俗的，都**反**传统的行为方式。

状态／结构错误

状态／结构错误的主要谬误在于：假设意识状态和意识结构（或阶段）是同一事物。意识状态是稍纵即逝的经历，它来去匆匆，我们能够在任何特定的时间，在每天循环往复的清醒、做梦和深度睡眠状态中，体验到的情绪、精神或灵性状态。而另一方面，意识结构则更长远和稳定，通常能持续很多年；我们

---

① 然而，婴儿几乎能够接近任何意识状态。参见本页"状态／结构错误"。

必须经过一系列阶段（通常是通过专心的练习），才能**建立**意识结构，相比之下，你很容易地就能体验到各种意识状态（冥想状态 / 阶段是个例外，从粗重状态到精微状态，再到因果状态和主客同体状态，也需要以阶段的形式加以练习，然后才能稳定并相继呈现出这些状态，不过，它们仍然比结构更容易变化）。

那么，神秘主义者和原教旨主义者能够体验到相似的灵性状态吗？能——也不能。**能**，因为几乎任何层次、任何人都能体验到灵性状态，甚至能体验到最精微的因果状态。但是，神秘主义者和原教旨主义者会用相同的方式来保持和阐释这种体验吗？**绝对不会**，因为意识的结构 – 阶段（整合心理图）会影响你赋予体验何种意义。意义使体验的目的具有了更多的维度。图 5.25 的点阵显示出**状态的意义是如何根据发展结构 – 阶段而发生变化**[①]。

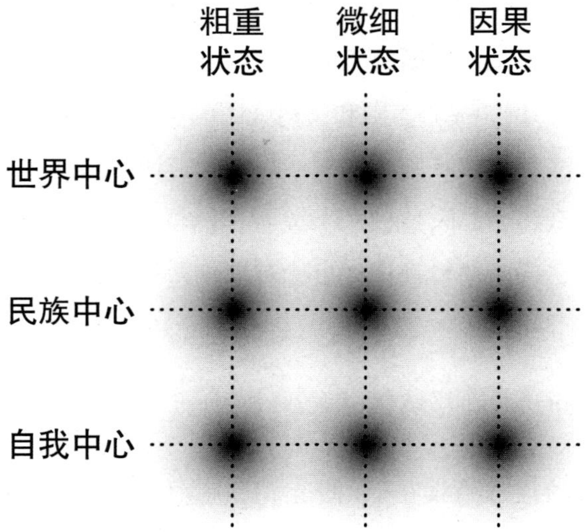

［图 5.25］状态和阶段点阵

---

① 肯 · 威尔伯和阿兰 · 库姆斯都为发明这张图作出了重要贡献，所以这张图又名“威尔伯 · 库姆斯点阵”。

每个交叉点都代表着对某种状态体验的阐释（这个点阵中有九个交叉点）。世界中心的幻想型艺术家和自我中心的两岁孩子都可能体验到某种精微的状态，但是他们赋予这种体验的意义则完全不同。两岁的孩子可能看见“金色的天使”降落到妈妈身上，并且通过妈妈，将光和能量倾泻到自己身上。幻想型艺术家可能体验到，自己的灵体被奇妙地深深地融入赋予万物生命的奇妙光明中。在很大程度上，我们对体验的阐释决定了它对我们生活产生的长期影响，所以阐释体验同体验本身同等重要。我们可以将 AQAL 视为整合意识波所创造的解释性框架。通过整合式生活练习，我们可以准确地理解并有意识地训练各种状态（和结构、身体、阴影），而通过 AQAL，这些状态（和结构、身体、阴影）则被赋予了意义。

状态 / 结构联系

状态和结构（阶段）的重要差异有时候似乎显得很模糊，原因在于，高意识**状态**能够促进更高意识**阶段**的成长。拥有更高发展阶段或层次的个体更可能内化高意识状态体验的全部意义，从而重塑观点。这样，冥想之类旨在培养高意识状态的训练，就能够有效地催生**两种**成长：更高的意识状态和更高的意识结构。

层次 / 路线错误

回顾在灵性发展路线时问过的问题，“终极关怀是什么”。对这个问题有各种各样的片面答案，就像每条发展路线一样，这些答案沿着奇妙的进化之路螺旋上升，达到了更伟大的觉悟和慈悲。从琥珀色到橘色到蓝绿色再到更高，每个灵性发展阶段（或波）都有不同的终极关怀。同样，如下所示，每个灵性阶段都有不同的上帝。

如果我们将发展路线内的某个特定层次和整条路线混淆起来，这时就会发生**层次 / 路线错误**。如今，对灵性发展路线的认识处于最重大同时又是最危险的阶段。在一方面，传统宗教信仰者（琥珀色）刻板地固守在琥珀色灵性发展层

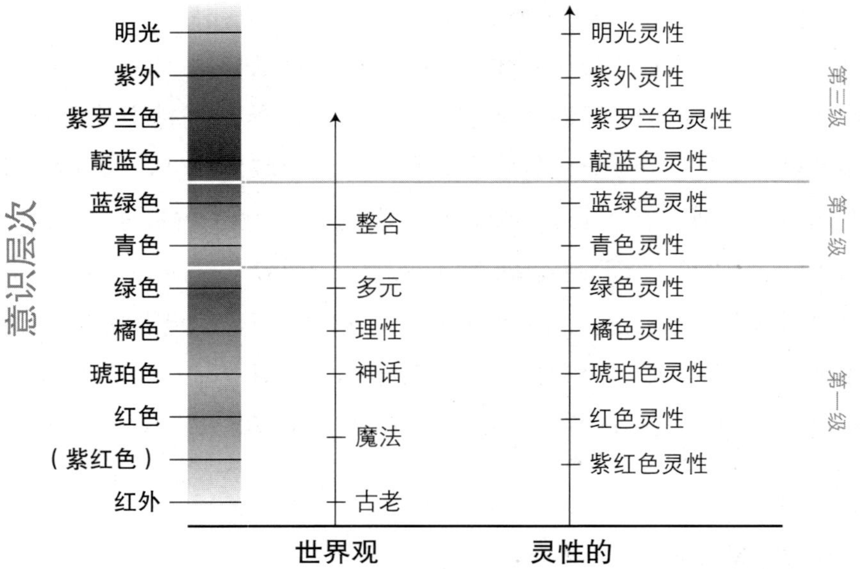

［图 5.26］灵性发展路线

次上，他们崇拜神秘的、人性化的上帝，激烈地抵制着所有潜在的诋毁者。他们拒绝认同与琥珀色感受不符的理性逻辑或者神秘观点，认为这些逻辑或观点是可憎的、异端的和渎神的。这样，宗教就不再是对个人灵性的不断探索，而成了特定的发展层次：琥珀色。

而另一方面，达到了理性世界观（橘色）的人们也会犯同样的层次 / 路线谬误。他们不会捍卫琥珀色层次的上帝，相反，他们用逻辑和科学推理的全部力量来拒绝它。而且，橘色层次并不满足于抛弃神秘的上帝，它还错误地认为，所有的宗教都表达着琥珀色观点，因此，它否认和压抑整条展开的灵性智慧路线，从红外到靛蓝到更高都不能幸免。这种层次 / 路线错误让橘色停滞不前，因为它错误地将灵性的较低表现形式（琥珀色）同较高形式（橘色、绿色、青色、蓝绿色）混为一谈，并全部予以拒绝。这个层次 / 路线错误激起了橘色科学和琥珀色宗教的经典争论。

解决方法：认识到宗教和灵性智慧并不停留在琥珀色。灵性智慧会不断发展！先驱者们的橘色自然神论可以成为深刻的灵性生活方式，海德格尔的绿色存在主义也是如此，此外还有青色或蓝绿色整合意识。每个层次都拥有可以付诸实践的灵性智慧。

整合式操作系统

我们在本章详细讨论了 AQAL，但问题仍然存在：它到底是什么？

- 哲学
- 框架
- 模型
- 理论
- 图谱
- 维度
- 观点

上面的全部内容都是正确的答案。但答案就这些吗？AQAL 也可以被看作**整合式操作系统**（Integral Operating System）或者 IOS。在信息网络中，操作系统是运行不同软件程序的基础结构。这个比喻是说，如果你要在生活中运行任何“软件”，比如生意、工作、玩耍或者人际关系，你能够找到的最好的操作系统就是 IOS 了。IOS 触及所有领域的基础，它允许你运行当前最有效和先进的“应用软件”。

学会或“下载”整合式操作系统之后（阅读本章就是这件工作的开端），它常常能打开新的空间，感知到更多有助于理解这个复杂而高速发展的世界的不同观点，并借此来“升级”你的心灵。然而，我们不能将心智模块贬低为仅仅是对 AQAL 的智力学习。IOS 是**影响心灵的**操作系统，你可以搜索整个身体和心灵，激发目前没有开发甚至没意识到的潜力。

下载 IOS 以后，它会自动地寻找整合式框架，指出那些你拥有但并没有自觉地意识到的区域，它可能是任何象限、层次、路线、状态、类型或身体。IOS 激活和照亮这些区域，帮助你意识到：它们都是你可能达到（或实现）的意识和存在状态。同时，IOS 提供宝贵的重要区分，这些区分为我们在多维宇宙空间中提供了清晰的坐标，使你的心灵和许多沟通过程能够变得睿智、宽广、立体、深刻而清晰。你的世界以某种极真实的方式发生着改变，变得更为广阔，这样，你就再也不是原来的你了。

06
身体模块

重新完整地定义身体

在本章中，我们转而关注右上象限（个体 - 外在）的维度练习：身体。你的身体如此复杂，可以履行各种功能，简直就是个奇迹！只有拥有身体，你才能体验从出生到死亡这一过程中大大小小的事情，才能吃饭、工作、玩耍、做爱等等。

然而，身体无不例外地要经历疾病、伤害、疼痛、衰老和最终的死亡。在某些传统中，肉体恰恰因为这些原因而备受指责，它们教导人们："要超越肉体"、"肉体的本质是罪恶"。但整合式观点让我们热情地接纳肉体的存在。毕竟，只有凭借着身体，我们才可能过上智慧的生活。我们不能避免痛苦或衰老，也不能让身体变得完美，但我们绝对可以明智地对待身体。

就从文化和种族的意义上来说，一个健康的身体是我们拥有的最重要的财富，然而，我们却常常没有保护好它。现代文明通常认为健康就是不患重大疾病，生病（这几乎是不可避免的）的时候，我们试图用手术或药物消除或控制疾病。虽然有些时候，使用处方药等**外在**方法是挽救生命或控制慢性疾病必不可少的方法，然而真正的健康是平衡而和谐的，它很大程度上源于健康的生活方式，而这种用于塑造健康方式的**内在**品质是需要我们加以练习的。

锻炼身体的整合式方法，旨在为我们打下健康和幸福的基础，让我们获得健康，这样，我们不仅能活下去，而且，还能充满智慧和活力地**茁壮成长**。整合式身体练习有意识地诱导更多的**生命活力**流过我们的身体，并让躯体做好利用这种活力的准备。

我们怎样才能成为生命的“终极驾驶机器”呢？这当然需要采用**整合**方法。该方法始于这个惊人的观点：

实际上，你拥有三个身体（不是一个），完整的健康需要锻炼这三个身体。

三个人跳的探戈舞

它们是哪三个身体呢？首先是生理层面上的**粗钝**身体（gorss body，即肉身），包括肉和骨头、器官和细胞、唾液和血等。其次是不同能量组成的**精微**身体（subtle body）和其他精微系统（如脉轮和针灸经脉）。精微身体有时也叫气或者普拉那（prana）[①]，而对精微系统部分，西方哲学通常不了解。第三，无限寂静的**因果**身体（causal body），你可以通过冥想练习接触到这个身体。

这些**外部**的身体和能量与你的内在现实有着重要联系。你可以回顾三个主要意识状态：清醒、做梦、深度睡眠。事实上，这三个**状态**和三个**身体**相互依存，彼此关联。每个重要的主体意识**状态**都对应于某种客观能量或**身体**（见 119 页图 6.1）。

粗重、**精微**和**因果**指与三个主要意识状态（清醒、做梦、深度睡眠）相关的能量或身体。右上象限的身体或能量图谱同左上象限的意识状态图谱彼此相关。

---

① 印度教对生命能量的称呼，可以通过呼吸和瑜伽进行引导。——编者注

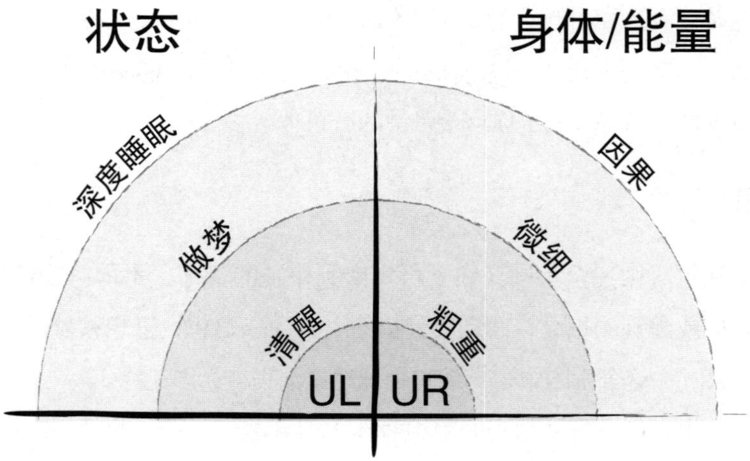

［图 6.1］与身体和能量相关的意识状态

清醒的意识对应于粗钝（或生理）身体。精微意识或梦中意识对应于精微身体。无相（深度睡眠）意识对应于因果（或西藏人所说的**“极精微”**）身体。你的每个意识状态都获得了对应的身体－能量的支持。

让我们思考片刻，这个信息很重要，对不？如果每个**内在**状态实际上都有其对应的**外在**形式，这具有多么重大的意义。这意味着在运用或锻炼这三个身体的同时，我们也在**锻炼**内在的意识体验，强化自然的意识状态。现在，我们将更加深入地探讨这三个身体及其对应的状态。

粗钝

清醒状态同**粗钝的生理身体**紧密相关。正是因为粗钝身体的存在，我们才能用感官来体验自然世界，这种遵循物理性质的模式或法则经验科学会去研究。你在清醒时能体验到明显的感官信息：岩石、树、建筑物、人群、说话声、声音、气味等等。你能感觉到别人掐你的肉；你踢球时能感觉到脚和小腿受到大小相等、方向相反的作用力，还可以看到足球按照物理定律在空中划出弧线，然后被重力拉回地面。现实世界始终遵循着科学规律，看上去就像一部极为复杂的机器。这是它有序和可预测的特征（但不是全部，比如量子世界中的测不准原理）。然而，这个王国也是很神奇的，它将无数部件完美地组装好并使其适应机体的各项进程，最终形成了**你**这个奇妙的有机体。

精微

晚上睡觉时则完全不同。你不再觉察到粗钝的身体，不再有物理的物质，如岩石、树或建筑。相反，你觉察到情绪、意向、幻想、思想和梦，还有许多原始的意象。在这个王国中，世俗的物理现象消失得无影无踪。

在梦境中，你不再从结实的粗钝身体上得到能量支持，此时，支持你的是由光亮、思想、声音、情感和生命力形成的较精细或密集的系列精微能量，这就是精微身体。传统理论认为这一系列能量与**脉轮**有关。精微体有时被细分成不同的层次，这些层次分别被称为**生命体**、**能量体**、**性体**、**情绪体**、**星芒体**、**心智体**、**心灵体**，并用以表示左上象限的相关状态。

在梦中，身体可以改变形状，穿过墙壁，甚至飞翔起来。这个精微身体能自由地流过液体，感受狂喜和梦魇，穿过不同时间和空间，它同粗钝的感官现实彼此既存在联系，但又不受后者的约制。精微身体和直觉、感情、观点、意愿、欲望和情感紧密相关。在某种意义上，精微身体比粗钝身体更加**自由**，因为它不受物理环境的限制，而这不仅仅限于睡觉的时候。例如，梦境或理想主义的幻想可以鼓舞你或他人采取行动。精微身体的魅力有时候可以在你的生命中，在你的创造性表达方式中，甚至在整个社会中，引起革命性的变化。

最密集的细微能量与你的粗钝生理身体密切相关，你可以在练功时的气场（aura）、针灸的经络以及涌动着生命力的身体感觉中感受到它们的存在。性行为和情感中的能量较为细微，心智和洞察力的能量更加精微；超心智的、快乐的直觉智慧所对应的能量最细微，这种能量是精微身体中的皇冠之珠。

因果

梦境结束后，你进入空白无梦的深度睡眠中。在这种（以及任何其他）**因**

果状态中，粗钝和精微身体的经验都平息了。你放松下来，进入寂静无言的世界，这里无边无际、宽阔、无限，没有任何事情发生。

然而，奇怪的是，意识却是完全开放，始终存在着的，它没有受到任何阻碍。此时，意识只是**存在着**，丝毫不受变动的感知对象的干扰。尽管此时没有特定的意象或体验，这种空寂却具有完全健康、完全远离痛苦的内在特征。

这种近乎无限的意识扩张具有极其精微、几乎很难描述的身体或能量，即**因果身体**。这个身体寂静无言，大如须弥山，同时又小如芥子，非语言所能形容，也不属于任何概念范畴。它是始终存在的内观意识（witness consciousness）能量体，所有的体验都发生在它的里面。这个因果身体与你最为亲密，它是产生精微能量、粗钝能量和身体的原因、空间和支柱，也是**自我**最深的源头。

现在，**三个身体**（粗钝、精微、因果）同时存在于清醒意识之中。当你每次通过冥想、思考、幻想或情绪进入精微状态的时候，你就唤醒了精微身体。而当你每次安住于清净觉性（pure awareness）中并轻松地进入无限之境的时候，你就唤醒了因果身体。

整合式身体练习帮助你关注身体存在的三个方面：粗钝、精微和因果。通过整合式身体练习，你可以有意识地锻炼身－心－灵－阴影的所有方面，包括你生命的最高特征。

更高的整合练习甚至可以**将觉察力带入梦境和深度无梦睡眠的状态之中**。换句话说，生理身体睡觉时，**你**可以保持“觉醒”，安住在精微和因果身体之中。那么，你从这类体验中能学到什么呢？你对现实的理解发生了怎样的变化呢？如果你将三身练习做得足够好，你就会找到这个问题的答案。但是，整合式身体练习的好处也是实用且立竿见影的，所以，我们先来关注这些好处吧。

我们会在下一节介绍金星练习：**三身训练**，它能帮助你快速进入或深化整合式身体练习。然后我们会介绍其他可以列入 ILP 的练习方式，包括传统力量训练、有氧运动、田径、舞蹈（还有通常的神经肌肉协调）、营养；再然后，我们会探索某些精微身体练习，以便增强你的**引导力**（引导生活能量的能力）。这些练习包括：整合式性爱练习和清醒呼吸练习。最后，我们会简单讨论因果体练习，以及唤醒内观意识的方法。事实上，你可以通过整合式身体练习的**每个**方面来维持这种内观意识（你在后面将会理解这点）。

记住下面这点很重要：本章按照三个身体的线索展开，但每个练习都**不仅仅**影响单个身体。你举重、跑步、做爱或者呼吸时都可以有意识地同时练习**三个身体**，但通常其中某个身体是练习的**重点**，所以，根据每种练习的侧重点，我们将这些练习纳入对应的章节。无论做什么练习，你都要观察自己如何在最大程度上影响到这三个身体。

功夫还是 MBA？

我们有个朋友，他一边投身于中国武术的学习，一边继续认真做他的生意。当时他遇到了职业生涯的一个难题：他想休假，脱产去念 MBA，但又意识到，念 MBA 会花去很多时间，他也将会因此被迫放弃武术的练习。最后，他觉得现阶段武术练习更为重要，因此放弃了攻读 MBA 的计划。

出人意料的是，他的事业比他预计拿到 MBA 后发展得更快且步步高升。回顾这段经历，他意识到，即使自己一心发展事业的**动机**是有助于事业发展的，但当初不放弃武术的决定依然是正确的。“功夫有助于事业的发展，因为它给生命注入机敏、沉着、适应性、思想和身体的灵活性、专注、自律和明确性等品质。将练习带入工作是我晋升的原因！”

三身练习

三身练习使你在某个练习项目中能同时锻炼三个身体。怎样锻炼呢？它像整合式生活练习那样灵活，可以分为不同单元，满足你不同的需要；它也是完美的晨练和觉醒方式，帮助你在每天的活动开始之前集中精神、增加活力。你可以利用“1 分钟锻炼 3 个身体”的模块，迅速地将所有层次的身体联系起来，然后进行锻炼。

你可以依据三身练习的**系列原则**，草拟适合自己的日常练习。这些原则很简单：**根据每个练习的侧重点，保证因果、精微和粗钝身体各个都至少被着重锻炼1次以上；同时，在做任何练习时，都要觉察和关注这三个身体**。这最初听起来似乎有点困难（像耍杂技），但练习以后，它就会变成你的第二天性（就像骑自行车）。

你每天练习的时间、顺序和练习种类都可以自由选择，只要能对你起到最佳效果即可。**所有**这些练习都具有粗钝、精微和因果这三个方面（这就是你为何可以怀着对三个身体的觉察来做所有这些练习的原因），但每个练习通常都**侧重**于某类特定的身体。

这是各个身体的练习示例：

粗钝身体

举重

跑步

有氧健身法

体育运动（滑雪，打篮球、网球、排球，掷飞盘，踢足球等等）

跳舞

俯卧撑、深蹲、仰卧起坐（只用体重进行的练习）

精微身体

瑜伽

太极

气功

精微呼吸练习（包括小周天循环和调息法）

幻想

清晰梦境

因果身体 ①

内观禅修

“我是”持咒冥想

整合式探究

大心智

归心祈祷（centering prayer）

三面灵性（3 Faces of Spirit）

有些人更喜欢随意地进行三身练习，甚至选择在不同的地点做不同的练习（例如，在家冥想，在健身房举重）。**不过，选择某些练习组合成为日常练习的内容，效果会很好**。在整合式生活练习研讨班中，我们通过 ILP 入门套件♁②和三身练习 DVD 介绍了 35–45 分钟完整的三身练习，我们在后文中也会谈到。这个步骤的顺序很特别（从因果到精微到粗钝，再回到因果），这样，你就能经历完整的状态循环（基础是对因果的观照）。

五个基本步骤是：

1. 选择某种觉察 / 冥想练习，安住于**因果**身体中。

2. 选择精微能量练习，激发**精微**身体的活力，**同时自觉地安住于因果身体中**。

3. 选择体育锻炼，强化粗钝身体。**同时自觉地安住于因果身体中，并激发精微身体的活力**。

4. 通过伸展和放松活动将觉察力从**粗钝**身体转移到**精微**身体。

---

① 我们会在本章末尾探讨因果身体，在第七章介绍因果身体练习的原因，灵性和冥想练习都与因果身体有关。

② ♁整合式生活练习入门套件属于多媒体教学体验，包括五张 DVD，两张 CD，三本小册子，150 多页说明文字。如需更多入门套件和 ILP 研讨会最新资料，请访问 www.Integral-Life-Practice.com。

5. 采用打坐冥想，在**因果**身体中安住片刻。

www.Integral-Life-Practice.com 上有练习的录像，可以看练习录像加快学习速度。

整合式差异

不仅绝大部分的练习形式无视因果身体，而且很多也忽略了精微身体。**同时训练三个身体**的日常练习极为罕见，这也正是三身练习的优点。三身练习是简单、高效、睿智，可实现真正整合式**练习**的方法。

此外，它使练习更加**有趣**，因为你不再是仅仅消耗卡路里，同时也将觉察和关注放入每一个动作和间隙里。你练习得越多，**三个身体**就变得越强大。一种是单纯的获取发达的肌肉和持久的耐氧性，另一种是在获取二者的基础上，**又**添获了自由流动的能量和对当下存在的深刻觉知，二者是不可同日而语的。

第一步：安住于因果身体

首先，深呼吸几下，觉察**自己**。可以进行任何形式的冥想，唤醒自己的纯然目睹或不二觉性（在第七章中会提供多个练习例子），例如，试着静静地阅读或朗诵下列指导文字，这有助于你进入**长存的不二实相**（nondual ever-present Suchness），即对最深的自我和宇宙万物的意识现实保持开放的状态。当你轻松地进入这种冥想状态时，让下面这些话温柔地引导你，让你不再认同当下的体验对象，而是成为所有对象的**观照者**。在这个意识扩展的状态中，感觉你的因果身体。

不二实相的指导

意识到周围的声音和身体的感受。

意识到你不同于这些声音和感觉。

所有的声音和感受都是你的觉察对象，这种觉性才是你的本来面目。

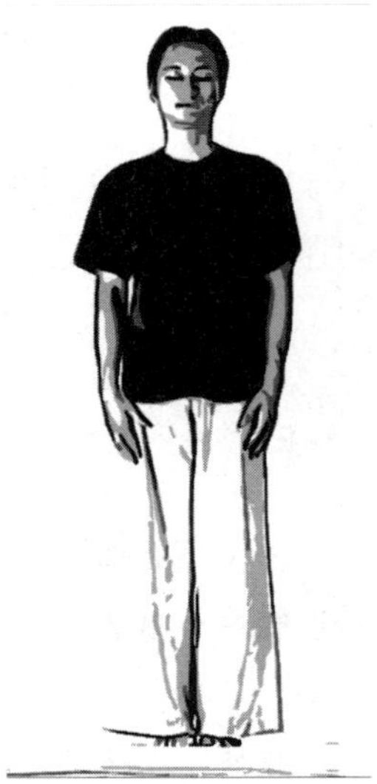

意识到你的想法、感觉、记忆、动机和冲动。

意识到你并不同于这些想法、感觉、记忆、动机或冲动。

它们都在觉性中发生，这种觉性才是你的本来面目。

你的真我始终存在。

从来不曾缺失。

也不曾改变。

因此，觉察自己。

觉察你的本来面目。

不要假装你正在寻找、觉察或忘记了你的本来面目。

在阐释三身练习的图片中，这位示范者是于伊·兰姆，他为这个练习的设计作出了重要贡献。

将这个冥想重复任意次数，或者用某个灵性模块的练习代替它（第七章）。例如，“我是”持咒冥想（218 页）、整合式探究（218 页）或三面灵性（222 页）。

第二步：激发精微身体的活力

选择你喜欢的精微身体练习方式，如瑜伽、气功、太极或呼吸练习。我们推荐你做以下这些以瑜伽和气功为基础的练习，如需了解更多情况，可参考本章的精微身体练习（158–173 页）。

首先，进行打开身体的系列放松运动

- 转动头部，伸伸脖子，然后左右转动脖子。
- 前后划圆转动肩膀。
- 将手臂举过头顶，前后大圈转动手臂。
- 手臂平伸到身体两侧，前后摆动，扩胸。

· 手放在胯部，顺时针和逆时针转动胯部。

· 背部伸直，向前弯腰。

· 弯曲膝盖，手握住脚。脚向后抬起，拉伸股四头肌。然后换腿，重复该动作。

· 手放在膝盖上，微微屈膝，并缓慢转动膝盖。

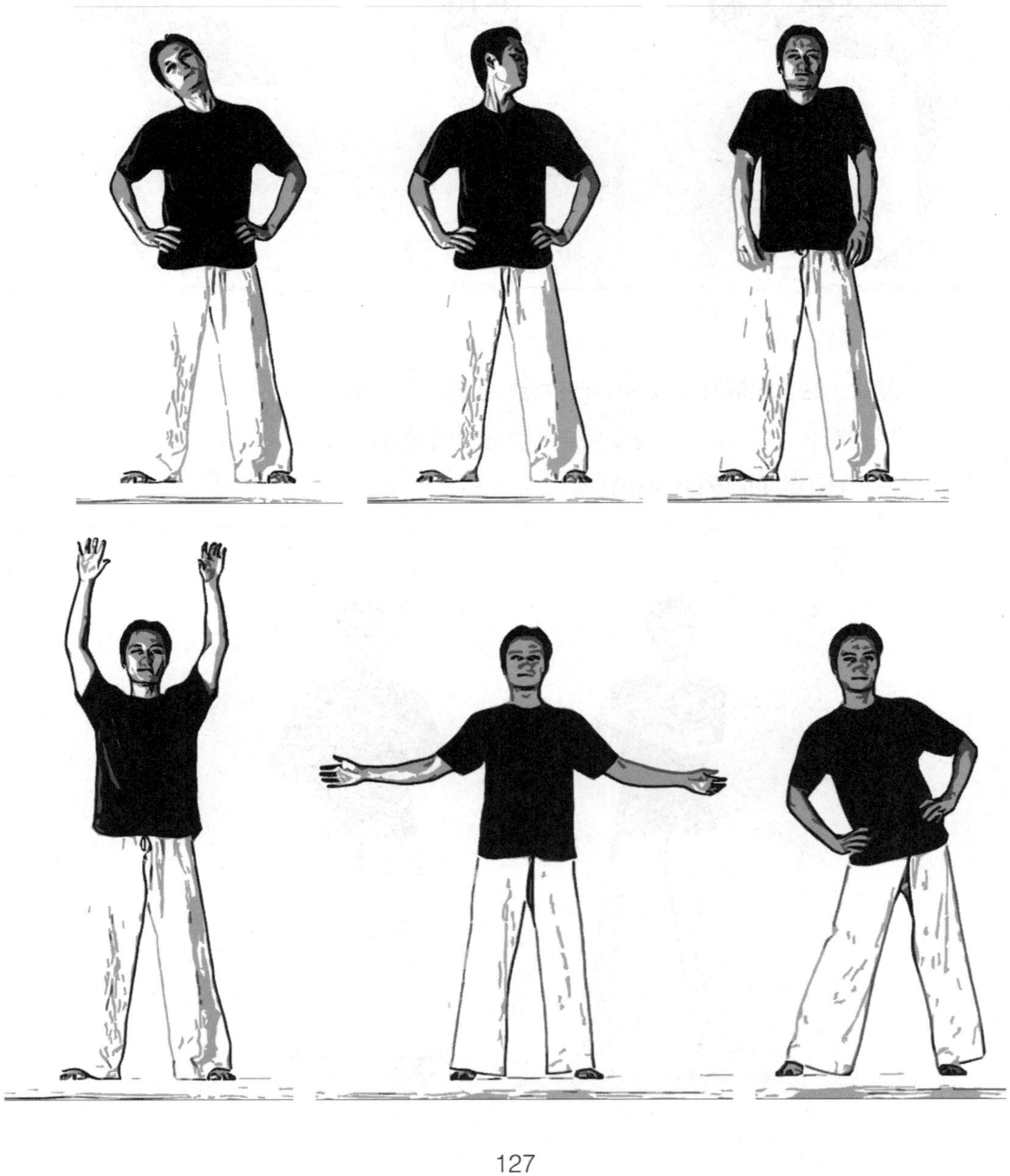

然后，进入唤醒身体能量中心和能量通道的活跃练习。

轻轻握拳，或者摊开手掌，轻轻拍打整个身体表面：手臂、胸部、腹部、腿。务必要拍打手臂和腿的前面和后面。

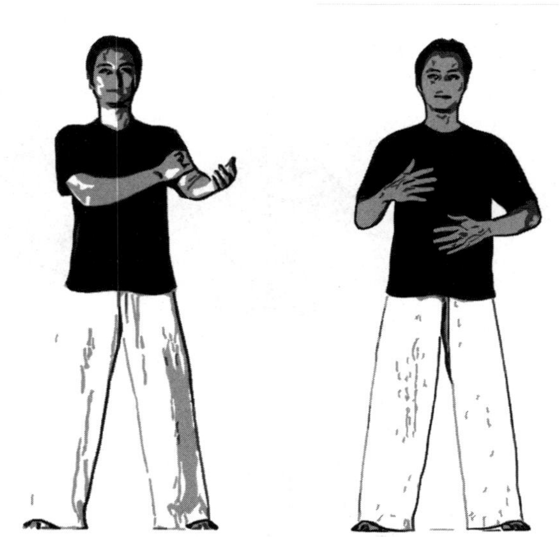

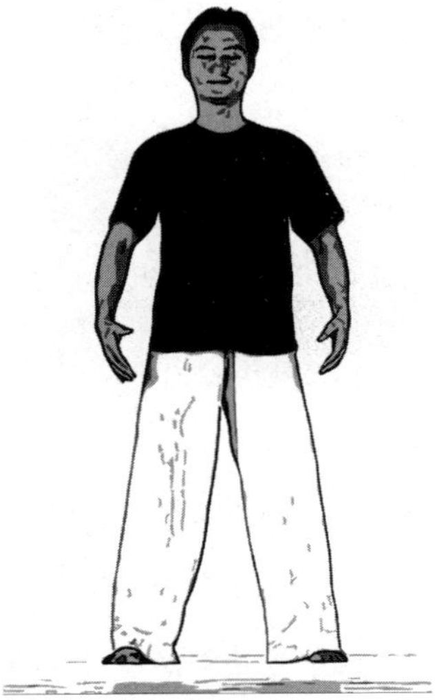

最后，采用“养气姿势”安静地站立几分钟。

闭上眼睛，腿与肩同宽，膝盖微曲，背部放松，伸直，手臂离体侧几厘米，打开手掌。舌微抵上腭，然后深呼吸，将空气吸入腹部，吸气时腹部鼓起，呼气时收腹，让生命能量在整个身体中循环往复，同时也安住于因果身体之中。

第三步：强化粗钝身体

现在进入锻炼身体部分。你可以在家里的健身房做三身练习（139-147 页讨论了力量锻炼），如果家里没有健身房，可以如下所示，做下蹲运动、俯卧撑、弓背和仰卧起坐。缓慢有意识地做这些练习，重复几次，最后两三次时，时间要尽可能长。注意不要受伤，记住：只有你才是对自己身体的极限最敏感的人。有时候也可以融入心血管练习系列（如 148 页的一分钟有氧健身模块）。

缓慢下蹲运动

（缓慢下蹲五次，最后两次坚持片刻）

- 腿与肩基本同宽，或稍宽。
- 手臂放松，向前伸直。
- 缓慢向后坐到假想的椅子上。膝盖弯曲成 90°度，伸展臀部，弓背。
- 想象自己将能量从生命中心传送到腿部。
- 保持蹲姿片刻，呼气时站稳脚跟，然后恢复站姿，准备重复进行这个过程。
- 深蹲时，缓慢均匀地呼吸，下蹲时吸气，站起时呼气。

· 最后两次深蹲时间稍微增加，保持呼吸均匀。
· 停留在这种感觉中，并融入其中，然后听凭它们在观照觉性中生起和消失。

缓慢俯卧撑

（缓慢重复五次，用脚或膝盖支撑身体均可。最后两次坚持片刻）

· 开始时采用“桌子式”姿势，用手和膝盖支撑身体。
· 手放在肩膀正下方。
· 从膝盖到肩膀（或者脚到肩膀）身体要保持笔直。
· 身体俯下时吸气，身体撑高时呼气。
· 最后两次俯卧撑时，俯卧到最低处或中间时停留足够长的时间，以便充分而安全地锻炼肌肉（稍微有点颤抖没关系），保持呼吸平稳。

· 继续将能量注入手臂和胸部，同时关注这些部位。
· 停留在这种感觉中，并融入其中，然后听凭它们在观照觉性中生起和消失。

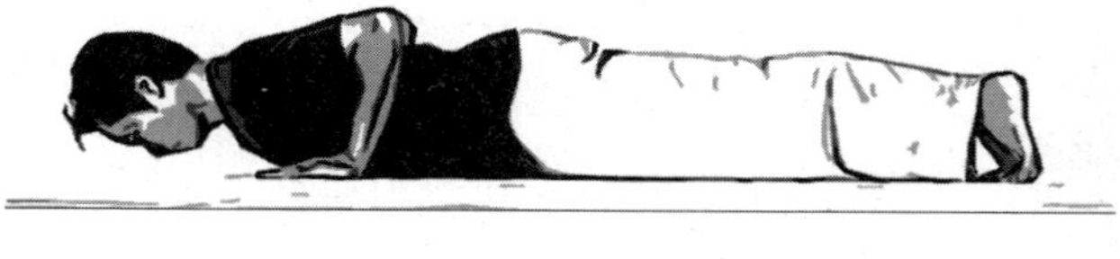

弓背

（重复三次，最后两次坚持片刻）

· 面朝下平躺。

· 抬高肩膀和脚，离开地面，同时伸直脊柱。
· 全身用力，让头顶离脚跟尽可能远。将这个姿势保持片刻，然后放松。
· 挺身时吸气，放松时呼气。
· 整个运动过程中双脚并拢。
· 停顿时继续呼吸。
· 停留在这种感觉中，并融入其中，然后听凭它们在观照觉性中生起和消失。

缓慢仰卧起坐

（缓慢重复五次，最后两次坚持片刻）

· 面朝天躺着，膝盖弯曲，脚放在腹部正下方。
· 手放在腹肌上，以便关注此处。
· 后背尽量贴紧地面。
· 吸气到腹部，屏住呼吸。
· 坐起时呼气，尽量让胸部靠近耻骨。
· 呼出肺中所有的空气，让胸骨更靠近耻骨。
· 静止片刻，留意腹肌的感受。
· 吸气时放平身体，躺到地面上。只要呼吸顺畅，就重复做这个过程。
· 停留在这种感觉中，并融入其中，然后听凭它们在观照觉性中生起和消失。

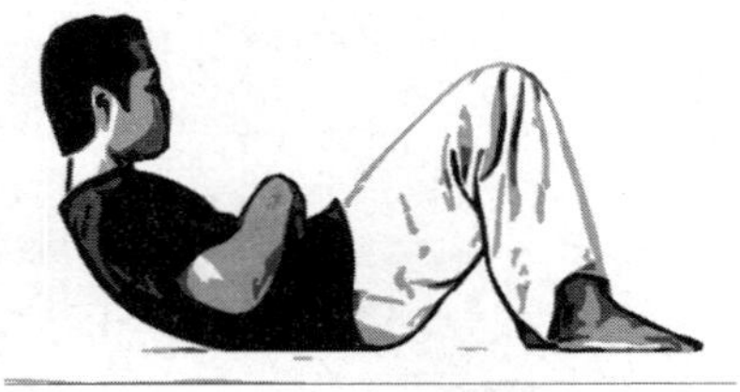

第四步：从粗钝到精微的伸展和放松运动

如果时间允许，可以在三身练习中加入一系列伸展运动（如下例所示）。它们可以是非常放松、舒适的伸展动作，也可以是较剧烈的伸展动作；无论是轻微的伸展运动，还是哈达瑜伽的拜日式（sun salutation），这些都可以！在结束粗钝锻炼后，你开始慢慢地进行轻柔的伸展运动。在做的同时，注意力会自然的从粗钝身体回到精微身体。本练习的关键在于，保持对粗钝、精微和因果这三个身体的觉察，并融入其中。

可选步骤：过渡练习

现在可能是进行补充练习的最好时机，例如：确认练习（279 页）、精微呼吸练习（166 页）或者阅读深奥或神圣的文字。

第五步：重新安住于因果身体之中

这是三身练习的最后步骤，此时，你通过时间长短不限、毫无杂念的打坐冥想，重新稳稳地安住于常存的因果身体之中。你可以继续融入其他冥想练习，如冥想慈悲或自他互换（compassionate exchange，见 225 页）。

此处也可以加入整合式回向【（integral dedication）如 137 页所示】。结束练习后，继续开始日常生活。

总结：三身练习的原则

三身练习既可随意进行，也可遵循以上的固定程序。在进行这项练习时，要掌握一个简单的要点：锻炼三个身体（粗钝、精微、因果这三个身体），同时，带着对三个身体的完整觉察进行所有练习。我们再回顾一下刚才介绍的练习流程：首先，安住于含纳万法、终始不变的因果身体之中，唤醒意识和万物的自由联结。然后，继续用呼吸、感受和觉察等整合方式，锻炼三个身体。如果时间允许，再次回到精微身体，最后用因果身体的冥想来结束整个练习。这使你在重新进入世界前，心灵能够保持沉静、轻松和明澈。

下面是三身练习的更多建议：

- 根据时间和需要**缩短或延长**练习。
- 如果时间紧缺，你可以进行**一分钟模块**练习。
- 如果时间有限，可做 **10 分钟快速练习**。
- 如果时间充裕，你可以将**三身练习延长**到 1–2 个小时甚至更长时间，也可以纳入气功、瑜伽、普拉提瑜伽、力量训练和 / 或心血管练习等其他练习项目。
- 调整**难度级别**，让练习既充满愉悦又略具紧张感，这利于增强你的适应性和活力。定期调整练习内容，以便保持自己的兴趣和新鲜感，同时让练习始终具有挑战性。

· 用**三身法则**草拟适合于不同时间或不同地点的练习。记住，每个身体只需要一种练习，然后，带着对三个身体的觉察来进行每种练习。

· 你可能想遵循特定而完整的**三身练习常规程序**，完成从因果到精微到粗钝再回到因果身体的循环练习。这可以是极其密集而高效地影响三个身体的方法。你可以遵照上面的指导，也可以访问 www.Integral-Life-Pratice.com 上的视频演示。

一分钟模块
三身练习

一分钟三身练习能够美妙而有效地连结和整合三个身体。练习起初，留意并扎根于因果身体，然后运用呼吸和运动激发精微身体的活力，最后回到生理身体（也就是粗钝身体），整合式回向是很好的结束方式。

因果身体

1. 挺身直立，闭上眼睛，自然呼吸，双手合十放于胸前。

2. 默念：**觉察我的自性，当下以及每一时刻。（停顿，然后继续）我就是这份自性，万物皆存在于我的无量自性中**。

3. 吸气和呼气。吸气时，缓慢地将双手交叠，放在胸前。

4. 呼气时，分开双手，将手臂沿身体两侧举起，手掌摊开向前。

5. 默念下面的话：

我已解脱，进入无限之境。

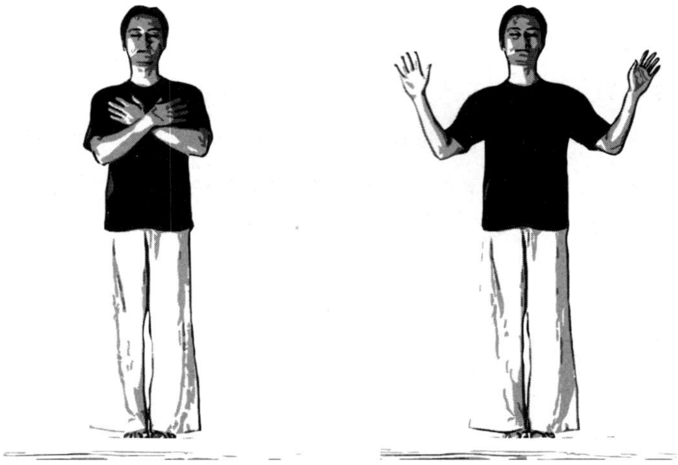

精微身体

6. 睁开眼睛。吸气时，双手指尖相对呈环形，掌心朝上，然后两手合拢，指尖微微对触，掌心朝上，置于脐下。说：**我吸入了丰富的生活。**

7. 双手指尖对触，沿身体正面向上举起时呼气。手经过心脏和肩膀时，手掌朝天翻转，然后手臂完全在头顶伸直，同时默念：**我呼出气流，回到光明之中。**

8. 吸气时双手指尖对触放于脐下，手掌向外翻转上举，然后吐气，双手重新回到脐下的位置，指尖微微对触，掌心朝上。同时心中默念：**做完这个循环后，我就是自由而圆满的人。**

粗钝生理身体

9. 双手抚摸腹部，做深呼吸，同时默念：**这个珍贵的身体具足无限自由和圆满**。

10. 轻轻蹲下，双手触地，说：**触摸地面，我就同万物紧密相连**。

整合式回向

练习结束时，可以将练习成果回向给所有的有情众生，这种回向可以激活四个存在象限的练习意愿。它能让你对存在的所有层次都心存感激，并以简单而深刻的方式展现存在的完整性。例如，使用如下语句来回向可以激发每个象限："**愿我的意识**（个体内在，左上象限）/ **和行为**（个体外在，右上象限）**造福于所有世界**（集体外在，右下象限）**的所有众生**（集体内在，左下象限）。"回向最终能够促使意识宇宙中的所有象限获得解脱，进入永恒的实相。

也可以使用下面的回向语言来结束打坐冥想：

1. 两脚并拢，双手合十放在心前，同时鞠躬默念：**愿我的意识**……

2. 向右转，再次鞠躬默念：**和行为**……

3. 再向右转，鞠躬默念：**造福于**……

4. 再向右转，鞠躬默念：**所有世界的所有众生**……

5. 再向右转（恢复你最初面对的方向），张开手臂和手掌，掌心向前，默念：让它们**获得解脱**……

6. 伸开手臂放到外侧，垂下手臂，掌心向前，同时默念：**进入**……

7. 完全放下手臂和手，同时默念：**此时及每时每刻的实相中**。

8. 回向完成，继续生活。

愿我的意识

和行为

造福于

所有世界的所有众生

让它们获得解脱

进入

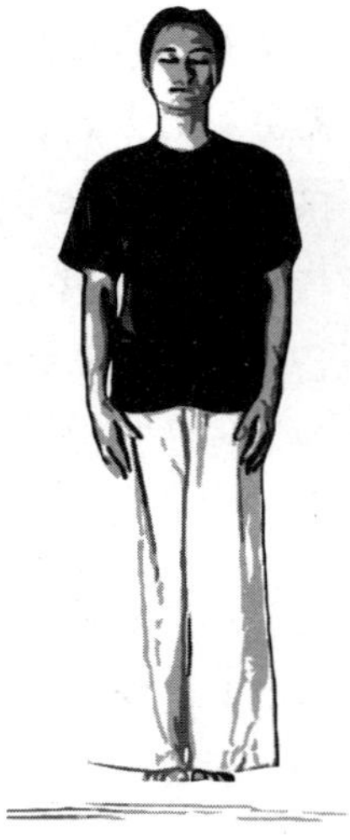
此时及每时每刻的
实相中

粗钝身体的练习

身体锻炼必不可少！

现在，让我们来集中关注身体练习的物理或粗钝层面。新的研究继续强调了体育锻炼的重要作用，这个作用也得到了我们的完全认可。毋庸置疑，体育锻炼对健康、心情、清醒的认知力、长寿和整体健康都有十分积极的效果。积极的生活方式让人类发展，只有当我们过着积极而健康的生活时，我们才能更好地工作和生活。

好的传统体育锻炼，如散步、跑步、力量训练、有氧运动、瑜伽、武术、体育运动等，仍然是加强身体健康的核心项目，它们的好处在于能影响到生活的各个方面。因此，ILP 应该包含固定的体育锻炼，甚至应该有多种类型。

为自己量身定做练习项目。你有自己独特的优点和弱点，因此，自觉而睿智地练习具有无可替代的利益。适当挑战自己，以便自己能达到最佳健康状态，但应该细心选择练习内容，避免运动伤害。

你可以根据自己的愿望，确定练习项目的复杂程度。练习可以简单到每天散步或每周举重 1-3 次，也可以复杂到每天做两三项不同的练习，或者是体育比赛的高强度训练。金星练习和一分钟模块可以作为提神和提高练习的完美开端，你也可以自由选择想要定期锻炼的其他活动。

力量训练：提高健康水平的核心练习

发达的肌肉是锻炼身体的最重要的成就之一。只需要每周进行 1-2 次 20 分钟的力量练习，你就可以取得显著的效果。

力量训练的好处包括如下方面的积极转变：

· 减少赘肉
· 肌肉力量
· 筋腱和韧带力量
· 荷尔蒙水平（改善“好”和“坏”荷尔蒙的层次）
· 葡萄糖耐量（glucose tolerance）
· 胰岛素敏感性
· 身体脂肪含量
· 血液胆固醇和甘油三酯水平和比例
· 血压
· 其他更多方面

其他类型的练习无法像力量训练那样，对整体健康产生这么大的影响。大块肌肉的增加，有助于减肥和健康，并能改变新陈代谢状况。肌肉是名副其实的“青春发动机”，力量训练是最接近时间旅行的练习。

它如何发挥作用：无论下蹲、俯卧撑还是仰卧起坐，锻炼时肌肉组织其实被损坏了，经历了小的死亡。练习强度越大，“死亡”肌肉越多。停止练习以后，身体开始恢复损坏的肌肉组织，让肌肉变得更加强壮。为了保护身体抵抗未来的压力，身体会过度补偿肌肉组织，这导致了肌肉的增加。就这样，肌肉在毁坏和恢复的定期练习中成长得更加强壮。

身体每隔 15–30 天就会分解和重新生成所有的肌肉。力量训练加快这个过程，让肌肉的再生过程在 24–36 个小时后达到高峰，并且在约 72 小时内以越来越快的速度继续再生下去。力量训练时，即使在睡眠中，你几乎也在消耗脂肪和生成肌肉！

锻炼 1 个肌群只需要几分钟。如果你每天锻炼 1 个主要肌群，你就可以在最少的时间里完成 1 次力量训练。

金星练习
集中强度训练（FIT）

集中强度训练（FIT）是最先进的力量训练方法，它能让你有意识地协调练习粗钝、精微和因果身体。

FIT 练习用举重或负重训练强化粗重的生理身体；通过集中意识并让能量在全身流动来强化精微身体；通过觉察感官、视觉、声音和情绪，同时保持对当下持续的觉察来强化因果身体。

FIT 练习在高强度和深度放松的练习之间转换，并借此产生效果。

集中强度训练包括：

1. **高度专注**和**高生理强度和情感强度**的阶段……

2.……交替的**低生理强度和情感强度**的**放松**阶段，以及**广阔的**、**开放的**、**接纳性的意识阶段**。

健康和健身专家肖恩·菲利普斯设计了集中强度训练过程，提供了比传统举重练习更全面的方法，有意识地练习粗重、精微和因果身体。我们通常认为负重训练是严格的生理训练（粗重身体），但有意识地激发可感能量（精微身体）并安住于觉察（因果身体）之中，能大大增加举放重物之类简单练习的效果。

FIT 大大增加了锻炼的效果：

人们通常不进行深度放松，也不会全身心投入训练，因此，他们的训练始终滞留在狭窄而惯常的效果之中。FIT 通过全面拓展训练区域，增加了练习的效果。

跟传统力量训练相比，FIT：

· 费时更少。

· 使肌肉更健康发达，更有力量。

· 带来多维收获（在所有的三个身体上）。

· 训练体验能带来更深的愉快感。

FIT 提供宝贵的机会，让我们超越过去的极限、接触到人类最深的潜能，并直接领悟到那些超越于日常烦恼和焦虑之上的深刻事物。当你练习的时候，

训练前练习	核心FIT技术	训练后练习
确定中心	基础训练	回顾/记录
计划/想象	提高训练	结束/回向
意愿/回向	集中训练	反省/整合
热身	恢复训练	日记（可选）

FIT 训练阶段

由于你极可能超越成长的界限，所以，你不可避免地会遇到很多生理、情绪和心理障碍。然而，因果身体的内观意识不会与痛苦进行搏斗或抵抗，它只在当下接纳和保持所有的感受，将它们视为能量舞蹈。

负重训练可以成为真正的超越性体验，因为要真正改变身体，你必须忍受肌肉和思想的微型死亡。在自我观念（“我是什么”）和自我能力观念（“我能做什么”）死亡的时刻，更高的自我就会出现。对很多人来说，力量训练属于真正的整合式练习，因为它能够以极有意义的方式开发他们的最高潜能。运动场和健身房是全世界很多男性和女性的教堂。

FIT 培养定力、集中力、热情、投入、接受能力等特质。像所有练习一样，FIT 的所有经验和收获都影响生活的其他方面。突破界限和障碍不限于举哑铃，它也会体现为：生活中充满动力和创造性，敢于冒险创造新事物，以及加强你的觉察力，强化心灵、工作和服务的能力。同样，**觉察到万事万物的本质并如实地接纳它们**乃是内观生活练习的完满结果。密集强度训练将智慧传统中的精粹，即冥想练习，带入到了 21 世纪的健身房。

FIT 的每次训练过程都是一次冥想

在训练之前，你要确定练习的意识框架。

你可以在确定中心惯例的过程中（contering ritual）中这样做，比如：你在有意识地呼吸的同时，又要留心开车或穿衣服。

通过**计划和想象**，你能准确找出你打算在训练中做的事情，想象自己训练时也在实现最高意识。

你可以花数分钟时间来静坐冥想，考虑自己的意愿，以确定自己的**意愿和回向**。你甚至可以将练习过程回向给超越于个体自我的某人或某事。

核心 FIT 系列操作有四步：

1. 基础训练：进行数次正常的收腹呼吸，完全安住于当下，将你的意愿或回向与精微身和因果身的能量场以及周围环境的物理能量联系起来。例如，你可以想象能量在你的身体和脚下的土地之间循环流动，直到你觉得同某个平衡而稳固的基石彼此联系起来为止。

2. 提高训练：快速做 3–5 次短的爆发式呼吸，将空气吸入上胸腔，激发交感神经系统的活力，增强氧气并加快精微能量的循环。这使你在开始练习之前有机会在生理和情绪上为整个身体充电、做好努力练习的准备。

3. 集中训练：通过集中关注某种事物开始练习。引导三个身体的能量，将它们汇聚成高度集中的激光束。特别关注正在接受练习的肌肉、精微身体循环、你的呼吸，以及练习的整体形式。专注当下的时刻，接纳生起的任何感觉。如果产生了杂念，就通过呼吸或者重复数数（1，2，3……）重新回到当下。

4. 恢复训练：完成整套练习以后，立刻放松。从横隔膜处深呼吸，敞开你的意识，摈除所有念头。留意着精微能量那种自然而愉悦的释放，并听任这种能量的循环。每次呼气时都想体内的全部压力都流走了，也许流到了地下。安住于内观觉察中，轻松地进入无限之境。让自己沉浸在灵性治愈和康复的广阔海洋中，并深深地放松、休憩。

训练结束后，自觉地进入练习的收尾阶段。你可以**回顾和记录**你的练习、强度、休息时间和其他你要追踪的参数，也可以用寥寥数语随手记下你的主观情绪、感受和注意力。注意要在训练**之后**这样做，因为如果你在核心练习循环中进行回顾和记录，它会减弱你深度恢复和投入的能力。刚开始时，不用担心不能记录全部内容。你越了解你的练习，就越能轻松地追踪记录。

静坐冥想片刻，回忆并**完成**练习前确定的**意愿和/或回向**。留意观察回向会给训练带来什么品质。然后，正式结束练习。

最后，**反思**训练经历。注意任何很显眼的东西：可能是某段时间的分心、某种紧张状态、被触发的某种记忆或情绪。这样做可以整合训练，让训练与生活的其他方面和其他练习的关系变得很清晰，你也许应该写下**反思日记**，这有助于巩固学习。

无论是心血管锻炼还是肌肉锻炼，也无论练习时间持续一分钟还是两小时，这个相同的循环程序可以适用于任何身体锻炼。

FIT非凡的效果来源于它在集中与放松、聚集与扩散、极度紧张与极度悠闲、男性化与女性化之间的交替转换。山峰越高峻陡峭，山谷就越幽深广阔。这种波动和起伏引起了三个身体的协调配合，使得肌肉在练习时更用力、恢复得更快、成长得更发达。它同时也是冥想练习，有助于身、心、灵的整合。

一分钟模块
力量训练

在这个一分钟模块中，你要快速而谨慎地挑战肌肉力量直到失败为止，然后让肌肉恢复，以此来锻炼肌肉。采用这个挑战、失败和恢复的法则，练习可以产生立竿见影的效果。

挑选某个肌群进行练习。可以用杠铃、哑铃、器械，或者不借助于任何工具（深蹲、俯卧撑、坐起）。

热身运动。**小心不要受伤**。这个一分钟模块非常高效，但将这种方法发挥到极致则有受伤的危险，这就与毫无热身活动的肌肉承受重负相似。因此，简短而充分地热身，注意安全！另外，举重等练习当然应该了解恰当的技巧。这种资料到处都是，此处不做详细说明，你也可以考虑咨询私人教练。

做过适当热身运动和了解恰当技巧以后，完成下列步骤：

1. 理解 FIT 核心循环。基础训练、提高训练、集中训练和恢复训练。
2. 集中训练时，重复练习，直到肌群感到精疲力竭为止。
3. 当你无论如何努力都无法再重复练习之时，你就达到了疲劳的极限。
4. 如果使用重物，应该重复 8–12 次。

好了，完成了！每天完成一套练习，锻炼一个肌群。

下次进行力量训练时，选择不同的肌肉群，并重复锻炼。七天内循环锻炼主要肌群，然后再从头开始。可以选择同时锻炼多个肌群的练习，如蹲下（臀肌、四头肌、腿腱）或者俯卧撑（胸肌和三头肌）。

肌群

选择力量训练的锻炼项目时，为了平衡起见，每个主要肌群都至少要选择一个对应的练习项目，这点十分重要。下面，我们来介绍主要肌群和数种针对性训练：

腹肌 包括决定腹部力量的大块扁平肌肉和腹部侧面和正面的肌肉。练习包括标准仰卧起坐，反向仰卧起坐（抬高胯部，而不抬高头部和肩部）和转动或扭曲身体的仰卧起坐。

二头肌 上臂正面的肌肉。可以用杠铃、哑铃或器械来锻炼二头肌。引体向上和上提杠铃等其他运动也能锻炼二头肌。

腓肌 小腿后面的肌肉。练习包括站立或坐着抬起小腿。

三角肌 肩胛。俯卧撑、推举、前举哑铃、后举哑铃（坐下弯腰或面朝下躺在平整的板凳上完成）。

臀肌 包括臀大肌，是屁股上最大的肌肉。常规练习包括下蹲运动和使用腿部推蹬机，单腿下蹲和纵跳练习也能锻炼臀肌。

腿腱 大腿后面的肌肉。练习包括下蹲运动、单腿下蹲、腿部推蹬机和屈腿训练机。

胯外展肌和内收肌 大腿内侧和外侧的肌肉。**外**展肌位于外侧，可以让腿远离身体。**内**收肌位于内侧，让两腿向内收回并经过身体中轴线。各种各样的侧身卧抬腿、站立拉力器和臀部复合训练机都可以练习这些肌肉。正确的下蹲运动是同时锻炼两部分肌肉的最佳方式。

背阔肌 后背中部的大块肌肉。练习包括引体向上、单臂划船、拉单杠、高拉训练机。

背下肌 练习包括背部拉伸机和平躺背部拉伸练习，深蹲和硬举也能锻炼这部分肌肉。

胸大肌 胸部上方的大块扇形肌肉。对应练习包括俯卧撑、引体向上、板推和斜板推、坐式夹胸器械。

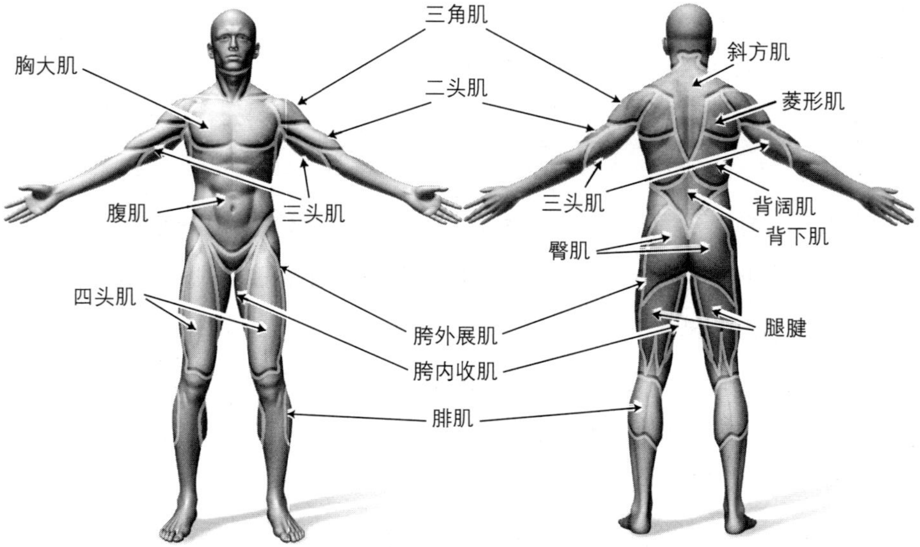

[图 6.2] 肌肉群

四头肌 位于大腿正面。针对性练习包括深蹲、单腿深蹲、伸腿机和压腿机。

菱形肌 两肩胛之间、上背中间的肌肉。引体向上、哑铃俯身划船和其他让两肩靠近的运动都可以锻炼菱形肌。

上斜方肌 从颈背到肩膀的肌肉。斜方肌拉伸和负重耸肩都能锻炼斜方肌。

三头肌 上臂后方。针对性练习包括推压运动，如俯卧撑、跳水、三头肌拉伸、三头肌后踢腿和斜卧推。板推和硬推也能锻炼三头肌。

小肌肉 除上面列出的大肌肉群，人体还有超过600块肌肉。根据不同的体型，许多种自由举重训练、体育运动和舞蹈都能帮助你增强小肌肉。锻炼大肌肉很重要，但也不要忽略小肌肉，小肌肉对平衡、协作和全身健康很重要。

心肺运动让人愉快

心血管或者有氧锻炼是力量训练的完美补充练习。“心肺运动”又名“有氧运动”，有如下类型：

个人有氧锻炼：游泳、骑自行车、跑步、慢跑、跳绳、踏板操、越野滑雪、椭圆训练、竞走等等。

有氧运动和活动：包括舞蹈、网球、滑雪、篮球、有氧运动班、排球、赛艇运动、回力球、英式足球、美式足球还有很多其他运动，下一节会对此进行更详尽的介绍。

定期有氧锻炼可以增加肺活量，让肺轻松地吸入更多氧气；可以加强心脏功能，让心脏输送更多的血液，在更低心率下轻松携带更多氧气、增加肌肉和器官的供氧量、降低血压、改善胆固醇和甘油三酸酯含量、降低血脂、改善葡萄糖耐量和胰岛素抵抗力。它还帮助身体释放安多芬，产生通常被称为“跑者愉悦剂（runner’s high）”的可以改善心情的物质。这些能提高忍耐力和新陈代谢的效率。

一分钟模块
有氧健身

这种一分钟模块是**简短**的高强度间歇训练。如果你用这种方式来专心练习，它对意识的充分发展和理解 FIT 的原则具有特别重要的意义。其过程很简单：

选择任何能提高心率的有氧练习，你可以跑步、骑自行车或跳绳。

- 充分热身
- 基础训练
- 提高训练
- 全神贯注地进行高强度运动。尽力锻炼，但不要过度用力。坚持锻炼 1–3 分钟。如果不确定是否用力过度，开始时不要太用劲。
- 恢复训练。停止活动，休息几分钟。
- 时间允许的话，将这个循环重复两到三次，或者更多次。

高强度间歇训练是特别有效的心血管练习方法，它会交替进行短暂的高强度活动和简短休息。研究表明，这种心血管训练方法非常有效，能大大加快新陈代谢速度、提高耐力，用相对较短的时间促进整体健康。为什么呢？

强度。**高强度**的心血管练习比**中等强度**的锻炼能带来更多生理好处。如果我们只想通过做短暂的练习就达到更高的强度，间隔训练就是实现这种高强度锻炼的可能途径。

放松。**降低**心率和高活跃状态的呼吸过程，能够给心血管带来许多重要好处，在间歇训练中，我们也不断享受着这种放松循环的好处。

效率。通过高强度短时间训练，心血管可以获得重要好处。此外，只需要锻炼 20 分钟的运动项目比需要 1 个小时或更多时间的项目更容易坚持下去。

另外，这种方法有助于使你保持练习的动力。高强度爆发练习很剧烈（很有趣、具有挑战性和娱乐性），能增加练习的乐趣，防止厌倦情绪，并让你进行更多的练习。

高强度间歇训练在有氧 / 心血管练习中运用了 FIT 的某些主要原则，它通过高强度练习和深度放松，拓展了你的更多机能。

事实上，核心 FIT 循环，即基础训练、提高训练、集中训练和恢复训练都适用于有氧运动，特别适合高强度间歇训练。

体育运动、舞蹈及神经肌肉协调

体育、舞蹈等活动需要快速的反应、良好的平衡感、灵敏性和肢体协调能力，这样可以锻炼身体的不同层面。在这些活动中，为了回应对手和 / 或队友、搭档、球和 / 或环境（包括音乐和舞蹈的变化），我们必须不断快速地做出许多意想不到的调整措施。

当大脑面对陌生的练习项目时，神经系统会比面对预料之中的项目时接收并传送更多的信息。伴随着持之以恒的练习，神经系统会变得更有效率，而这正属于整体健康的基本特征。

创造性运用一分钟模块

在选择符合自己需要和生活方式的练习程序时，可以参考本书提供的一分钟力量模块和一分钟有氧健身模块的，在此基础上自由地予以调整或改进。

比如，你可以走中间路线，利用一分钟模块的原则，聚集短时间练习的效果，但延长练习时间。您可以将 1 分钟练习延长到 12–15 分钟。这可以大大增加训练效果和提高时间效率！

你可以将力量训练扩展到短暂练习中，同时每天锻炼多个肌群，也可以进行多套锻炼项目。

通常来说，如果家中有设备的话，可以更频繁地进行短时力量训练，如果需要去健身房的话，则可以减少频率，但延长每次训练的时间。

你可以在短短 20 或 30 分钟内进行剧烈的心血管锻炼，方法是将每个间歇训练重复 10–12 次，或者可以混合不同形式的心血管练习项目：例如，三个短跑间歇训练，三个跳绳间歇训练，三个骑自行车间歇训练。

你还可以增加有氧锻炼的类型和持续时间。例如，你的有氧运动可以包括每天 12 分钟的高强度间歇训练，以及每星期半天徒步旅行。

你可以酌情选择任何锻炼项目。有无限多种可能的锻炼项目。重要的是选择适合你的运动类型，安排你喜欢的项目，然后真正去**做**！

体育活动中的各种姿势和动作能让我们锻炼到全身 600 多块肌肉，而不仅仅限于力量训练中的主要肌肉，同时，它们也能增强小块内附肌和结缔组织的力量和反应能力。跑步、爬山、散步、跳舞、打猎、捕鱼、搏斗、采集食物或种田等古老的人类活动也能训练身体结构，带来很多相同的益处。

神经系统和肌肉骨骼系统能够互相影响对方。大脑、脊椎和神经与几乎无限多的肌肉组织共同发生作用，改善神经肌肉的协调功能。就和其他练习形式一样，这也往往有利于改善内分泌、呼吸、消化、血液循环和排泄系统，能让你达到最佳健康状态。

在运动中受伤是很常见的事情，所以，毫无选择地参加体育运动是不明智的做法。如果你不确定自己有参加某个运动的能力，可以询问医生，轻松的运动可能更适合你，即使是打乒乓球也能有非常大的收获。

无论选择什么活动，都要尝试着感受**游戏**精神。注意安全，记得享受乐趣。体育运动既健康又有趣。你常常会通过团队合作、良性竞争或比赛后出去喝啤酒的方式，来同他人建立联系。此外，请留意当你设定胜负情节时出现的**阴影**，你会品尝到胜利的狂喜和经受失败的痛苦。你场上的反应和古怪动作可以为 3-2-1 阴影分析提供非常好的材料（喝啤酒时也是分析的大好机会）。

体育和舞蹈甚至可以是灵性体验。你身体的动作与他人的身体同步，你突然感觉到运动节奏似乎是自发的神圣舞蹈，是美和敬畏的自然流露。在跳越、赛跑、投掷、比赛得分、轻击高尔夫球或旋风般冲下山的某个神奇瞬间，粗重、精微甚至因果的特征和谐地融合起来，焕发出神圣的光彩。

伸展运动

几乎所有的健康专家，包括职业足球教练和哈达瑜伽老师，都认同伸展运动是防止受伤和增加运动灵活性的最佳方式。任何地点都可以做这种运动，家中、办公室甚至旅行时都可以，不需要健身房。伸展运动对所有人都是很自然的动作。回想上次你采用某种固定的姿势坐了很久以后自动地伸展肢体的情景。那种感觉真好！

伸展运动能让你感觉美妙、减少受伤机会、增加灵活性，此外，它还有如下益处：

· 减少肌肉的绷紧状态。
· 改善血液循环。
· 减少焦虑、压力和劳累感。
· 改善姿势。
· 增强肌肉协作。
· 增加关节运动。
· 增加运动能力。
· 减少肌肉酸痛。

健康教练常常推荐在力量练习和心血管练习开始以前和结束以后做伸展运动。短暂热身运动之后，拉伸每个主要肌群。放松地伸展开肢体，尽可能自由地深呼吸，呼吸时特别是呼气时进行伸展运动（不要屏住呼吸）。

整合式营养

肌肉进行剧烈运动后，需要补充能量。营养是身体练习中最重要的一方面。食物是生存和心理－情绪正常运转的首要条件，我们与食物的关系根植于人类早期最原始的心理。除此之外，食物还涉及非常重要的社交活动，富有文化内涵。食物对我们的健康和能量具有重要且深远的影响。我们对身体的练习取决于实现我们练习的食谱。因此，合理的饮食也属于练习内容，它对生活的方方面面都有重大、积极的影响。

我们的文化可以很容易让我们饮食不合理，反之，想要建立合理的饮食则要困难许多，这种现象可能受进化因素的影响。在人类几千年的发展历史中，我们大部分时间都是猎人和采集者的角色，都在生存的边缘努力挣扎，这使得我们的身体都在渴求大量的卡路里、糖、盐、脂肪，以至于我们很容易整天吃个没完！如今，美味的食物随手可得，美食广告每天铺天盖地袭来，我们也因为太贪吃而患上了堕落的“富贵病”。

自觉而健康地饮食需要持续不断的努力。不采用严格和/或特别的饮食计划而进行饮食自律显得尤为困难。

因此，ILP 营养哲学就非常简单：没有一款适合所有人的食谱。食谱的选择应因人而异，你需要了解自己并对自己负责。安排饮食计划是非常个人化的事情，所以我们更愿意给出宽泛的建议，具体内容是让每个个体运用自己智慧选择适合的食谱。

整合式营养的四大象限

四大象限所包含的所有要素决定了我们的饮食习惯。四大象限所代表的那些领域，即心理、生理、文化和社会因素驱动着我们消耗食物，此外，这些因素大多会终身限制和强化我们的饮食习惯，使饮食变得机械而无意识。因此，饮食模式难以改变毫不令人奇怪！

AQAL 营养观能帮助你回过头，如实地观察你的营养习惯，将这种机械行为变成有意识的练习。AQAL 的每个要素通过接纳新观点，对饮食的本质、方式和原因做出了更多的阐释。浏览所有象限可以让你更综合地看待自己的营养摄取，帮助你构建饮食练习的整体方案，而不仅仅是不吃某些食物或者遵循最

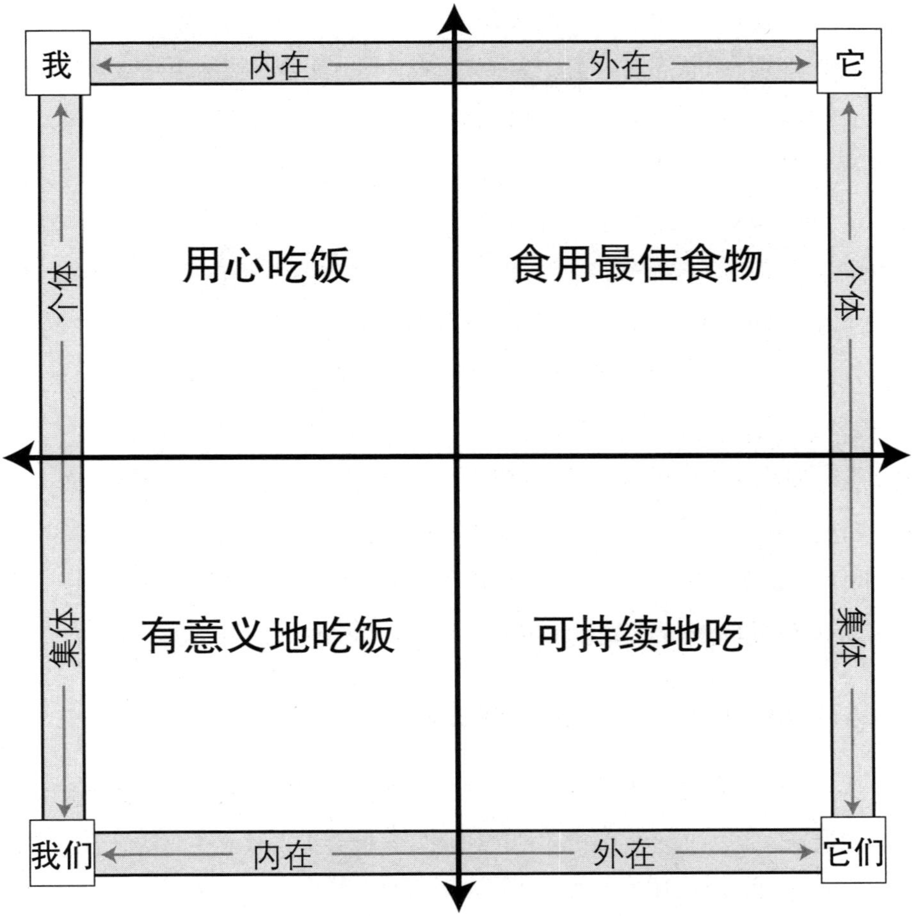

［图 6.3］营养的四大象限

新的饮食风尚。现在，我们来看看早餐、中餐和晚餐（图 6.3）的四象限。

左上象限（意图）：用心吃饭

这个内在视野关注的是吃饭背后的**原因**：什么驱使我们这样消费食物？我们为什么有某些饮食模式？

用心吃饭可以培养我们一种在选择、准备以及吃喝过程中关注于当下的能力。吃的活动包括大量的内在体验，从决定吃什么，到准备或订餐，到闻食物、试尝味道、咀嚼和品尝，再到感受食物滑过食道进入胃中的感觉……你会注意到食物对精微能量状态的影响，这意味着我们必须正视自己对不同食物的反应，承认食物对身体产生的可以感知到的影响（如消化不良、疲惫、活力增强）。

严格说来，食物中的精微能量属于右上象限的范畴，然而，只有意识到吃饭对我们的影响，我们才会开始注意整体营养这个真实维度。鲜活的食物充满了生命能量，而经加工和精炼过的食物则能量较少。当我们更自觉地意识到食物的影响之时，我们就能够考虑所吃食物的粗钝和精细维度，然后做出区分选择。

用心吃饭的练习者会在所吃食物的**质量**而非**数量**中找到满足感。例如，意识在适应了食物的味道以后，你会注意到味觉满足感在逐渐减少（学名“味觉餍足”）。我们的味蕾就像化学传感器，非常容易疲劳；第一口的感觉往往比最后一口要美味可口得多（因此免费品尝如此大行其道！）。通常，在大餐结束后，我们可能已尝不出任何味道了，而在用心吃饭的练习中，你可以亲自体验一下，**较少**的食物同样也能带来**较多**满足感。

左下象限（文化）：有意义地吃饭

从营养学的角度，我们会分享一些与食物有关的价值观。**文化会影响你对食物的选择**。某种文化背景和某种文化偏好也许会更喜欢某类食物，会更关注某方面的健康而忽略其他方面。营养模式也是一种团体认同的方式（如“传统的吃肉和土豆的家伙”、“吃苹果派的美国人”，或“吃燕麦的嬉皮”）。整体营养练习包括觉察不同文化对食物的整体性解释和文化 - 食物的相互关系。

饮食习惯相同的团体共享着特定的意义和世界观，但这些意义和世界观在不断发生着变化，从传统宗教节日演变到民族美食，再演变到世界性文化。每一种文化的世界观都有其营养学理念，即它自己的食物课程。“我们”如何认同什么是好的食物？当你吃饭时，你会有意识地选择符合自己团体世界观、价值观和伦理体系的食物。在购买或者吃特定食物之前，你会留意自己是否同生产它的公司、出售的商店或者准备食物的人或餐厅产生共鸣。当然，也请注意与你共餐的人！同家人、朋友、同事或者爱人共同进餐是创造文化意义上的“我们”空间的最普遍而愉快的方式。你可以自觉而快乐地与人共同掰开面包。

右上象限（行为）：食用最佳食物

这个象限提出的问题是：你**做**什么？如果回到营养学的角度，这个问题就变成了：**你吃什么，喝什么**？营养摄入是否健康最终取决于你的行为，取决于你允许身体摄入**什么**食物。这是高度私人化的行为，取决于你的研究，你的食物意识，你的自知之明、你反复的尝试和错误，以及你爱护身体的程度。

营养学特别复杂而且富有争议，有时，还常常自相矛盾。我们在此处无法涉及全部内容，目前还没有充分而全面地阐释营养学的书籍，不过，我们可以做个大概的说明。整合营养练习指众多已经科学验证的饮食方法，包括关注蛋白质、脂肪和碳水化合物的比例搭配，留意**进食量**和进食时间，甚至包括怎样搭配食物。

此外，我们也认可其他饮食标准。例如，有些人，他们只吃新鲜健康的食物，不吃精炼或人造食物，有些人提倡素食主义，有些人选择富含肉类的“古式”饮食，他们的身体也都非常健壮。另外，还有许多充满哲学意味的进补方法，大多强调某些维生素、草药、抗氧化剂、酶、超级食品或氨基酸的价值。没有哪个食谱适用于所有人，亲自尝试通常是必要的，因为我们必须要亲自弄清楚自己独特的生理机能和新陈代谢系统。

不过，大家普遍认可：

- 尽量少吃坏脂肪（特别是转化脂肪）。
- 尽量少吃简单的碳水化合物。
- 尽量少吃劣质加工食品和快餐食品。
- 控制食物的分量。
- 尽量少吃零食（除非谨慎地选择少吃多餐，以调节胰岛素）。
- 喝足够的水。

营养练习包括有意识地吃、从经验中学习、经常尝试新食谱。它也涉及改变我们与食物的关系，减少现代生活中常有的食物神经症。有时候，吃块巧克力蛋糕**没有关系**，我们应该允许自己认真地品尝它。关键是平衡，当然不仅仅是身体健康的平衡。食物如此强烈地影响着情绪，因此，食谱为情商和自我意识的继续成长提供了机会。而营养学是需要我们终身学习和练习的。

小建议：写营养日记

俗话说，知己知彼，方能百战不殆。如果你不知道自己的饮食习惯，那么你就很难改变它们。通过每天记录**营养日记**可以跟踪自己的消费行为，从而认清它们。通过客观地观察和记录你消费的所有食物、饮料和其他补给品，你就可以了解到许多真相。

记录所吃食物可以让你立刻看到真实的饮食习惯。了解你吃下的食物、你的食量和进食时间，可以帮助你开始更自觉地选择你的饮食。

右下象限（系统）：可持续地吃

食物为身体提供原始养料，为人体器官和自然环境提供直接联系。营养学对食物的关注主要是食物从泥土中获取、经各道程序、最终置于餐盘的整个过程所涉及的自然和人工体系。你消费的每种食物或饮料背后都有隐秘的历史，不成文地记录着它们的来源、材料和对你产生的影响。

我怎样全面减肥？

大量“专家”为减肥者提供了（通常是出售）许多减肥建议，他们的支持者也表达了自己各种鲜明的观点，此外，人类的体型和饮食偏好多种多样，各不相同。所有这些因素使得减肥始终是一个棘手的问题。我们试着去寻找效果极好，以致让人失去食欲的食谱。它也许出人意料地有用，但同时，你也可以了解营养学者普遍同意的最基础观点。

也许最基础的减肥练习是密切地关注你摄入的食物总量。很多食物可以用拳头来简单地测量它的份额大小：比拳头大的食物就太多了（实际上，减少摄入的卡路里总量也许能够延长寿命）。

更严格（不过仍然是基本方法）的减肥练习建议限制脂肪或碳水化合物的摄入量，使之低于卡路里摄入量的百分之十①。换句话说，减少富含脂肪和碳水化合物（可根据自身情况，减少其中一种或都不吃）的食物的总消耗量，选择健康食品。研究表明，每种方法（减少脂肪或碳水化合物）更适合特定比例的人群。在投进下一轮疯狂的减肥热潮之前，首先实验这些基本练习。如果达到了你的最佳体重，就持续平衡蛋白质、碳水化合物和脂肪的摄入量，来保持当前的体重。

你平常食用的食物和饮料有着怎样不为人知的历史？它们从哪里来？生产的过程又是如何？它们是怎样到达你的手中？其中需要考虑的因素包括地理因素（是当地生产还是全球供应）、制造方法（有机种植还是使用了杀虫剂，自然培育还是转基因）、环境成本、经济系统（如互惠贸易还是自由贸易）、法律（如包装拆封，检查管理）、技术、公司所有权结构、运输网络、生产设备（比如是自由放养还是笼养鸡）等等。

每次购买和消耗食物或任何食物加工品时，你都在暗中参与创造食物的隐秘历史。通过了解每次刷卡时所使用的系统，你可以考虑每次购买食物引起的涟漪效应，做出更全面而明智的决定。

除了食物的隐秘历史和食物系统以外，注意进食环境也是很重要的营养练习。堵车时大口咽下快餐食品不同于跟亲密伴侣安静地共进烛光晚餐，你不这样认为吗？你可以比较如下吃饭的情景：在电视前吃饭，与你感兴趣的贵客吃饭，或者在安静的冥想静修期间吃饭。每种情境下，环境、食物和人都发生了独特的能量交换。吃饭环境对整个饮食体验有着重要的影响。

---

① 大量减少脂肪或碳水化合物时要小心。那些建议限制其摄入量的最知名专家仍然推荐你食用少量健康的碳水化合物和脂肪。

并没有哪种情境比其他情境更正确，但它们却以不同的方式影响着你。当你意识到环境对你的享受、消化、心情等产生的不同影响以后，你就可以更自觉地选择进餐的时间和地点了。

现在，我们已经练习了粗钝身体，下面该谈论精微身体了。

精微身体的练习

精微身体锻炼

练习者常常需要在ILP身体模块中做**两种主要的、不同类别的**练习：侧重于粗钝生理身体的练习，以及侧重于精微身体和精微能量的练习。

精微能量是什么？

精微能量通常指粗钝身体以外的所有能量，传统上称它为普拉那和气。据说针灸的机理就是通过气来影响身体，这些能量通常被认为是意图心（intentional mind）和肉体之间所“缺少的环节”。

精微一词的字面含义是“极其精细、微小，很难觉察或描述”，同生理能量相比，精微能量确实如此。但是，你可以借助练习和易感性，感觉到那始终环绕着你的精微能量谱。因此，不要仅仅限于相信它们的存在，而要找到直接与自身精微能量接触的方法，亲自体验它们。

在古代传统中，人们描述了整个**精微能量谱**。最粗钝的精微能量（常被称作**能量体**）与生理身体密切相关。较精微的能量（**星芒体**、**心智体**和**心灵体**）与情绪、梦境、想法和较高冥想体验相联系。我们通常利用精微能量与**七脉轮**的对应关系，讨论它们的不同细致程度，七脉轮是身体中的七个上升能量中心，分别与食物、性、能力、爱、自我表达、觉悟和灵性成就相关联。

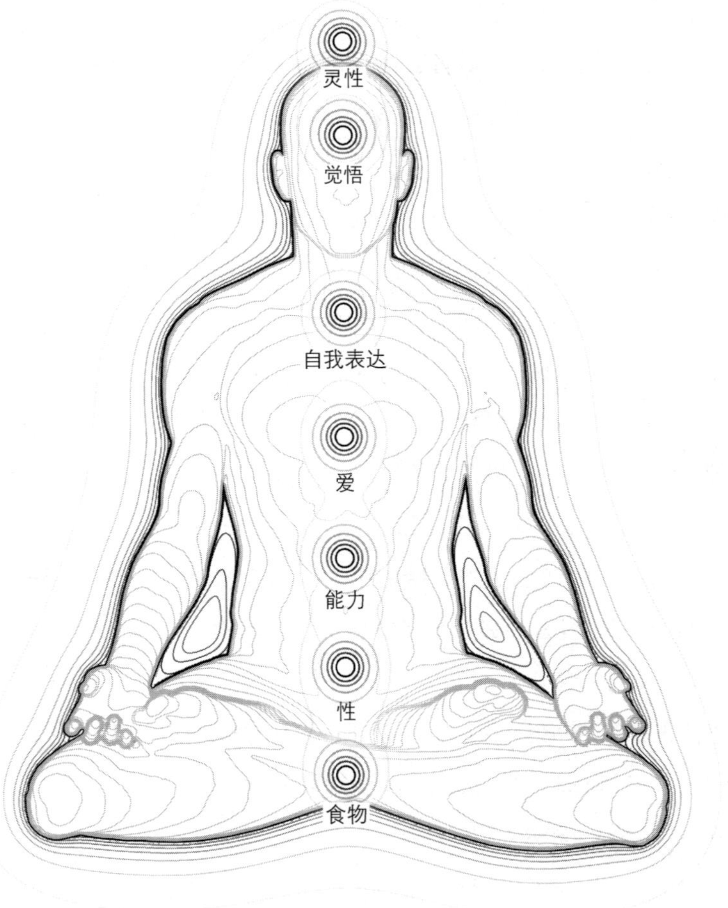

［图 6.4］脉轮、鞘、精微能量

尽管这些系统在特定环境中既有趣又有用，但练习者通常不需要集中精力关注不同精微能量层次的差异。通常来说，最好的做法就是：简单地呼吸和感觉，必要时有意识地引导精微能量的增强和流动。

瑜伽、气功和武术

每种练习都涉及整体性的存在（因此，我们始终在利用粗钝、精微和因果身体）。力量训练和有氧健身等特定形式的练习侧重于锻炼粗钝身体。中国古代的气功、太极和其他武术，以及古印度瑜伽术、调息法等其他练习都侧重于锻炼精微身体。三身练习则特别注重锻炼粗钝和精微身体，同时通过冥想练习来介入因果身体。

每个精微训练方法都有其自身独特的传统和专业知识，彼此各不相同。不过，每个训练方法中都包含特定的定力练习和自律练习，练习者借此培养自己对精微能量的敏感度。他们通过练习如何呼吸、感受、运动，在多个层次上增加强大而流动的精微身体能量（气或普拉那）。经过这些练习，练习者具备了高超的控制心态、情绪和能量状态的能力，并继续发展出了另外一些新能力，此外，还能延年益寿。有些极精妙的精微能量练习艺术甚至还包含因果和粗钝身体的练习，这也可以成为整合练习的内容。

精微能量练习能增加定力、减少压力、提高警觉性、改善生理功能，由于它能够使成熟的练习者显露出特别的优雅和美感，因此，人们通常将其称为艺术。

人类的注意力常常会囿于非常狭窄的感官体验、想法和情绪。日常的精微能量练习可以打破这种固结状态，改变精微身体的状态和功能范畴，帮助我们夯实基础、学会平衡和专心。

练习者们发现，按照某种精微身体的练习方法坚持不懈地训练多年以后，

［图 6.5］精微身体练习

他们获得的收益最大。精微身体练习是 FIT 之类的粗重身体练习的有益补充，它使得 ILP 成为身心灵的完美融合。

能量练习的核心

所有精微能量练习的核心是学习引导更多健康的生命能量。精微能量遍于万物之中，因而取之不竭，但是，我们发掘、引导和释放精微能量的能力却可能极为有限。

关于精微身体和精微结构有很多传统的模型，这些模型普遍认为，在人体系统中，能量循环系统的主要能量沿着身体正面向下流动，在身体下部改变方向，沿着脊柱向上。能量就在这个自然的升降循环系统中来回流通。

精微生命能量**向下**流动时，我们能更强烈地感觉到生命的富足完满。这时的精微能量与活力、**下丹田**关系紧密。下丹田是日本词，指脐下的生命中心。我们吸气的时候，可以促进这种下降和生命力的丰满，感受到能量正在身体正面向下流动。

然后精微生命能量在会阴处（位于躯干底部，在生殖器和肛门的中间位置）**转变方向**，沿着脊柱**向上**，到达头顶，这时，我们能感受到更微妙的自由和光明，这时的能量同顶轮的光明相连。我们在呼气的时候，能够感觉到这种精微能量从脊柱到达头顶再向上流动，我们逐渐向上升入光明和自由之境。

这种基本结构被称为中脉（sushumna，又名 central channel），此外还有印度瑜伽传统中的左脉（ida）和右脉（pingala）。中国道教传统中的“小周天”同这个系统类似，古埃及和希腊的双蛇杖也象征着这个循环。

微妙娴熟的技巧

在任何传统的高级禅修者身上，上升和下降的能量流都十分强烈。顶轮、心轮、脐轮都闪耀着生命的能量。生命极为美妙而富足，内心的感受十分丰富，获得自由的智慧焕发着灿烂的光明。所有这些都伴随着精微熟练的技巧而来。缺乏平衡或者未经训练的人只能接受相对小的能量。

许多古代智慧传统都集中加强身心锻炼，让身心传导更多生命能量，也就是“打开脉轮”。毫无疑问，学习**引导生命能量**是 ILP 的基本内容。

日常生活中，学习引导生命能量的主要方式，就是养成这种能力：忍受那些诱使我们浪费生命能量的知觉。例如，如果我们感觉紧张或者厌倦，我们可能会唠唠叨叨，心烦意乱，或者心不在焉地吃零食，这些活动都往往会**释放**我们体内的生命能量。学习忍受体内细微的痛苦，包括生理、情感和精神上的各种各样的不适感，能够使我们通过呼吸和引导所有日常体验（尤其是强烈而敏感的体验），来享受更丰富的能量状态。

整合练习帮助我们在所有层面上建立强大而充满活力的人体系统，让各种能量能够畅通无阻地流动，以此来增强这种引导能量的能力。精微能量练习包括释放内心的感觉和意识，并通过呼吸来影响它们。其中有些练习能加强脐轮的能量，为整个身体系统打下基础，增加了存在和生命的完满性；另外部分练习则引导能量沿脊柱进入并越过头顶，使我们更多地体验到光明和自由之境。

小周天循环

小周天循环是经典的道家练习方法，它利用呼吸来引导粗钝、精微和因果能量循环。其练习方法是：运气下沉，让气从头顶沿身体正面下沉到到会阴处（功能通道），然后提气，从会阴处沿背部上升到头顶（管理通道），通过这种循环来唤醒、流通和引导能量。

小周天循环的基本说明：

1. 关注头部上方的感觉，吸气，让呼吸能量向下经过身体正面。
2. 呼气，沿脊柱到头顶向上，释放呼吸能量。
3. 可以随意将这个循环重复多次。

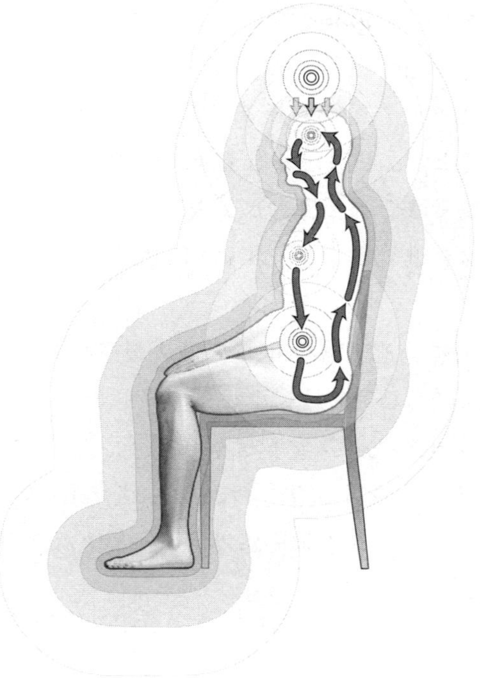

[图 6.6] 小周天循环

详细指导

1. 选择一个舒适的姿势坐好，放松身体，让心灵平静，调整你的呼吸。注意你身体的感觉，感觉身体的重量压在凳子上，腿接触地面。关注当下的感受。

2. 注意力转向内在，垂下眼帘。用鼻子呼吸，敞开心扉，感觉身体内外无所不在的能量（特别是头顶的能量），并和这种能量交谈。

3. 想象头顶部极为密集的能量。想象头顶有一朵盛开的莲花，吸收了所有照耀到你身上的光芒。

4. 吸气时，吸入能量，向下关注眉心（和后方）的部位，让能量流向这个“第三只眼”。

5. 舌头抵住上腭，促进更多能量的流通，然后让能量下沉，穿过硬腭和舌头，进入咽喉到达心脏。

6. 呼吸继续向下，深入身体内部，最终到达脐下约两指宽的地方，感受到能量的集中区，想象这个点闪耀着金色光芒，清晰、明亮、温暖而纯净。让呼吸自然地变轻变弱。

7. 当你感到肚脐处的能量稳定而充足时，就用意念引导能量进入生殖器、会阴，再沿着尾椎骨上行。始终想象能量如同小蛇般逐渐爬过尾骨。

8. 呼气，想象能量在背部上升到肋骨与脊柱的交汇处，然后沿着脊柱继续向上，到达后脑，这样就完成了另一半循环。想象能量沿脊柱上行到头顶中央处，甚至头顶上方。

9. 开始下一个循环。能量从身体正面沿头顶下行到会阴处的过程中吸气，能量从背部沿会阴上行到后脑的过程中呼气。

10. 只要你感到舒适，就多次重复这个练习。

小周天循环沿身体能量区往复升降，循环过程是：从因果到精微到粗重，再从粗重回到精微和因果。有意识地练习时，小周天循环就能完美地整合三个重大能量区域的运动。

引导强烈感受

能量层次的增加会让我们产生强烈的感受，起初通常会有些不适。

例如，如果下蹲或屈膝时始终保持某种姿势和呼吸，你很快就能感到腿部肌肉的强烈甚至痛苦的能量（关节疼痛不是好事，但忍受肌肉疼痛则是很有效的练习）。

你能够练习引导这种强烈感受而不是去抗拒它吗？你能够融入它、与它同在并成为它，允许它自然地改变和运动吗？这种引导是控制精微能量的核心。

某个时候，你会注意到它只是能量和张力，但你向它注入了情绪和思考，亦即你的整个内在对话（inner dialogue）。如果你想要完全安住于当下，并对此时此刻发生的所有事情都敞开心扉，你只需要引导这种越来越强烈的感受。怎样面对不适之感呢？你是洞穿它的本质，还是抗拒它，或者对它作出反应？身体练习使你在有强烈感受时仍然能够适应环境，以及自由地关注周围事物。

在情绪很强烈时安住于当下的能力十分类似于身体感受很强烈时安住于当下的能力。当你的老板第 N 次要求你做超出自己能力之外的事情时会怎么样？引导自身能量的能力会影响生活的每个方面。

引导性能量

有意识的性行为练习有很多维度，其中，大多数维度都是私密和双向的，集中于与性伴侣的生理、精神、情感和灵性关系。性行为练习也包括内在和个人的维度，亦即促使身体能力的发展，使之能够增加、引导、释放和深化精微能量的自然流动。的确，有意识地做爱能帮助你影响身体的精微能量流动！

我们可以引导极其冲动的性能量，使之转化为深度开放的感觉和狂喜。这样做时，你就可以学会疏通并强化身体的精微能量管道。性练习也可以让你明白，我们不仅可以通过生殖器来获得更高层次的活力和愉悦，也可以通过整个身体做到这点。

这个过程通常会涉及高度技巧性的东西，关注避免射精以延长做爱时间，预防退化性高潮（男性），并放松身心，获得更强烈、有意识和持续的再生性高潮（女性和男性）。这些技巧很有价值。然而，所有这些技巧都应该和普遍原则联系起来：在有意识地做爱时，整个身体（粗重、精微和因果）都能够以最自由、最充分的形式活跃起来。

所有的技巧必须植根于开放的心灵所带来的内在幸福之中，这样才能产生最佳效果。如果你将做爱视为与伴侣及其内在灵性的交流，用愉悦对方的心态来做爱，更愿意给予而非接受，就会取得最好的效果。你就能在每次深情的呼吸中享受到接受生命和交出自己的天然喜悦，全部的感官也都会感到愉悦。这就是有意识性行为的核心秘诀。

精微呼吸练习

现代科学和古代传统养生术都将呼吸视为最有效的平衡身心、转变和深化意识的自然方式。瑜伽中的**调息法**（pranayama），其丰富性和重要性并不逊色于多数西方人最熟悉的哈达瑜伽或任何其他瑜伽体位。

三个身体的性

在我们分裂的性文化中，性要么受到道德压抑，被贬斥为罪恶，要么被放纵地表达为“操”。性爱往往沦为纯粹的生理行为：活塞运动，或各种变称。当然，这只是性的**粗钝**方面，但是，**你能够有意识地在三个身体中进行性行为或做爱吗**？

在粗钝、生理层面，你和伴侣的身体在荷尔蒙的驱动下，彼此接触、摩擦、扭动、爱抚、亲吻和插入（或任何其他行为）。如果你和伴侣缺乏有意识的参与，这很快就会导致男性性高潮和性交的结束。很简单……

在精微层面（甚至在粗钝身体开始性爱**之前**就已开始，并延续到粗钝身体的性爱结束**之后**），你和伴侣有深入的情感交流。这中间包括能量的变化，你有意识地引导这种能量，让它变得越来越强，让精微身体更加灿烂地绽放。当你专注于性的精微层面时，达到高潮就变得不那么重要了，能量的升降、进出以及各个方向上的奇妙作用，都能产生让人惊叹的愉悦。你心灵的各个能量中心点打开了，彼此共鸣，甚至互相共融成深沉而炽烈的爱的涡流。你仍然能轻松地达到高潮，甚至这种高潮会变得更加强烈，但是，涌动的能量和深沉的情感本身就能成为自由流动的精微高潮。

在因果层面，你安住于完全宁静的无碍觉性（unobstructed awareness）之中，安住于安静、清醒的灵性空间之中，在整个性行为过程中，你感受粗钝和精微身体，以及心灵与思想。

最后，在你和伴侣**的三个身体的完全融合中**，寂静无言的内观觉性便显现出来，它与**永无止境**的光辉之爱不可分离。这种无所不在的爱在两个裸体之人的爱抚中**创造出了艺术**。在这种艺术中，你可能会愉快地融入无限之境，用上帝的臂膀拥抱你的爱人，透过两个孤立的个体，感受赐予你无上喜悦的宇宙奥秘。当肉体起伏纠缠，幸福的微弱电流漫过全身的时候，你会感受到完全的空寂，并进入到狂喜的光辉之中。这片光辉完全是超验的，但又是温柔而亲切的，甚至在你爱人甜美的双唇中，你也能感受到它。

当你听任精微身体的流动和变化，以及粗重身体的摩擦、舔吻、插入的时候，你能感受到因果身体的宁静，以及完全沉浸在光辉之爱中的灵魂吗？

就像 ILP 所有其他方面一样，这也需要练习！

只要我们活着，我们就需要呼吸。气息始终是身体健康的自然信号，也是呼吸和心跳的神秘灵性源头。呼吸同精微身体的状态密切相关。

众多锻炼精微身体的呼吸练习其基础要素如下：

1. 采用舒适的姿势放松**坐下**，脊柱尽可能伸直，也可以闭上眼睛。
2. **放慢呼吸**，同时尽量保持舒适，不要太费力。
3. 肺部充满空气时，**收紧喉咙和身体基部（肛门、会阴和生殖器周围）**的肌肉，坚持几秒钟，关闭身体的精微循环，积累能量。
4. 轮流**屏住每个鼻孔**呼吸，以便平衡身体左右两侧的呼吸。

精微呼吸练习的其他关键要素：关注每次呼吸，放松并自然地呼吸，不要用力，有意识地最大限度吸入和呼出空气。在肺部充满或呼尽空气的间隙，可以短暂地屏住呼吸。但是，只做你能自然完成的事情，不必强迫自己，也不必费力去做事情。

三部分呼吸练习

1. 采用舒适的姿势或站或坐或卧。做几次深呼吸，放松。
2. 采用腹式呼吸法，用鼻子吸气，使腹部鼓起来。充分感受吸入腹部的物质。呼气放松。

3. 让胸腔向两侧张开，吸气到中胸部位。充分感受吸入胸部中间的物质，呼气放松。

4. 吸气到上胸部位，让空气上行到锁骨处，让心脏周围的区域膨胀和上升。呼气放松。

5. 现在将所有动作结合起来：

A. 吸气进入腹部。

B. 让呼吸扩张到中部部位，让胸腔向两侧打开。

C. 往上胸部位再吸入少许空气，让空气向上充满到锁骨为止。

D. 首先从上胸部位呼气，让心脏中心下降到最初位置。

E. 继续从胸腔呼气，让肋骨相互靠拢。

F. 从腹部呼气，让肚脐向脊柱收拢。

G. 按照三部分练习，重复两到三次。

身体模块的“内在游戏”

身体练习不仅仅是练习和照顾第三人称的“它”——外在机体——让这个机体合理地整合营养、练习和休息并茁壮成长，同时，还要深化第一人称的“我”——意识与整个感受体（feeling body，即粗钝、精微和因果身体）——深化这三个身体的**整合**程度。

整合意识超越了对身体或思想的排他性，将身体和思想整合，使两者协调配合。整合之旅中存在着某个时间点，大多数练习者都必须有意识地越过这个关键的发展临界点。

整合意识既聚焦，又注重平衡，同时，它也自然地觉察并**成为**完全清醒的感受体。在这个阶段，我们看到完整的身－心结构被众多的方式割裂成不同的侧面和碎片，在这些方式中，有情感创伤、紧张、自我保护、麻木和冷淡等模式，而我们则对这些割裂负有责任。这部分练习包括阴影和精神疗法的肉体维度内容。通过所有这些练习，我们的整个身－心在各个层次上逐渐重新整合，并恢复其完整性。

头部、心脏和丹田

整合意识关注并试图治愈身心灵的碎裂，这个阶段的相关练习关注整个身体－意识的所有关键维度和中心。

三部分模型对于研究这个问题简单而有益，这个模型包括整个身心的主要中心：**头部**、**心脏**和**丹田**。

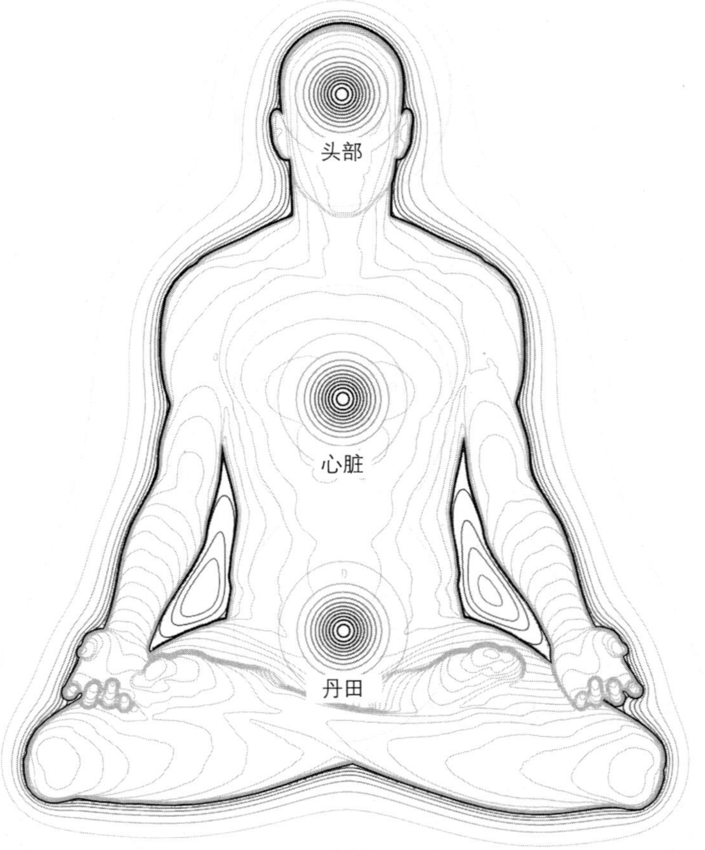

[图 6.7] 头部、心脏和丹田

丹田是天然的肉体功能——直觉、生命力和能力——的中心，是我们原始生命能量的来源。能量因通过脐轮，和地面、腿及内心发生接触。事实上，在某些系统中，人们用腿或脚来象征能量的中心。健康、开放、清醒而强壮的脐轮让我们能够在地上站稳脚跟、自由移动、散发出生命的活力，并发展出运动能力和智力。

心脏是感受能力和灵性直觉的中心，也是爱与关注自我与他人能力的中心。清醒、健康、强大和开放的心脏能让我们自由、深情而充分地呼吸，并与我们的源头、目的以及他人进行交流。心脏是喜悦、欣赏、关爱和奉献的中心，我们通过心脏将更精微的能量发散到他人身上，并受其鼓舞去服务他人，实现自我超越。

头部是最高级的辨别智慧的中心，也是直接感受真、善、美的中心。意识之光通过头部由中心向外照射，向下进入整个身体，让我们有能力看穿幻象，从而从有限或固执的观点中解脱出来。头部是最高的心智能量和超心智能量的中心，也是意识能够获得解脱的根源。

对于身心的健康和完整性来说，所有的能量中心点都是必不可少的。在人类潜能运动带给我们的普遍觉醒中，人们得出了一个极为关键的结论：培养清醒而开放的头脑、心脏和下丹田是非常重要的事。我们普遍的误解是强调心脏和丹田的作用，却忽略了头部，然而头部对整体性的身体健康具有同等的作用。

了解整合式生活练习的各个方面有助于激活和强化身体中的能量中心点。将这些能量中心点相互联结起来，我们就可以成为完整的个体，并发挥自己的最佳水平。

管理内在状态的精微身体练习

精微身体练习是管理思想和情绪状态的重要工具，它能让你超越自身的主观性，直接关注内在状态的能量特征。

主观的焦虑（左上象限）可能会妨碍你能力的发挥。然而，如果你能够将焦虑的能量模式转变为从容的能量模式，那么，你的状态就会随之改变，进而做出不同的选择，你也将因此更真实而自觉地行事为人。

例如，已婚人士们知道，自己在状态最糟与状态最佳时对待伴侣的态度会非常不同。你的丈夫很可能在这两天里对你是同一种表现，但你的反应则完全不同。

假设某天他回家，整个人充满怨言、焦虑、愤怒，几乎不搭理或不关注你，而这天你刚好做完练习，睡眠充分，工作也很顺利，那么，你可能会同情、关心他，帮助他镇定情绪，为他所面临的困境提出恰当的建议。

但是，如果这天你睡眠或练习不够，刚刚被辞退，又恰巧碰到交通堵塞，那么，你则可能心怀不快，对他进行抨击，即使你为他提供帮助，但也远远不够有效。

如果，某天的生活极为糟糕，但你能调整状态，感觉自己这天的生活非常愉快，这会引致怎样的结果呢？这会怎样影响你的婚姻，还有你的决定，以及整个生活？

如果你能坚持进行精微身体练习，并将其练习到很娴熟的程度，那么，你就完全知道处理以上问题的技巧了。

不管处于什么**阶段**，你始终在经历情绪和思想的起伏波动。你当前的状态（主观状态和身体能量状态）将决定你是表现得最好还是最坏，是处于可能达到的最高阶段还是较低阶段。当生活中出现挑战时，你的应对状态揭示了你所处的阶段，它决定了你应对措施的好坏优劣。

通过有意识的呼吸和引导强烈感受等练习，在学会控制内在状态以后，你就能从目前最佳的整合意识出发，应对你所面临的挑战。

始终呼吸和感觉

呼吸也许是所有整合式生活练习中最重要的内容。每次呼吸都是一次享受生命的机会。呼吸是联结意识与身体的自然纽带，透过呼吸和心脏的感受，我们自然地将身体、心灵、头脑和丹田整合起来。

不管是有意识还是无意识的呼吸，我们都在敞开自己，**接受**养料，同时释放和**抛弃**那些不再需要的东西。我们不断地进行生命的基本循环：**吐故纳新**。无论我们是否有意识，我们自始至终都在呼吸，都在参与到每个吐故纳新的循环之中，直到死亡为止。

从事整体治疗的医生常常说，有意识地呼吸是最重要的健康练习，灵性老师常称，呼吸是最重要的灵性练习。不管你关注外在世界还是内在世界，你都必须呼吸。呼吸的方式极大地影响着健康、意识和幸福状态。

呼吸和感受紧密相连。心脏的中心位于肺部正中间，有意识地呼吸是激活心脏感受能力最自然的方式。

如果你利用呼吸将心脏的感受传遍全身，你就能够激发从脚趾到头顶的每个存在层面的活力。这包括所有种类的精微能量，从粗钝能量到星体能量，再到心智能量和超心智能量。

停下来呼吸！

思考：

·任何时候，如果你想将更多的感受或觉知注入当下的生活，你能做的最有效的事情就是饱含深情地深呼吸。

·任何时候，如果你变得害怕、愤怒、退缩、自卫或者冷淡，你能做的第一件事（也是最有效的事），就是饱含深情地深呼吸。

·任何时候，如果你不知所措，或者思绪紊乱分裂，你能做的第一件事（也是最有效的事），就是饱含深情地深呼吸。

大心量 = 大心智 = 整合式感受 / 觉知

呼吸与**感受 / 觉知**有着紧密的联系，这种联系比我们所知的还要密切。禅修者都学过日语单词 *shin*（中文的**神**），有时候它被译成“内心”，有时也被译为“心智”，所以，它的真实含义类似于“**内心 – 心智**”。

它反映了一个深刻的真理：自由的意识同内心或心智不无联系，它**既是**思考**又是**感受。它既存在于感受之中，又存在于有辨别力的智力之中。感受**就是**觉知，觉知**就是**感受。

佛教的内观修行可以更准确地称为“感受 – 觉知”，而内观意识更准确的说法则是“感受内观意识”。无障碍感受（unobstructed feeling，不像通常那样同思考相反）是辨别力的重要方面，而清晰的思考则意味着深刻的感受。

感受和智力不可分割，开放、无阻碍的心智与开放、无阻碍的内心不可分割，逃避或拒绝思考既无益又不聪明，最合适的练习方法则是，以整个清醒的身 – 心进行睿智的思考，将思想解放出来，并以最自由而完满的方式将身 – 心展现出来。

最有意义且明智的做法就是培养你的感受力，同时练习并发展这种能力。我们在一生的 ILP 过程中以及生活的每个瞬间都要这样做。

如你所料，着手进行这个核心练习的最佳方式，就是立刻开始充分、深情而睿智地呼吸。

安住在因果身体之中

当我们在粗钝和精微身体中变得越发自在的时候，当我们将相应的内在状态整合起来的时候，一件特别的事情就慢慢发生了：我们开始更深入地安住于因果身体之中，并自然而然地扎根于常存的觉性之中。这个变化很深刻，但也特别精微（记住：“因果”的别名就是“非常精微”），事实上，你最初可能分辨不出来。粗钝和精微的身体体验通常是多面和动态的，而因果身体的体验其实根本不是“体验”，而是一种**冥然无物**的状态。这种状态是因果身体的本质，是冥想状态，是深度无梦睡眠的寂静、无言和空寂。

我们会在灵性模块（下一章）深入地介绍冥想练习，因此，在本章中，我们关注的是练习因果身体的其他方式，亦即：健康的日常睡眠。

睡眠

睡眠练习也许不像体育锻炼或者营养练习那样简单明了，但它属于增进健康和增强三个身体活力的最重要练习。

生活的强度不断加大，因此，我们需要时间来休息和恢复健康。当这个平衡被破坏时，生活会做出回应。睡眠不足会损害你的思考能力、应付压力和焦虑的能力、冥想能力、人际关系能力、维持健康的免疫系统的能力、以及运动和调整情绪状态的能力。当然还有更多其他后果，在此就不赘述了。总而言之，要点很明确：休息不够是很糟糕的事情。

你需要的睡眠时间取决于很多因素，包括年龄、饮食和冥想练习，等等。睡眠专家通常建议成人每天睡觉 7–9 个小时（有人可能建议睡更长或更短）。有些人每天睡几个小时就可以高效率地学习或工作，而有些人则需要睡多得多的时间。你可以根据如下明显的特征来判断自己的睡眠是否充分：清早起床感到精力旺盛吗？你冥想时会睡着吗？头脑昏沉干扰了你的心情和日常活动吗？

尽管睡眠研究者做出了这些明确的界定，对许多人来说，有规律的、健康而舒适的睡眠却是最难完成并坚持下来的练习。近 3/4 的美国成人每周有数晚都会面临睡眠问题的困扰，甚至更为频繁；几乎有 40% 的人每个工作日睡眠的时间低于 7 个小时。此外，超过 1/3 的美国成人在白天时昏昏欲睡，影响了他们的生活和活动。

如何改善睡眠习惯？下面是八种相应的练习：

1. 保持有规律的就寝和起床时间，包括周末。
2. 养成有规律而放松的就寝习惯。
3. 创造有利于睡眠的环境：黑暗、安静、舒适和凉爽（不要太热）。

4. 使用舒适的、稍稍垫高的垫子和枕头。

5. 卧室仅用于睡眠和做爱。

6. 在平常睡觉以前，至少 2–3 小时以内不吃东西。

7. 有规律地锻炼身体，但至少在睡觉前数小时以内结束锻炼。

8. 即将睡觉时不要摄入咖啡因、尼古丁和酒精。

但仅仅有充足的睡眠还不够。做梦和深度睡眠的过程也是每天穿过粗钝、精微和因果维度的旅途。在这个过程中，你可以感受和觉知其间所发生的各种变化。它不仅仅有利于身体健康，也可以让意识完全安住于所有的三个领域之中。

某些长期（20 多年）冥想者有过这样的体验：他们能够在梦境和深度睡眠中**保持自我观照**。对很多人来说，这似乎是不可能的。但你也许熟悉清晰梦境，此时你在梦中保持着清醒（或者明确地知道自己在做梦），甚至有能力控制梦境。如果你将这种清醒扩大到梦境以外的状态呢？如果你在深度睡眠中也能培养清醒的意识呢？那时候你的现实是什么样的呢？

有些时候，这些都被视为典型的最高灵性状态。此时，意识保持稳定，不再发生波动。你固有的觉知贯穿于清醒、梦境和深度睡眠之中，恒常不变的纯粹意识在因果身体的层次上体现出来，使你保持着自觉而稳定的清醒状态，这种清醒存在于粗钝、精微和因果三个状态和经验领域之中。

最终，意识觉察到它同生命中发生的任何事情都是不可分割的，意识清醒地认识到：自己和始终变化不休的各种体验是不可分割的。

当粗钝和精微身体不再遮蔽因果身体的时候，灵性认识的最高阶段就开始出现了，它开始自我觉察。在更高的不二觉性（又名**图力亚**和**超越第四境**）中，因果身体的观点变得越发强大，以至于无法被经验动摇，并开始渗透到所有的体验之中。

因此，灵性道路的某些最高层阶段可被视为因果身体练习，是获得纯粹而稳定的意识体（观照）的练习，方法就是成为因果身体自身。最终，它比发生的任何事情（事物）都更加光辉灿烂。

相续意识

在深度睡眠中不存在的东西都是不真实的。

——拉马纳·马哈希

这个说法令人震惊，因为在深度睡眠状态中几乎什么都没有。但拉马纳说，终极现实或灵性不可能是意识中突然出现和消失的内容，它必然是连续存在，且是永远存在的。更严格地说，它超越了时间，充分存在于每个时间点上。因此，终极现实必然完全存在于深度睡眠之中，所以，深度睡眠中不存在的东西必定不是终极现实。

这个激进观点的深刻含义令人困惑。那些在清醒状态下获得类似禅宗开悟体验的人（感觉同万物融合的强大状态）知道，在睡眠、梦境和无梦睡眠中保持清醒是多么重要！我们关注的绝大部分东西都存在于清醒状态之下，都是变化无常的。我们每天进出于清醒状态，但是，某些伟大的哲人说，我们体内有些东西始终是清醒的，它们在任何时间和任何状态（清醒、做梦或睡觉），始终都是清醒的、有觉知力的。这种常存的觉性就是我们的灵性。相续意识（或不二觉性）的潜在基础就是直接而完整的纯粹灵性本身。这是我们同上帝和神性的联系，是我们走向真理之源的通道。

因此，灵性认同的最高状态包括进入相续意识之流，跟随它穿过清醒、梦境和睡眠的所有变化状态。这样会：（1）消除我们对任何状态（身体、思想、自我或灵魂等）的排他性，（2）让我们识别并认同所有状态中都存在的恒常与无限之物，即真如（consciousness as such），又名永恒灵性。

然后，觉醒就存在于所有经验之中，它每日每夜都存在，甚至在身体和心灵处于清醒、做梦和睡眠状态中时也是如此。这种觉醒在无常之中始终保持不变。此时，没有需要消除的主体，只有明朗的空性意识，光明皎然的心镜，如实觉察到包罗万象的实相。意识回到每个时刻的"真我"，或多或少都能稳定地安住于其中。这个真我简单、有觉性，如如不动，并且逐步被强化。我们感受到的寂静越来越深。当寂静最终征服万物之时，它就融入日常生活之中，使生活呈现出完美的明澈性，纤毫毕现，没有任何的阴翳。

因果身体练习加强了因果身体的力量，它使因果身体变得越来越强健，并日渐稳定而明显地显现出来。因果身体标志着意识存在的强度。

当这种恒常不变的不二觉性变得明显时，新的命运会在显像世界中觉醒过来。你会发现自己的佛心和神性，你的无相①、无限、无量而永恒的空性。你就是道、就是大灵，就是最高意识、基督意识、神的光辉显现！这么多词指的都是一味（one taste），即大大小小的所有体验的唯一的、超验的特质。必然如此。那就是你的真实身份，纯粹的空性或者纯粹的绝对意识。以前，当你在小小的客体世界中将自己等同于狭小的主体之时，就必然会产生恐惧和痛苦，而此刻，你则从中解脱出来了。

当你发现自己的无相身份是佛心、纯粹灵性或神性的时候，你就拥有了恒常不变的不二觉性，并重新进入较低的状态（精微和粗钝），重新赋予它们生命和光彩。你不仅仅保持无相和空性，你甚至还要认识到：对这种空性的觉察本质上也是空的。你将进入心灵和世界之中，并在这个过程中重新创造它们，完全平等地融入它们之中，特别是融入名之为“你”的那个心灵和身体之中。然后这个较低的自我就成为你的本来面目（即灵性）的载体。

然后，万物（包括你自己的狭小心灵、身体、感受和念头）都会在你的本来面目，亦即无边空性中生起，并自我解放，回归于它们最初的真实本性，而这正是因为你没有将自己等同于它们中的任何事物，而仅仅听任它们在你本然所是的空寂和无边世界中呈现、发生。你觉醒过来，获得了完全的自由，歌唱着光辉的解脱，脸上流露出无限的喜悦，人人可见。你饮下欢乐之海；你凝望着月亮，它是你的身内之物；你向太阳鞠躬，它也是你的心内之物。大千世界无不如此。只有这个真理才是永恒常存的，始终不会改变。

---

① 佛教语，与“有相”相对。指摆脱世俗之有相认识所得的真如实相。——编者注

07

灵性模块

整合时代的灵性练习

很多人练习 ILP 的主要动机是为了获得**更高的觉悟**。ILP 包含无数种练习形式，可以满足多种目的和动机，但它的精髓则是为了**觉醒**。历史上，很多时候，觉醒是指在日常生活中意识到灵性的存在。

“灵性”是什么意思呢？“灵性练习”又是什么呢？它们指的都是“终极关怀问题”，即全部人生意义的集中体现，真、善、美的本质。据说灵性就是无限爱之本身，无法用语言加以描述。

尽管灵性是生命中最本质的东西，但我们对它却存在着某些非常混乱且分裂的看法。观察世界上的各类宗教，我们固然可以发现大量宝贵的灵性教导和榜样，但同时也会发现它们在人类历史中引发的诸多暴行、战争以及其他许多极其缺乏灵性的行为。此外，有些人并不认可众多传统所传承下来的灵修形式或崇拜活动。因此，很多人认为自己是灵修者，但不信仰任何宗教。他们试图保留灵性这个婴儿，但坚决倒掉这组织严谨的宗教洗澡水。

这里仍有一个问题还没回答：21 世纪的整合灵性练习是怎样的练习？毫无疑问，这是所有宗教的精髓，但不局限于某个宗教学说；它不会忽略推理和科学，但也不局限于推理和科学；它不会否认团体或文化环境，相反，却是超越（并包含）它们；此外，它也不会忽略潜意识和阴影的力量，但必然将它们置于更大的环境之中。

灵性练习也不能无视宗教传统所做出的深刻贡献。事实上，真正的整合灵性练习不仅可以同宗教热情愉快地和睦相处，更是可以和所有宗教传统同时存在，这其中包括基督教、犹太教、伊斯兰教、佛教、印度教的众多支派、萨满教和任何新宗教。实际上，灵性练习能够体现每种途径和练习的深刻与丰富之处，甚至能因此恢复我们对传统的兴趣。**无论**是对那些称自己是灵修者而非宗教信徒的人，**还是**虔诚笃信宗教的人，灵性练习都非常适用。

ILP 的灵性模块集中关注我们称之为“基本灵性”的部分，即古代智慧传统中的核心教诲、训诫和练习，**以及**现代和后现代的观点，此外还包括对 AQAL 框架的领悟。

它并非将我们限制在某种特定的练习形式中，也不意味着我们**必须**采用某种方式进行冥想、祈祷，甚至信仰上帝。这个框架只是直言不讳地告诉我们一个事实：我们必须练习或从事某些活动，才能获得某些体验、洞见和觉悟。它教导并帮助我们设计适合自身的、个性化的、贴切而且行之有效的练习方式。

灵性模块还允许我们利用 AQAL（见第五章）的某些主要特征来分辨重要的灵性模式，如：

- 灵性觉察**状态**，相对于灵性成就**阶段**而言很短暂，因为后者的体验更持久。
- **世界观**和**发展波**，以及它们如何影响我们对终极真理的认识。
- 智力的灵性**发展路线**及其内在**层次**。
- **第一人称（我）、第二人称（你）、第三人称（他/她/它）视野**中的灵性。
- **三个身体**（粗钝、精微和因果）的灵性练习。

整合式灵性

让灵性练习的新方法成为名副其实的**整合式**方法，这个转变不可能凭空出现，相反，它必须向伟大的灵性传统学习，从基督教到佛教、伊斯兰教、道教、犹太教和萨满教，都应该囊括在内，**学习它们最高、最智慧和最合乎道德的形式**。仔细思考这些宗教，你会发现两点：它们既有无数的分歧，又有大量惊人的**相似之处**。

如果你可以发现几乎所有宗教都认同的那几个基本观点，那么，你也许就能发现关于人类自身的某些极为重要的东西；与物理学家们达成共识的少数问题相比，这些观点至少具有同等重要的意义。

这些灵性的相似之处是什么呢？注意，如果某些特征有规律地反复出现，并且与人类渴望认识上帝的努力有关（也许，上帝也在努力，使沉睡的人性能够认识到他），这意味着什么呢？这些相似之处似乎表明，至少就我们所知的而言，宇宙中的灵性模式在发生作用，当世界各地人们的内心和思想试图呼应整个光辉灿烂的宇宙之时，这些模式表现出了惊人的规律性。

这**必然**意味着：人类在探求灵性现实时有着相同的心理结构。也就是说，人类本身似乎就是为了这些深刻的精神模式而生的，但未必是为了某种宗教的特定方式而生，尽管这些方式也很重要。认识到这些深刻的灵性模式，我们就可以瞥见整合灵性的精髓。

这种认识还表明，某些练习可以帮助人类同宇宙保持协调一致，这种协调可以通过任何一种伟大的宗教发生，但不必独独依赖于某一个宗教。基督教徒、佛教冥想者、新世纪信仰者或者新异教主义巫医，都可以在保持自己信仰的同时，通过练习，接纳整合灵性。整合灵性练习既不会巩固你的宗教信仰，也不会削弱你的灵修信仰。它削弱（此外别无其他）的只是独断，即相信自己的道路才是通向神性的**唯一**真实道路的信仰。

那么，所有伟大宗教传统的灵性特征或相似之处是什么呢？我们可以从这张简短的列表开始，这个列表不是结论，而是抛砖引玉，引导我们继续讨论下去。大多数传统都认同以下这些观点：

1. 不管人们怎样称呼灵性，它始终都存在，而且是真、善、美和爱的化身。
2. 灵性，既是外在的，也是内在的，开放的内心和心灵都能展现出这种灵性。
3. 多数人因为生活在隔绝、罪恶和对立之中，亦即在幻觉、沉沦和破碎的状态之中，因此不能意识到内在的灵性。
4. 我们有办法脱离这种隔绝状态（幻觉、分离、罪恶或矛盾），获取自由。
5. 沿着这条道路走到尽头，就是觉醒、重生、救赎、觉悟、内外灵性融合（或两者都消融掉）的直接体验，亦即最高自由。
6. 这种最高自由标志着解脱或超越幻觉、罪恶和痛苦，对宇宙中全部有情众生都展现出慈悲、怜悯和关爱，并给予鼓励和公益援助。

这个列表对你有意义么？如果宇宙中具备这些常见的灵性模式（至少在有人居住的地方），就能改变整个世界，你可以既是新异教徒又认同这个列表。理论细节我们可以再讨论，但这些更宽泛的简单特征可以深深地改变交流的性质。

世界观	描述
青色/蓝绿色	整合–宇宙中心，能遨游于所有以前的层次，看到其中的相对真理。
绿色	多元化–多世界中心，万物皆有神性的阶段，条条大道通罗马。
橙色	理性–世界中心，普世关注、推理和宽容的层次。
琥珀色	神话–民族中心，绝对的传统真理阶段，部落/民族信仰，神话。
紫红色/红色	魔法–自我中心，魔力的世界，牺牲，奇迹。

［图 7.1］灵性觉察的高度

“灵性”——我们在讨论什么？

即使我们同意“灵性”和“灵魂”之类的东西是真实的，而且在传统和现代中都能找到它们，我们仍然需要澄清这些词语的真实含义。灵性探讨中的困惑大多数源于术语的不准确性。

比如“爱”、“灵魂”和“灵性”之类的词语指代的对象极为繁多，以至于它们似乎常常意义空洞。但实际上，所有这些词都直接指向重要的现实。观点各不相同的人们都认为灵性是心理活动和情绪的根基，如果将灵性作为陈词滥调而加以鄙弃或忽略，是令人惋惜的事情。因此，我们更仔细地来观察人们通常使用“灵魂”或“灵性”这个词的某些方式。

1. 灵性经常可以和“神”、“意识”、“本质”、“实相”、“自我”或者“永恒”这些词互换，这时灵性指所有事物的终极特性、存在的源头或根基。

2. 有时候灵性用来指**生命的意识能量**（**conscious energy**），在这个意义上，它等同于“生命力”、“普拉那”、“气”、“圣灵”、“爱之光”、“上帝之光”和“神圣能量”这样的词。这种情况下，灵性指的是生命的意识流，它是变化的，并呈现为各种事物、现象、力量和事件。

3. 有时候灵性指“**无所不在的爱**”，它是所有关怀、爱和灵感的来源。更简单地说，它也可以是某种态度或诸多品质，包括仁慈、慷慨、善良、镇静、开放、同情和喜乐。

4. 灵性也用来指**某条发展路线**，如在“灵性发展”、“灵性成长”或“灵性成熟”中。

5. 有时候灵性用来指较高的觉知**状态**，如精微、因果或不二状态。

6. 有时候灵性指**任何路线上的最高发展层次**。例如，迈克尔·乔丹打篮球时极为出色，非同寻常，他展现出来的勇猛、纯熟和卓越，看起来就像是超人在打球。最能表达出艺术之美的艺术家，音乐才能极高的钢琴家，或者人际技巧非常熟练、说话完全能够审时度势的治疗专家，都可以说具有**灵性天赋**。

你最倾向于使用哪个定义？你对哪个定义共鸣最深？AQAL 认为，每个定义都既真实又片面，但是，在任何情境下，使用所有这些分类十分有利于阐明我们实际讨论的话题。

灵性的多种颜色

这是另一组极其重要的分类，意识的每个高度对灵性的阐释各不相同。如果我们谈论五个主要世界观（魔法、神话、理性、多元和整合世界观），那么就有五个非常不同的“上帝”，五个灵性层次。调查问卷始终表明，绝大多数人声称自己信仰上帝。但他们信仰哪个颜色的上帝呢？魔法的紫红色上帝与多元的绿色上帝有着天壤之隔，而后者与整合的蓝绿色上帝又完全不同。许多灵性/宗教冲突都源于这个问题。争论（有时候是战争）双方所谈的是不同灵性高度的问题，所以讨论时常常牛头不对马嘴。

在真实生活中，灵性呈现出什么样子呢？在下面这个例子中，不同层次的基督徒对灵性做出了不同的阐释。

紫红色/红色魔法上帝：这个层次认为基督是紫红色的，他将酒变成水，让面包和鱼大量增加，并能在水面上行走等等。基督是不可思议的人，可以奇迹般地改变世界。这个阶段是前习俗和自我中心的，这个基督与利益有关，因为他能回应**我的**祈祷，赐福于**我**。

琥珀色神话上帝：这个层次将基督视为弥赛亚、永恒真理的赐予者。这个阶段的信仰是**绝对**的，我要么相信经文并顺从它的教导，要么将被诅咒。这个阶段也是**种族中心**的，因此，我的盟友是上帝和虔诚的信仰者，我们联合起来，对抗那些拒绝和反对我们真实信仰的异教徒。只有相信耶稣基督是他们的救主的人才会得救。这是灵性意识最普遍的层次，当开始向橙色世界观进化时，它有时候会略微有所改变。

橙色理性上帝：这个层次看到拿撒勒的基督，他具有完全的神性和人性，更加合理且可信，是自然神论的普世之爱的教导者。我与这个神的关系是自由的。我能够培养理性和个人责任感，关心我自己、我的部落和国家，但也关心所有人。我可以在和其他基督徒相处的过程中，通过耶稣获得美好的、真诚的、被祝福的生命，但我也允许其他人通过不同的宗教形式找到真实的灵性。

绿色多元上帝：这个层次认为基督意识存在于我和万物的心中。我努力发现并尊重我自身和所有人的内在神性，并以更普世的观点来解构和重新解读圣经段落给我的启示，并主张生态持续、社会公正、财富平均分配、非暴力主义和女性权利等。我承认众多灵性道路的完全有效性，基督教只是其中一条，并不比其他道路更好或更坏。

青色/蓝绿色整合上帝（接近靛蓝色超级整合）：这个层次认为普世的基督意识存在于每个地方、每个人、每个观点之内。尽管绿色、橙色、琥珀色、红色－紫红色基督互相非难或攻讦，我发现它们有很多共同点，而且欣赏和认同每种上帝观的独特优点。对我来说，上帝是自明的，而且无所不在，他存在于每个地点和每种形式之中，有些形式比其他形式更能体现上帝的存在（细胞比分子更体现存在，分子比原子更能说明存在。深度越深，神性也就越强）。我和上帝交流，融合上帝之中，时刻能看见上帝，无论是独处还是与他人共处时都是如此。我发现所有宗教的信仰者都是我的同伴，然而，耶稣对我的独特启示和我的基督教传统仍然是独特的、神圣的，而且给我带来无限的快乐。但我十分清楚：当我同较低高度的基督徒谈话时，我需要大量翻译自己的话语，而我有能力这么做，并且常常心甘情愿这样做。

灵性的多维性往往使相关对话变得困难。毕竟，我们已经看到：

· 灵性有不同的定义。

· 灵性有不同的阐释。

· 在灵性辩论中，很少有人理解这些差异，更少有人会定义它们。

整合方法对灵修的深刻贡献，就是它厘清了这种混乱。此外，最重要的是，这种阐释可以促进灵性体验自身的发展。

你能感觉到么？

大多数人都曾经在某个时刻体验到灵性。你可能有如下强烈体验：

天人合一

爱

恩典

光明和顿悟

狂喜

自由、心流（flow）、共时性（synchronicity）①、自如境界（the zone）

……或者对奇异事件的独特而个人化的直觉体验，这种直觉通常也是无法言说的。总之，人们有着无穷无尽的各种灵性体验。

从你最初认出灵性的那个瞬间开始，事情就发生了变化。你体验到了某种极美妙的东西，它广阔、极为强大、无限美好、清醒和/或充满爱意。你可能会称它为“神”，也可能根本不认为它是“灵性的”体验。但无论如何，至少有片刻的光景，它会在你面前现身，亲切地拥抱你，并融入你的生活之中，甚至**通过**你来展现自身。

你是否用这些精确的术语来表述它无关紧要，但是，鼓舞着你进行练习的动力本身，在本质上就与灵性相关。大多数人无意识或有意识地感觉到了这点，亦即对更幸福、更充满爱意、更睿智、更神圣的人类体验的幻想。这种对更高现实和可能性的直觉激起了我们探求更深刻、更丰富的生活方式的兴趣，它很

---

① 共时性是心理学家荣格发明的术语，用来解释超自然的偶然巧合事件。——译者注

容易发展成对灵修练习的兴趣。

有无数种灵修练习：冥想、祈祷、感恩；唱歌、跳舞；呼吸、祭祀活动以及举行宗教庆典；修建祭坛或敬拜场所；创造神圣艺术；贡献祭品。传统上冥想或祈祷**是**练习的核心，它们能培养更高的觉察层次，名为王瑜伽（raja yoga）或皇者瑜伽（royal yoga）。即使从现代的观点来看，冥想或祈祷也是ILP练习中最成熟和最有效的部分。

这种方式也可以固定和引导整个练习。接触灵性也包括获得灵性经验，在整合术语中，大多数灵修体验是**高级状态**或者**训练有素的**状态（“高峰体验”），这种状态不会始终持续下去，但能够使我们短暂地瞥见那些高峰体验，有时候甚至可以经验到所有高峰体验。这些灵光乍现的体验能改变我们，让我们反复进入较高状态，然后，我们就能在余生之中（无论是清醒、做白日梦还是睡觉的时候），都能越来越充分并稳定地安住于较高状态之中。反复的“高峰”体验可以加深和巩固我们的变化，拓展和深化我们的觉察力，让我们能够保持更广阔、更深刻的视野，从而加快我们的成长速度，进入**更高的阶段**。

进入较高状态，获得长久益处

在日本的禅宗中，深刻地瞥见解脱之境名为**瞥见真性**（kensho）。更持久的觉醒叫**开悟**（satori）。梵文中，练习也叫做**成就**。

我们可以说：

瞥见真性产生**成就**。

成就（随时间积累）促使我们更多地**瞥见真性**。

多次**瞥见真性**导至**开悟**与解脱。

我们可以培养较高状态，但灵性练习和灵性觉醒并不是一一对应的。我们无法预知，较高状态什么时候能稳定下来，成长为永久的更高发展**阶段**。

我在此处想要意译禅宗大师理查德·贝克·罗素的话：“禅修不能带来开悟，开悟是快乐的意外之事。有规律地坐禅无法确保你会开悟，但它让你**意外开悟的可能性增加了**。”

因此，冥想和其他培养较高状态的练习属于整合式生活练习的中心任务。

练习灵性模块

你在灵性模块中应该怎样练习？大多数练习者会致力于有规律的**冥想**练习，有一部分只选择短暂的冥修，然后将更多时间用于宗教崇拜仪式、唱歌或赞美上帝的事情上。ILP 可以容纳所有内容，你可以自由地选择最有效的练习，也可以找老师或者指导人员帮你做出明智的抉择。

对于练习来说，最重要的是规律性地（理想情况是每天）选择当下最适合你的方式，**真诚**而**正确**地练习。这些练习未必很耗时费力，如果你有规律地、真诚地接触灵性，你的生活和练习将会完全改观。

我们的宗教和灵修传统中有许多宝贵的灵修练习，在大多数情况下，练习应该循序渐进，在打好基础之后才能进入更高级别的练习。因此，入手时不要选择太高级别的练习，而是切合实际，选择适合于你当前状态的练习。这些练习能促使你的灵性不断深化、开放和成长。

练习应该给你**带来挑战**，同时也能**滋养**你的心灵。挑战在于：你需要改变已成惯性的无意识模式，通过练习来开发思想和心灵中的各种内在力量。其滋养则在于：体验美妙的、健康的、本质上极快乐的、赋予生命活力的灵性特质，包括接受灵性祝福、宽恕、爱、光明和狂喜。在平衡的练习中，挑战和滋养都很充分，并且能够被我们感知到。

如何来修习灵性？

了解了众多出色的灵修练习形式，现在，我们来区分三类常见的练习：**冥**

想、**观照**、**祈祷**或**神交**（communion）[①]。首先，我们来讨论冥想。人们对已有两千年实践的冥想进行了科学的研究，这些近期的科学研究证实了冥想所带来的众多收获♂[②]。这些收获包括冥想所带来的生理状态的改变（例如：加快新陈代谢、缓解疼痛）；心理和行为上的积极影响（包括认知、定力、脑生理机能和注意力的变化）；更高的主观体验（包括宁静、超感官经验和光明的梦境）。引人注目的是，经典的生物老化标志测量显示，冥想者比非冥想者在生理上更加年轻。而最重要的是，冥想被证实是能够大大加快各发展阶段成长速度的**唯一因素**！科学的结论很明确：**冥想很有用**。

冥想是什么？

冥想通常指再三收摄心神，专注于某个主要对象，这个对象可以是呼吸、咒语、神灵、美妙的感受，或者是心理意象。

冥想是人类的身心自然具备的功能。当你进行正确的冥想时，这个功能会自动发挥作用，迅速地（在最初三分钟以内）产生截然不同的心理－生理－逻辑状态，这种状态兼具**低**层次的生理激发（physical arousal）和**高**层次的心理警觉性（mental alertness）。

冥想时通常要挺直脊柱，采用放松的姿势或坐或跪在垫子、椅子或长凳上。每次冥想练习可以持续数分钟到数小时不等（常见的是：每天1–2次，每次20分钟）。

冥想传统通常不同于**定力**训练（增强为了保持全神贯注状态所必需的“专注能力”）和**觉性**练习（培养内在的空性，对于我们将专注力转移到广阔的精微

---

① 这几个词有着非常有趣的历史和某些重要的差异。例如，在中世纪基督教传统中，我们现今所说的冥想（指在静坐中练习清净觉性）被称为观照，而观照（在心中反观某个特定的主题）则被称为冥想。但在今天，冥想指的是在清净的主体（“我”）觉性中静坐，观照则是反观纯客体的第三者（“他／她／它”），祈祷和神交则指与神的彼此关系（“你”）。

② ♂迈克尔·墨菲、斯蒂芬·多诺万，《冥想的生理和心理影响：现代综合参考资料研究回顾》（抽象科学研究所，2004），www.noetic.org/research/medbiblio/index.htm。

状态和/或无相因果状态必不可少），这两个练习都能使我们脱离根深蒂固的散乱心（discursive mind）的束缚。

整合式冥想是利用AQAL框架来练习冥想的笼统说法。尽管冥想最终超越了任何心理状态，但传统认为“正见（right view）”或者恰当的认知框架对于正确阐释和理解冥想极为重要。你的观点越整合，较高状态的体验就越会加快你的成长，让你进入更高阶段，你的理解力也就随之更加全面而丰富。

当下的灵性

你和无限的灵性（永恒的诸法实相）之间没有任何的障碍。此时此刻，灵性完全安住于当下，完满无瑕，不曾远离你的觉性。你不需要做任何事情让它变得真实，只需要放松身心，安住于当下的觉悟之中。**你可以当下大悟**。如果这么做，你会发现自己已经安住于无量觉悟之中。这就是佛教禅宗“顿悟派”数个世纪以来始终宣扬的“当下顿悟”。

当下安住于无量觉悟之中是灵修的精髓。你可以马上自发地这么做，不管能够持续多久（尽管通常时间都极短）。这是人类已知的最高级和最高贵的练习：觉察即有的一切，并任运随缘，让万物呈现于自性当中。放松回到当下的觉性，事实上，这种觉性始终存在，你也始终安住于其中！每天重复很多次，直到它开始自然地发生，持续时间也越来越长！

这个简单教导真实而完满。但是，实际上，大多数练习者很难仅仅依靠顿悟派的“完美修习”来取得进步。顿悟以后，困惑会重新出现。觉察在变化，顿悟仅仅是个概念。如果没有“渐悟派”，顿悟派很容易变质成为“空谈派”，觉悟就会成为抽象的概念。从历史上看，练习者通常必须做更多事情——进行灵修练习。通常情况下，灵修的形式受到了这种最直接方法的影响。它包括在**每天的特定时间段**中安住于当下的觉悟之中，又名**坐禅**。

三面灵性

整合灵性涉及灵性的三个方面

- 第三人称的灵性（“**它**”）。你通常可以通过自然、神秘主义、哲学和**行动**来观照灵性，亦即存在的终极秘密、整个宇宙以及存在的根基，并影响它们。
- 第二人称的灵性（“**你**”或“**您**”）。你通常可以通过**祈祷**，来敞开灵性或存在的终极秘密，并与之**神交**。
- 第一人称的灵性（“**我**”）。你通常可以通过冥想，清醒地意识到：自我与灵性或存在的终极秘密是密不可分的。

终极真理远远超越所有观点，但它只能**通过**观点显现出来。每个观点都为我们的觉悟和成长提供了独特的养分。

在第三人称的观照中，你的眼睛、思想和感官都对存在的终极神秘保持着开放，你能察觉到细节和差异（例如，模式、能量、颜色、结构、自然空间轮廓、动物和其他生命体，甚至哲学中阐释的观点，以及对三面灵性的这种讨论）。在这种观照中，你往往可以通过丰富而奇妙的多个维度（粗重、精微和因果），觉察到灵性和宇宙的完满性。受到这种愿景的感召，人们通常会积极地**造福**他人，并促进灵性的成长。

常见例子：艺术、自然的神秘体验、哲学和神秘主义的观照、奉献。善行也能发生作用。

在第二人称的祈祷和神交中，你敞开心灵，与存在的终极秘密进行亲密的接触，让“**它**”变成“**您**”。你仿佛在直接面对上帝——你爱慕的终极对象。你能觉察到（不再逃避）终极意识。在这个过程中，你那感受丰富的心灵和灵魂不再无动于衷，漠然处之。你让自己接受造物的恩典和神秘护佑。敞开灵魂，你变得更深刻，并完全顺服于上帝。

常见的做法有：祈祷、发自内心对神的赞美、虔诚地赞颂、礼拜、各种仪式、奉爱瑜伽（bhakti yoga）等等。

瑜伽和灵性生活

随着观照、神交和觉醒越来越深，我们也越来越充分地与灵性相契合。只有当身体和心灵越来越少地阻碍无限能量和意识的自由流动之时，我们才能做到这点，因此，那些神秘修行始终和瑜伽有关。

有的瑜伽练习正如第六章所描述的，属于身体模块。然而，既然所有的模块都相互影响，三身练习中的瑜伽部份就不可能完全和灵性模块脱离开来。事实上，冥想是某些专注于生理和能量的瑜伽练习的主要练习方法，如昆达利尼瑜伽、实践瑜伽、音流瑜伽。记住：所有的内在状态都对应着外在的身体状态。顺理成章地，有些练习通过同时关注内在和外在特征，促使我们将**内外**融合起来，并发生改变。而且，即使是那些关注内在的人，如果能关注有助于内在转化的外在身体转化，也能取得最大的进步。

在第一人称的冥想中，你开始知道自己就是灵性自我（I of Spirit）。你放弃了对记忆、想法、感官和欲望的有限认同，清醒地意识到我就是此时此刻的真我。你完全清醒地活在当下，并融入当下之中，**成为**真我，和造物主的奥秘完全融合，不可分离，甚至超越所有的概念，进入和所有人（事）浑然融为一体的状态，这种状态有时名叫“实相”或“空性”。

常见例子：大心智（Big Mind）、内观、静坐禅、大圆满法、无分别三摩地、自然三摩地；所有无相禅修方法。

许多灵修练习**兼具**其中两个或多个修习观点。

别将婴儿倒掉……

灵性的这三个方面（或方式）是意识内在固有的东西，不过，它们也许始终没有被我们意识到。它们可能在任何神性层次中得到表达：魔法、神话、理性、多元世界观和整合层次。然而，在历史上，每个发展阶段都往往会强调或排斥灵性的某些方面。

魔法和神话灵性往往会排斥第一人称的灵性（上帝超越万物之上，尊崇而高贵，将堕落的人类同上帝混为一谈是罪恶的），它强调第二人称中的灵性（主啊，我向你祈祷），但往往只将灵性视为客观的神祇。

理性灵性往往会远离神秘神祇的第二人称灵性（我不再相信古老的、会干涉我们生活的神，因此，为什么要祈祷或担心我与灵性的关系呢）。相反，它强调同灵性和自然建立第三人称的关系（灵性是超验的力量或存在法则。我们可以利用科学来观想宇宙，以便更好地理解精神）。

多元灵性发现了自己同灵性的第一人称关系（我清醒地洞察到：我和灵性不可分离）。但是，它强烈地拒绝了理性和神话中的上帝（举行崇拜仪式的宗教太教条了，理性科学太简约、太有限了）。哎，所有人都没有经过严格的分辨就匆匆忙忙地接受了奇怪的第二人称和第三人称灵性！

整合灵性深刻地进入第一人称的灵性觉醒状态（我是灵性），同时深化第三人称的冥想和灵性练习（我洞察到第三人称灵性，并促使**它**的成长），也恢复了同灵性的第二人称交流（我转向你，万有之灵。我爱**你**，也被**你**所爱）。

重要见解：

摒弃神秘的上帝以后，许多整合练习者意识到：自己仅仅重视第一人称的觉醒，而遗弃了同灵性的第二人称关系！

整合灵性包括三个方面。如果你能恢复生动活泼的第二人称灵性生活，你的灵性完满度就可能成长到全新的高度。

探索灵性的三个方面：观照、神交和冥想的本质

此刻，我们将深入神性的三个方面的实际体验。下面的探索包括宇宙观照、

整合式神交、唤醒灵性，它们提供了整合灵修者可能拥有的经验类型的示例。当然，每条道路都会用自己独特的方式来阐释灵性，你的亲身练习也会产生独特的见解和认识（例如，基督徒体验的第二人称神交可能是他/她跟耶稣的关系，而佛教徒则会将第一人称的灵性觉醒阐释为证悟佛心），但不管这些名称有多么千差万别，整合练习至少都试图深化个人和灵性的这三个方面的关系。

观照第三人称的灵性：宇宙观照

在宇宙观照中，我们留意和感知整个无限广阔而神秘的宇宙：内在和外在，粗重、精微和因果。它囊括了所有的冥想练习，从自然神秘体验论到神秘主义哲学（包括许多整合哲学）。下文揭示了宇宙观照的过程，依次描述了灵性的粗重、精微和因果身体。

灵性的粗钝身体

我们的整体性存在既美丽又可怕，它充满逻辑和意义，但又无法完全理解。所以，人类只好用神和上帝之类的词来称呼它。因此，灵性被理解为既超越于万物之上，又存在于万物之中的东西。它完全超越任何经验，但同时又隐藏和显现在每一个经验碎片，以及令人惊叹的自然宇宙（粗重、精微和因果）的每一个粒子之中。

物理世界中也能找到灵性。我们能够在天空、太阳、月亮、星星和云朵中发现它的存在，在青草、大树、泥土、风中捕捉和感受到它的踪迹，在鸟和动物的歌声中听到它的声音，在所有生物的眼睛和身体里看到它的身影。此外，我们也在这些人类的行为中感受它的存在：人类的创造力和美妙的艺术品、科学和工业、人性的愚蠢和残忍、浅薄的乐趣，以及最出色的发明和最深刻思想。

好好沉思物理世界在时间中的变动吧。在时间发展的长河中，每个活着的生物都是自然地出现，成为灵性之体。大爆炸诞生了整个宇宙，创造出时间和空间，让万物得以成形，这包括宇宙所有的物质和能量，以及最终成为太阳、地球和月亮。数十亿年的发展以后，最初的物质凝结成为气候宜人的星球，变成孕育生命的美丽蓝色家园。经过数十亿年无法想象的大火之后，清澈的大海和活细胞相继神奇地诞生了；经过更长时间的进化，这些细胞成为了更复杂的细胞，然后是小动物；又过了数亿年，巨大、复杂而美丽的植物和动物群落出现了，经过更长的时间，它们成为了我们今天看到的植物和动物，包括我们这些有智慧的人类，所有的生物都在这个巨大奇异的统一群落中相互影响。这个生活网反映和显现了灵性的特质，这种特质孕育出了万物生灵。我们在周围的整个自然界中，在我们看见的任何东西中，都能察觉到灵性的存在。

灵性的精微能量身体

上帝不仅显现于整个世界的物质当中，也显现于灵性的能量体中。强有力的生命能量存在于所有生命体中，你可以在每个生命体中看到它的存在，它通过脉轮和经络扩散和流动，并闪耀着光彩。从这个角度看，即使日常生活中最单调的瞬间也能成为感受之光（feeling-light）的多维舞蹈。这种赋予自然界生命的活跃能量是广大、复杂而神秘的。

这种神圣的光辉在每种精微能量中折射出来，并呈现出很多细微的差别。最密集的能量束也许是我们感到的在身体中迅速流动的普拉那，它流过我们的脉轮和经络，通过皮肤向宇宙空间发射出去，就像照耀着四面八方的巨大光环；感受领域的能量更加精微，它包括所有好的或坏的感觉和情绪；思想领域更加精微，它包括每个日常的想法和美妙的较高直觉领悟力；最精微的是最美妙的超验之光，甜美并令人喜悦，比最睿智的思想更加伟大。我们的精微能量向外辐射出来，在头顶闪耀着纯净的光辉。

神性呈现为光明，我们可以有意识地融入神性之中。敞开自己的心扉，感受、呼吸并引导生命的力量（又名光、精微能量或圣灵）。我们可以将圣灵吸入身体中，沿着身体正面向下流动，在神性下降时感受到生命的富足、活力和存在。然后，我们呼气时感受到神性在身体的基部改变方向，沿着脊柱上升，向上到达甚至超过头部，我们能感受到幸福的自由，并被灿烂的光芒照亮整个身心。

完全寂静无言的灵性因果身体

除开灵性的粗重生理身体和精微能量身体之外，灵性还有着一个更广阔的维度：灵性的因果身体。因果身体是不变的、完整的、永恒的。人类生活的所有环境都会起伏生灭，正如我们的出生和死亡，但灵性依旧存在，它不增不减，坚如磐石，也不会消散或消亡。它既不是生成的，也不会死亡、衰老或变化。灵性就是终极真理，是隐藏在每种缘起体验之后的终极主体，也隐藏在每个缘起自我之后的大我中，每个自我之后的真我中，宇宙万物的自性中。

它无法被描述，始终是不变的、寂静的，在当下充分地将自己展现出来。宇宙中的万事万物都在它里面发生和消亡。在寂静无言的心灵产生光明、思想、感受和具体形象以前，它就**是**完美而富足的。在这种存在状态中，所有发生或消失的东西都是短暂无常的，但都能反映出实相。这种纯粹的神性**观照**着你和万事万物，事实上，它也体现在你和万物之中，存在于每个欲望和行动之中，但它的本质则是完全的寂静。在灵性的这种空寂本性中，所有的观点产生而又消亡。

与灵性的第二人称相遇：整合式神交

现在，我们转向存在的深不可测的奥秘，但这是深刻的悖论。这怎么可能呢？你怎么能面对终极者、无限者、全能者和无所不在者呢？

练习整合式神交时需要开放整个身体（粗重、精微和因果身体），用你和最亲密的爱人交流的方式来和存在的普遍奥秘交流，这包括放松身体、深情地呼吸、向被爱者袒露自己的情绪。

即使你从来没有考虑过，你同灵性的关系也必然是爱的关系。归根结底，灵性或上帝就**是**爱，那么，敞开心灵，亲自接触爱本身、接触在你和所有心灵中呈现出来的众心之心，这意味着什么呢？

在整合式神交中，我们敞开心扉，转向这种爱（灵性），转向存在于宇宙万物中的蓬勃生命。这种灵性为我们的每个行动和想法赋予了能量。

灵性难以理解，人类的语言难以形容其坚定、强烈和巨大。当你目睹到比人类思想和心灵所能遇到的事物都更重要、有力、严肃而庄严的东西之时，要让自己保持谦卑和清醒。

你能否让自己面对并亲密地感受那最不可想象的巨大而极度寂静的存在？你如何能移开眼神，不再凝视着它呢？倘若你这样做，你又会产生怎样的感受呢？

在整合式神交中，你敞开自己的呼吸和感受，以便和推动整个宇宙的能量交流。这是不可能的，但练习就是竭尽全力，尽可能充分地敞开心灵，感觉超出你界限之外的东西。练习就是面向灵性，向它深切地敞开心灵，减少大脑和心灵的自动防卫。

尽力无限地去感受，尽力拓展你的感受，使它变得无限。尽力吸入和呼出神性，面对灵性无限普遍的存在，向完全的寂静无言绝对开放。

这样的神交要求深深的谦卑，却让你保持崇高、活跃，并赋予你力量。它会影响你的感受、情绪、能量中心、思想、较高心理功能。在这种神交中，整个身体的能量通道都打开了，圣灵在其中流过。

袒露你的情感，让它亲密地与这种灵性交流。每个被爱者明亮的眼睛中都闪耀着这种灵性，无论他 / 她是你的爱人、孩子、父母、宠物还是镜子中的自己。你能够面对那种闪耀的上帝之光吗？你能够感受到曾经赋予你生命并在你死后将你重新召到身边的神圣者吗？

你要怎样努力，才能将自己向他敞开呢？他是你最亲密的朋友、母亲、父亲、至爱，也是唯一洞悉你内心并与你同在的人，你在生命的每个瞬间都与他紧密相连，即便在你对此毫无觉察之时。每天，你都在充满着灵性、爱和光明的大海中遨游。因此，将你的内心变得柔软，敞开生命，面对最智慧、忍耐、亲密而最伟大的朋友。你面对的这个朋友，曾经赋予了你生命，活在你的生命之中，并从最初就是你的本来面目。

面对掩藏在自我背后的真实本我吧，面对着凝望着你的双眼吧。那是消泯了所有希望、梦境、理想、爱人与个人身份的地方，这双眼睛就是从那里凝望着你。它无畏地凝望着你，毫不眨眼。它的目光如炬，明察秋毫，平静而公正，直直地凝视着你，洞察你的内心并完全穿透你。你能够面对这种始终无畏、纯粹寂静无言、清醒而无法被欺骗的存在吗?

灵性视野的无穷性和无限性是我们无法理解的。你只能在全然的敬畏、谦卑和顺服中才能瞥见完美而无限的神性，让自己感受到神的权能、威力、纯粹和意念。当你与绝对者真实相遇的时候，你的心灵将黯然失色，它会受到神性光辉的炙烤，并发生变化。

接受恩典

谦卑柔和

心怀敬畏

顺服神意

做到上述几点，自我的堡垒就会被削弱，此时此刻，你的整个存在都会向神圣的万有者、你最深的密友和所爱者敞开，进行神圣的交流。

唤醒第一人称的灵性

通过各种各样的无相冥想练习，我们的灵性可以直接觉醒，或者，我们与第二人称神交的体验不断深化，最终，你与上帝之间的所有界限都消失了。你甚至可以通过对万物充满喜悦的冥想，融入到他们之中，与他们完全合一。在上述任何情况下，你都可能开始觉察到某些神秘的感受：没有分离和分别，在你和以各种方式显现的灵性和光明之间不存在任何身份上的根本差异。小“我”溶解到无限的真我之中。

无论你如何到达这个目标，你都会发现：你就是它们的全部。这种广阔的、极复杂的、循环而充满活力的灵性状态，远远比你的身体和心灵更为广大，当它在你身上展现出来的时候，会无与伦比地完满和真实。这就是第一人称灵性的觉醒。

你就是活跃、觉醒而流动的光明。你就是生命力本身，这生命力在每个地点活跃着，每时每刻都从存在的根基涌出来，每时每刻都在生命中舞动，再回到那种无形无状的空寂状态。但在它的全部活力中，你当下所处的地方就是它的中心，就拥有最完满的光明，就能够与它产生最深刻的共鸣。你就是光，就是此时此刻最完美的光明。它存在于你身体的呼吸、眼睛的神采、思想和感受的光辉，以及生命的脉搏之中。

在每个细胞中，地神盖亚在此时最充分地感到她就是你。你是自然，是生命之网。你能感受到呼吸的韵律和起伏，听到和感受到远古海洋的脉搏。你不再是孤立的，而是与万物密不可分的。

最深地认识自己的真实面目，这个“我”在每个时刻都在出生和死亡，灵性的身体反复诞生，就像小草、大树、蚂蚁和大象那样生而复死。你是神秘之躯，宇宙经过大爆炸以后以无穷无尽的形式呈现出来，此刻，你听到这些话时的身体就属于其中。

你是全体。但更重要的是，皮囊下面的真我，自我后面的本我，才是真实的觉性，万事都发生在它的里面。你的内在世界是身心活动发生的空间，同时也是大爆炸发生的空间。

留意这页书的内容以及你身边的其他物体，留意你的身体感觉。

注意：你不是这些景象、声音或者感觉，它们都是你真如觉性的感知对象。

现在，留意你的感觉、观点、记忆、欲望、自我认同……

这些都是你的觉性（它才是你的真正面目）的对象。你不是感觉、观点、记忆和欲望，甚至不是你的自我认同感，它们都是这个觉性的对象。

你是观照它们的观照者、感受它们的感受者、倾听它们的倾听者。你这个观照者同遍知遍觉的观照者没有区别，也无法分开。你就是观照者，就是自我后面的本我，我和每个人中的真我。你是空的、自由的，而且始终如此。

你从未变化过，始终都是你，始终都是完全静寂无言、完全敞开、无限深刻的。你是出生以前和超越所有死亡的终极深渊。

你的思想、身体和所有人格，以及个性的缺陷都是你的觉性（即你的真实面目）的影像。所有这些都是真实而必不可少的，值得你的尊重。但是不要忘记：对于最深层次的你来说，这都是肤浅的。在最深刻的意义上，你远远不止这些，远远超过这些。你的真我始终是宇宙的中心、广大无边。真的！

不要想象你正在寻找或找到或忘记自己的本来面目，因为你始终都是这个真我。

人际关系中的灵性

灵性团体

灵性模块的多数练习都是需要单独进行的冥想练习，但灵修团体仍然在灵修中起着重要作用，礼拜或者修习团体可以增加练习的丰富程度和参与者的投入程度。例如，与朋友共同坚持练习会比较容易。我们必须承认：独自练习可能很困难。在灵性团体内练习能提供可靠而有利的互助网络。团体帮助你坚持自己的承诺，你也帮助别人做到这点。

通过了解团体中的其他观点，你能更明智地分辨自身的灵性发展问题。很多情况下，团体可能比你更能注意到你的变化。团体内分享的经验比单独的经验能更强烈地影响你心灵的成长，因为这些经验已经经过他人的确认，是真实有效的。可靠朋友的反馈意见能使你获得重要觉悟，而这对你认识到自己如何成长是必不可少的。有时候我们的确发生了变化，但只有当我们**在团体环境中**体验自己的新生活方式时，我们才能感觉到完全真实和可信的变化。

由于上面这些以及更多理由，灵性团体常常对参与者的生活会产生强烈的影响。如果参与者很健康，团体就可以自然地展现出它的伟大价值。有时候团体不健康就会产生负面的影响，这时团体可能会陷入狂热的崇拜当中，个人领袖或者整个团体会滥用其灵性影响力。记住，即使在最好的环境下，参加灵性团体也有利有弊。团体生活的动力既能丰富你的练习和成长，同时也能使你分心。团体并不是觉醒的必要条件，但上千年以来，很多人都发现团体很重要。

健康的团体能够丰富每个成员的生活和练习。修行者有可能从导师的关注中获益，此外，他们也常常通过非正式地分享生活更好地向其他人学习。有些团体特别紧张，甚至要耗去你的全部精力；有的团体较为闲逸，更加放松和随意。团体有封闭或开放之分。有时候人们通过研讨会、工作坊或者不间断的小组，来形成修习团体，持续练习 1 个周末、1 周、1 个月或 1 年不等。另外有些团体会持续几十年。

加入或者参与会众、僧团或其他修习团体，至少可以在某段时期以内丰富和磨砺你的练习。参与修习团体本身就是强有力的灵性修行。在团体中，我们可以包容和关心他人，也被他人关心和包容，我们背叛同时被背叛，忏悔也接受他人的忏悔，宽恕同时也被宽恕。我们在练习、奉献和清醒的时候，观察他人也被他人观察。

团体生活不能代替个人冥想或直接的神秘觉醒，但它是帮助、容纳、映射和磨炼个体灵修的基础。正确地理解并参与到灵修团体以后，它就可以成为 ILP 灵性模块的极丰富的练习场所。只要团体积极超越基督教冥想中的“虚假自我”（包括团体自我感觉），只要团体成员在更高、更有包容性的和谐中彼此产生共鸣，灵修团体就可以提高成员的意识。

整合式虔诚

整合生活练习自然地扎根于于仁慈、关心和同情的，甚至爱和狂喜的体验之中。几乎每种灵性传统都包括：察觉精微身体能量及感受的瑜伽练习、崇拜仪式、充满爱意的祈祷。它们是完整的整合式灵性生活的活跃成分。

事实上，通过唤起身心觉醒的众多基本特性，虔诚会自然而然地**整合**整个练习，如：

· 感受：通过内心感受来消除身心的界限，以及意识与感觉的界限。
· 呼吸：有意识地呼吸可以让身心和谐，吸气时感觉到接纳新生命，呼气时感觉吐出旧生命。
· 头、心脏和丹田：不断引导更多生命能量通过头、心脏和丹田，让身心变得开放、强壮、灵活、充满活力、丰富完整。

这些练习都会产生效果，但我们不需要努力地进行系统练习。如果我们的身心全部都充满爱，并清醒而深情地生活，我们就可以带来这些自然和自发的结果。

向虔诚开放

你不能机械地进行虔诚练习，就像做俯卧撑那样。虔敬要求真诚，真诚的虔敬之心需要跨越门槛：你必须爱上存在本身（它可能是上帝、灵性、实相、存在的奥秘，或者是恩典的源头）。在跨越这个门槛之前，虔诚的努力往往会具备轻微的强迫感或自我放纵感。

传统上，跨越这道门槛要求忏悔，忏悔通常是接受恩典的前提。英语中“忏悔”等于新约中的希腊单词 *metanoia*（字面意思是“心灵和思想的改变”），希伯来旧约中的 *teshuvah*（字面意思是“在 U 形拐弯处转身”）、阿拉伯古兰经单词 *tawbah*（字面意思是“面向神圣之源”）。印度教教徒也“听见”上帝的真道，佛教徒知道生命本苦，并“求助于佛、法、僧”。每种宗教中都必须有某种自我理解，以及由灵性激发出来的新献身精神。

从超越理性的角度来看，我们可以将忏悔理解为**领悟**和**献身**。

你会同时具有两种洞见：（1）理解自私是没有出路的，（2）注意和觉悟到造物的超越性、神圣性，以及祂带给我们的仁慈和恩典。

具备这些洞见以后，你就能明显地意识到：意识生活的每个瞬间，特别是当下这个瞬间，都是深刻而美妙的礼物。衷心理解这点以后，内心就会自然而真诚地敞开。这种感恩是油然而生的，而且是充满个性的。这显然是合情合理的感受，而**缺乏感恩**则不是。

这种清醒的认识会让你努力去做正确的事情，并觉得有责任这样做。伴随着这种油然而生的超理性虔诚感，你自然会乐意付出自己。这时，同恩典的源头交谈并不是义务，而是个人感受的自然流露。这显然是美好而真诚的事情!

整合式有神论?

在灵性发展的所有阶段，我们都能自由地热爱上帝，并崇拜上帝。无论我们的灵性发展到什么状态，我们都不必压抑油然而生的虔诚冲动。人类的神经系统精巧复杂，能够与外界发生联系，从狩猎和采集的部落群居时代以来，我们就不断进化着，神经结构被塑造得能够与他人进行交流。在人际关系中，我们可以最充分地提高自身的能力。因此，有神论者真诚而强烈的灵性生活让我们能生动地意识到个人与灵性的真实关系，它们最丰富而自然地体现出我们真正的整合式灵性。

随着灵性的发展，它超越了对客体化的神秘创世主的“信仰”。人们有时认为，整合式灵性超越了有神论，达到了超泛神论的高度，后者认为神普遍存在于世界之中又超越于世界之上。最终，整合式灵性超越和包括了万物，这表示它超越旧有的人 - 神关系，将各种人 - 神关系经过改造以后**重新囊括**了它们，从而使人 - 神关系变得更完满、丰富、亲密而深刻。因此，整合式超泛神论的自由表达包含着更高形式的**有神论**神秘主义。

如果宗教假定人与上帝（或多个上帝）存在着联系，它就是有神论的。当我们清醒地超越上帝的神话概念时，我们对客体化上帝的“信仰”就消失了。然而，在此时，人们常常同时会失去虔诚感。

当我们超越魔法和神话式思考时，我们不会必然丧失掉虔诚感，相反，我们仍然有可能进行更高层次的虔诚练习，将上帝当做我们的最爱，甚至可以视为超越任何观点的抽象奥秘。当我们沿着发展的阶梯向上攀登时，这种认识就会自然产生。

虔诚的阶段

有神论的神秘主义同上帝建立了某种关系。这种终极的亲近感就像任何其他关系那样，会以戏剧般的方式展现出来。神秘主义者用无数种方式讲述这种有关终极关系的故事，所有这些故事描述了人类内心的热情如何在生与死的挣扎中觉醒和释放出来，和终极所爱者彼此相融。

很多故事都包括如下内容：

1. **无知**。个体最初对神毫无意识，缺乏幸福，或者处入危机之中，愚蠢无知。
2. **焦虑**。个体不满意、意识到痛苦、天谴或者同神的疏远。
3. **领悟**。内心和思想发生**转变**、忏悔、认识，觉察到痛苦和逃避，决心并愿意超越习惯并进行自我超越练习。有时候这种领悟表现为“皈依”某种宗教及其教主。
4. **顺服**。内心开放，接受自身与精神及万物的爱的关系，虔诚和奉献的生命由此开始，发现恩典（神的福佑之力）。有些时候，它被称为**救赎**。通过顺服和谦卑可以锻炼意志，忍受痛苦，不再执着于个体的自我，而是超越自我，以弟子或门徒的身份躬身践行。
5. **转变**。接着通常是持续几年甚至几十年的痛苦考验，它开始于世俗生活的净化，然后感受到精微体验的全部变化，洞察这些变化并净化它们。这甚至包括超越光明或狂喜体验，转化空寂的“因果之夜”[①]。
6. **理解**。此时发生了重要的转化，包括从人生幻梦中觉醒。这是灵性的实

---

① 也叫“灵魂的暗夜”，见 012 页脚注。

现，有时叫“开悟”。

7. **融合**。更高的灵性生活从这个点开始，包括崇拜和接纳神圣的被爱者，奉献于神圣的被爱者，觉醒后成为神圣的被爱者，并且看到：所有人和事物中都存在着神圣的被爱者，并可以成为神圣的被爱者。

更高灵性生活中可以通过重复第2–6阶段，在不同程度上深化第7阶段。

有很多关于这种非同寻常的浪漫之爱的近似描述，其中最权威的是艾伦·安德希尔描述的神秘基督主义、普遍主义（Universalist）或神智学道路。她的模型从灵性的**觉醒**开始（类似于上面1–4阶段），然后继续通过第5阶段向上进入**净化**阶段，特别是身体、激情和习惯的净化，然后不断提高的精微体验**照亮**了各种不同“站点”或“内在堡垒”，随后她描述了所有精微的光明或恩典体验都消失掉的“因果之夜”，在历经这些道路之后，它最终与上帝完全融合，合为一体。

此外，还有个著名的灵性成长的故事，这就是“英雄之旅”。英雄需要经历很多重大的事件，包括在冥界同命运的斗争，然后回到光明中，了解并获得自己真正的遗产。

这些普遍的戏剧化过程都包含有激情、渴望、斗争、挫折和狂喜。这条道路充满魅力，激动人心，热情激昂而又充满了人性。它激励着你的内心和想象，从而鼓舞起人类最强大的动力。这是所有伟大的一神论宗教的成就者和圣人所走过的道路。它非常有力、深刻而又丰富，深深地激发了人类天性的高贵、温柔、热情和反思能力。但即便如此，它也经历到粗重、精微、因果和不二状态的所有可能性。

整合式灵性超越并包括了所有这些观点。我们对非二元论的真正精髓所做出的看似自相矛盾的理解，却为所有可能的二元论创造了空间，并将它们（包括同神圣被爱者之间极神秘的浪漫之爱）看作超越所有事件和变化的灵性实相的光辉流露。

这样才会有领悟、忏悔和练习。我们可以与神圣者相爱、交流并深化这种神秘的联合。我们可能会经受痛苦的分离之夜，接受考验，灵性不断深化，并为更深刻的认识做好准备。

我们可以在自己的生命中创造最动人的故事，而**不**局限于对它们的无意识认同。我们的观点越整合，我们就越能够获得生命与觉醒所带来的财富，领悟其中的奥秘。

超越理性的虔诚

传统的虔诚向上帝敞开心扉，将生活看作完全的恩典，内在生活也因为顺服和感恩而发生改变。这条直接而吸引人的道路，能产生深刻的协同作用。然而，无论古代的修行方法多么有效，能带来多大的改变，它们却往往将修行者限制于固定的、刻板的或者充满限制性的信仰和思想框架中。我们有可能超越这种缺陷而同时不丧失掉灵性吗？我们能够既拥有缜密的分辨能力，又同神圣的恩典建立内在的联系吗？

我们可以响亮地回答：**能**！如果虔诚超越了神秘的信仰，它就变得**更加强大**，而不是更加脆弱。与前理性的虔诚相比较，超越理性的虔诚展现出了深深地获得解脱的意识，因此能更有效地**解放**心灵。基督教徒、犹太教徒、印度教徒、佛教徒、穆斯林、萨满教徒和许多其他教徒都修习过超理性的虔诚，当整合式练习成熟之时，我们会自然地流露出超理性的虔诚（通常采用拥护传统的形式），而且完全能够和 ILP 共存。

西藏佛教传统中，最高级的练习（金刚乘）牢固地扎根于非二元论的真如实相中，通过娴熟的密宗方法来修习生活的所有相关方面（轮回），包括情绪、性爱、想象、艺术和许多精微瑜伽，为更高的觉醒服务。整合练习的最高表达形式，类似于自由地欣然接受生活的所有酸甜苦辣，此时，爱或虔诚是全部生活的核心。

我们崇拜的对象和崇拜仪式，可以是雕像、画像、图片、祭坛、香、蜡烛、歌唱和祈祷。我们可以睿智地、谨慎地、大方地利用这些对象，而不是漫不经心地、幼稚地、盲目地加以利用。它们不同于前现代形而上学的虔诚形式。整合式虔诚练习可以有效地促使我们投入到丰富的信仰生活中去。

超越理性的后形而上学虔诚的鲜明特征就是：不将形而上学的信仰作为虔诚的基础。我们不需要考虑或相信别人对上帝和宇宙的真实本性、结构或概念所做的声明，整合式修行者仅仅关注具备真凭实据的事物：练习。我们直接关注的事情是：当我们履行了虔诚练习的要求，回应了灵性最深处的内在召唤的时候，会发生什么事情。

随着时间的发展，许多人观察到：当我们怀着主动、开放、真诚的觉知之时，我们的身心就更加健康，具有更多的智慧。练习（和“信仰”完全不同）往往会促进意识的深化、开放和成长，为我们带来爱与觉醒。

借助于虔诚将生命练习整合起来

这种超越理性的虔诚不能**代替**头脑中的智力或丹田中的活力。虔诚起到的作用是：将头脑、内心和丹田联合起来，促进它们的成长。这是和瞬间体验建立关系的最有效方式。虔诚的练习者体验到，生命本身值得我们深深地感恩，它广阔、美妙而又令人敬畏。正是这种体验使我们具有智慧、创造性和广阔的胸襟。

想想那种无限的、充满四面八方的爱，这种爱并不仅仅是对某个具体的可爱之人或物的爱，而是爱本身，是爱之为爱的东西。在爱中，内心开放，身体呼吸，接受和释放普遍的精微生命能量，并同这种能量**自然地**交流。身体各处的紧张，无论是粗重的还是精微的，往往都会放松和开放。这种状态下为他人服务是自然而然且令人愉快的事情，你的觉性也会增强。某些有意识的练习者会在爱中为他人服务，感受到生命能量的循环，并且真诚而有规律地冥想，他们能够很好地觉察到这些能量的寂静无言的内心来源。深刻的神交可以轻易地消除所有的界限。

虔诚是润滑剂，它能让我们释放出更多能量并具备更多的专注力，这样，精微身体就变得更加和谐了。虔诚不仅促使我们敞开内心，生活中真诚地为他人服务，同时，它也增加了我们毫无障碍地引导觉察能量的能力，甚至促进了高级的无相因果和不二觉性状态的体验。

虔诚是极其睿智而愉悦的整合练习，能帮助你整合身体、心智和灵性。充满爱心的虔诚精神涉及整合式生活练习的各个方面。

整合式冥想练习

冥想：让灵性变得真实

静坐练习是大多数灵修练习（无论是观照、祈祷 / 神交或冥想）的基础。这些练习（当然包括祈祷和观照，但通常统称为“冥想”）有四个显著的共同要素：

1. 舒适健康的静坐**姿势**。
2. **基本的定力**和保持专注的基本能力。
3. 开放、认真和好奇的**健康态度**。
4. 有**规律的每日静坐练习**。

在学习具体的冥想练习以前，我们先来了解冥想中这四个普遍规则：

1. 冥想姿势

舒适地坐在椅子上，也可以坐在地面的垫子上。任何标准姿势都可以：在椅子上坐直、莲花式、半莲花式、轻松的姿势，或松散地交叉双腿、跪坐。

有两点很重要：髋部高于膝盖，脊背挺直，坐骨和会阴牢牢地支持脊柱。

后背挺直，自然形成微微的S形曲线，仿佛有细线通过脊柱，然后向上穿过头部，到达空中，而细线并没有绷紧或拉直。刚开始时可以花片刻时间舒适地伸展背部，扩张胸部和肩膀，然后放松身体。让重心位于小腹，腹部和肩膀放松，胸部张开。不要懒懒散散地坐着，身体坐直可以提神。

手掌放在大腿上，手掌张开，掌心朝上或向下均可，或者采用禅宗打坐的坐姿，将两手交叠起来，右手背压住左手心，两拇指尖轻微接触，舒适地放在小腹上。

用鼻子呼吸，呼吸应该自然而轻松，吸气时让空气进入小腹，感觉小腹膨胀，然后自然收缩。

舌头放松，轻抵上颚。

下颏微收，让头部略向下倾，同时，让那根想象中的细线沿着挺直的脊柱，向上穿过头顶到达空中。你的身体应该完全放松。冥想练习并不必然意味着疼痛，对很多人来说，某种痛疼是不可避免的，但学习忍受不适感也很有价值。

眼睛闭上或者微微睁开，“微闭的眼神”使你更不容易睡着。每种方式都有其优点，因此，你也可以尝试选择最适合自己的方式。

[图7.2] 莲花式冥想姿势

[图7.3] 半莲花式冥想姿势

［图 7.4］正坐式冥想姿势

这些建议很有用，但不要为此花费太多精力。首要的原则是：适当地关注坐姿，让它不分散注意力即可。

2. 定力

定力包括训练心理集中能力。相当稳定的注意力可以打开许多扇冥想练习的大门。我们常常向初学者强调定力练习，但它其实对每个人都很重要。大多数有经验的冥想者发现，有规律地进行基础练习可以强化我们的灵修效果，帮助我们增强这些至关重要的内在力量。

我们可以专注于某种境界或事物（one-pointed），并在分心时迅速收摄心神。这种练习相对较困难，但它能够增强这些内在力量。传统的冥想者往往会花上很多小时或很多天，培养这种始终心无旁骛地专注于某种境界（或事物）的能力。ILP 并不要求这样，但基本的定力仍然是宝贵的，我们可以用很多方式加以练习，特别是运用数息法。我们会在后面做更详细的讨论（可以直接翻到 214 页）。

3. 对你选择的冥想方法抱着健康的心态

尽管冥想练习千差万别，有几个法则仍然是普遍适用的。

实修。冥想需要有意识地运用注意力。留意冥想的对象，无论它是呼吸、咒语、虔诚感还是想象。（如果你冥想时没有任何对象，可以将注意力放到无相观照中。注意，无相观照并不同于冥顽不觉，因为你仍然完全安住于当下）尽可能直接和真切地留心这种训练。

向它开放。冥想就是关注当下的无限可能性。每次你收摄心神，关注自己的练习时，你当下就做到了冥想。向当下的奇妙感受敞开心扉，允许自己每时每刻都拥有轻松的好奇心，并感到奇迹可能就会发生。冥想中的每个时刻都是（或至少可能是）新鲜而活跃的，而不是像原来那样，毫无任何改变。

不评判。冥想不是测试或比赛。过分努力和用功只会妨碍你的练习，责备自己只会让你放慢速度。冥想是简单的专注行为，正确的冥想可以克服神经质般的自我关注。冥想不是**反抗**心智容易散乱的倾向，而是让注意力做**其他事情**。你只需收摄心神，让它回到练习上。

持续练习。冥想初学者可能发现自己不再关注呼吸，想着其他事情或做着白日梦。这不是问题，是练习中的正常现象。当你觉察到自己分心以后，仅仅需要遵从你的冥想意愿。重新摄神专注于呼吸（或者你选择的冥想对象），这其实就是在继续练习。不要担心练习的进展，只需要信任这个过程，真诚地用功，不断消除生起的任何期待。

觉醒和喜乐。所有有效的冥想练习都有共同之处：每次练习都会赐予我们唤醒、增强、加深、放松或者锻炼觉察力的新机会。质朴或“初心（beginner mind）”是毫无阻碍地了解每种技巧的必要条件，而我们的活力、欣悦、好奇和喜乐都能使之得到增强。通过必不可少的、宁静而睿智的**轻松体验**（playfulness），我们的**觉性**逐渐增强。

自然。冥想是人类身心天然具备的能力，任何想要冥想的人都可以完成冥想。大多数人能够在五分钟内达到**生理上不同于**清醒、做梦和深度睡眠（无梦）的基本冥想状态。在这种警觉而放松的状态下，和睡眠相比，人们的耗氧量大为减少，肌肉也充分放松。

4. 有规律地打坐

我们需要长时间有规律地练习，才能够获得冥想的最大益处。但很多人难以坚持每天都进行有规律的练习，你如何开始冥想，如何坚持下去?

在最初时，你需要立下誓愿，坚持进行冥想。缺乏誓愿的冥想当然很好，但是，你要知道，自己很可能不会坚持下去，所以，你要有规律地进行静坐，直到你决心真切地立下练习的誓愿。等到你清楚地知道自己想要开始冥想，实践这个誓愿就很重要。刚开始可以做的事情是：创造有利于静坐的**时间**和**场所**。

通常，准备好冥想的地方很有帮助。你可能需要做些事情，不管它们有多么简单（仅仅整理或清扫最近的地方就够了），你都需要确保自己在静坐时感受良好。这属于冥想体验的右下象限的事情。

然后，留出冥想的时间。刚开始时，通常建议每天练习 1–2 次，每次 20 分钟。最好在每天的同一时间冥想，确保你在冥想期间不会受到打扰。注意，用表或其他计时设备计时。

许多人发现，当他们采用对自己有意义的某种仪式（阅读、祈祷、点蜡烛或燃香等）作为冥想的前奏时，他们可以营造好的冥想氛围，使此后的冥想更加愉悦。有些人则认为越简效果越好。但不管怎么样，只要坐着冥想就很好!

开始冥想时要轻缓柔和。坐下，调整姿势，放松，收摄心神，专注于当下的练习，在整个冥想过程中认真地练习。然后，在冥想结束时，花 1 分钟时间，稍微活动身体，然后缓慢地起身，继续回到日常生活。

尽量每天都冥想，如果某天或某周没有冥想，也不用担心，重新开始就好。如果没有时间进行常规的完整练习，你可以缩短冥想时间，但无论如何都得冥想。本书中有些**一分钟模块的**冥想练习。不管遇到什么干扰，或者干扰多久，都将它视为冥想过程中的杂念。此时要原谅自己，尊重自己冥想的意愿，并重新回到练习中去。

练习的动力增强以后，你可以延长冥想时间。严肃的冥想者通常每次静坐1个或数个小时，很多人每天冥想两次，有些人甚至闭关修行很多天或很多周，整天都在冥想。你应该将更长时间的冥想视为良机，而不是繁重的义务。

不过，重要的不是延长静坐时间，而是你与灵性的关系应该日益活跃、成长并不断深化，融入其中。你可以通过观照、神交和冥想来修习这种关系，有规律地完善和改进练习的内容。无论练习时间长短，在所有的冥想过程内，都要不断地重新发现你和灵性之间活跃的动态关系，并深化这种关系，让它改变你的整个生活。

冥想练习

冥想有很多种方式。西方应用最广泛的冥想练习是超觉静坐（TM）、正念禅修，打坐参禅和慈心禅。TM源于古印度吠陀教的练习方法，练习时使用咒语（类似于本书的持咒禅修）。正念禅修培养开放的觉性和对各种体验无碍、直接而完全的触受。这是上座部和西藏佛教禅修的基础。而打坐参禅或者静坐禅（shikan taza）是日本佛教练习的精华。这些佛教传统都紧摄心念，安住于当下，在当下觉性中意识到各种念头都是空寂无相的，这极其类似于此处介绍的基本呼吸冥想练习和整合式探究（Integral Inquiry）。慈心禅包括不断地放松并敞开心灵，类似于我们三面灵性（我们将在下文加以介绍）等整合式虔诚的练习。

下面介绍五种冥想练习：

1. **基本呼吸冥想**。这种方式可以增强定力，同时享受冥想练习所带来的清净和明觉（clarity）。
2. **“我是”持咒冥想**。这种金星练习在完全整合的环境中运用了TM和其他持咒冥想的古老方法，适用于所有人，无论是初学者，还是高级修行者。

3. 整合式探究（无相觉察）。这种金星练习持续地专注于无相觉性。它包含有数个练习阶段，因此适用于任何人。它也有一分钟模块。

4. 三面灵性（有相冥想）。它基于整合意识的深刻含义，具有三种金星练习：灵性**观照**、灵性**神交**和灵性**觉醒**。通过简单的默照禅、分步观想和一分钟模块，我们就能练习灵性的这三个方面。

5. 自他互换（有相冥想）。做这个金星练习时，想象你在每次呼吸中将自己无私地布施给了整个世界，最终消除了自我和他人的区别，和世界融为一体。它也有一分钟模块练习。

基本呼吸冥想

呼吸冥想可能是最常见的冥想练习。

我们始终在呼吸，每个当下都在呼吸。整个身体在呼吸时，始终渴望着完全放松，并怀着完全的觉性。

对初学者来说，开始有规律地进行冥想练习是清晰、直接而简单的办法，这对于更高级的冥想者来说仍然合适，甚至即使是那些高级修行者也常常能从温习、巩固和深化基础练习中获得好处。每次回头练习的时候，你都能达到新的深度，提高练习水平。

呼吸冥想同时极完美地练习了两种冥想能力：**专注力**和**开放意识**（open consciousness）。定力训练心灵的专注力和稳定性，开放意识则将这种专注力扩大和应用到每个当下的生活境遇之中。因此，呼吸冥想介于无相和有相冥想之间。这种冥想形式能稳定地融入到**无相**冥想中，有助于提高定力，与此同时，它使得心灵在当下的触受中变得越来越开放。

基本呼吸冥想的练习方法：

1. 静坐，挺直脊柱，自然地呼吸。

2. 专注于当下，呼吸，安静地数算呼吸的次数。数息时，首次吸气时数“一”，首次呼气时数“二”。

a. 吸气数“一”

b. 呼气数“二”

c. 吸气数“三”，依此类推。

3. 数到“十”之后重新开始。

4. 让心灵安住于吸气和呼气的间隙，特别留意每次呼吸之间的寂静。

5. 如果心灵开始散漫，重新开始数“一”，并继续数息。制定有趣而略有挑战性的方法。你可以这样做：

a. 只在记不清数目时重新开始数“一”。

b. 如果发现自己特别喜欢一心多用（比如可以在计数的同时做白日梦），可以制定较高标准，任何时候，当杂念涌起，你无法专注于呼吸和数数时，都要想法重新回到“一”。

c. 产生**任何**念头时都要回到“一”，即使这个念头没有干扰你数息，也要这样做。

简单总结

心灵跟随呼吸。

数每次呼吸。

让心灵安住于入息和出息之间。

如果走神就回到“一”。

呼吸冥想总是专注于当下

每次呼吸和数数都让注意力回到什么上去？

当下——**现在**。这种练习取决于你和当下的关系。完全地、有意识地安住于当下意味着什么呢？你如何能够“安住于当下”？

每次新的呼吸，都是向当下敞开心灵的新机会。在当下的每个瞬间，你可以有意识地听任事情发生，享受内在空间的拓展，以及油然而生的轻松感。

数数时，每个呼吸和数字都不是数据。它只是在提醒你，它只是这个变化不息的当下瞬间的别称。因此，这些数字未必是枯燥的、抽象的、死板的和机械的。

将每个数字视为无限活跃的“当下”的别称，你可以在其中发现全部的喜乐、奥秘，灵性和神圣性。

在无限深刻的当下，觉性能够放松和开放，以后，它可以学会深层地开放，并日渐感受到变化不息的当下体验那丰富的特征和无限的深刻性。

喜悦地感受这个过程才是关键要素。练习时，注意自己在冥想和数息时有哪些愉快的感受，又是什么使练习成为了无趣的义务。

你会走神，没关系！

当你察觉到自己在冥想中杂念纷飞的时候，就重新专注于呼吸并在吸气时数“一”。

开小差是不可避免的，是冥想过程的自然现象，而不是“错误”或问题。继续练习，你的专注力就会提高。这是好事，它使更深的练习成为可能。但你的心理状态始终在变化，每个人都会经历定力起伏波动的阶段。心念散乱不是冥想的问题或障碍。

别忘了：自我谴责和内在冲突比分心更能干扰你的冥想。如果你发现自己正在自我谴责，就柔和地接纳自己，这是将它弱化到最低限度的最佳方式，然后再回到练习上来。

如果你意识到自己在开小差，就遵从自己的冥想愿望，重新专注于练习。走神完全没有关系。事实上，这都是冥想中的自然现象。坚持不懈不仅仅意味着谦卑，也意味着明智和心志高远。重新开始数“一”，专注于呼吸；回到当下瞬间的无限、神秘而又不可思议的奥秘上来。

“我是”引导冥想

这种引导禅让你接触到内观意识的核心，你的本来觉性、简单存在感或“真我”本身。

留意你当下的觉性。留意心灵中生起的意象和想法、身体的感受和觉知、房间或环境中的无数物体，这些东西都会在你的觉性中生起。

现在想想五分钟之前你在觉察什么。多数想法已经改变，多数身体感觉已经改变，大部分环境也已经改变，但有些东西仍然保持不变，你内心的某些东西和五分钟前一样。这是些什么东西呢？

存在本身的感觉－觉知，以及你的最本质的真我，在当下仍然存在。你是那个常存的真我，这个真我存在于当下，存在于瞬间以前，也存在于一分钟或五分钟以前。

什么东西在五小时以前就存在呢？

它就是真我。真我感会持续存在，它会认识自己、了解自己，确认自己。它现在存在，五小时之前也存在。你的所有想法和身体感觉都改变了，环境也改变或至少略有改变，但真我始终存在，灿烂、广阔、空寂、清晰、空灵、透明而且自由。改变的是客体，而不是无相的真我。这个明显而临在的真我在当下的存在，与五小时之前的毫无差别。

什么东西在五年以前就存在呢？

依然是真我。许多事物来而复往，许多感觉起伏不停，许多想法生灭不息，许多戏剧性事件和恐怖事件、爱恨情仇都会发生、持续然后消失。但有个东西既未发生，也未消失。它是什么呢？五年前和现在都存在于你当下觉性中的东西是什么呢？它是无限而常存的真我。

什么东西在五个世纪以前就存在呢？

那个始终存在的东西还是真我。每个人都能感觉到这个真我，它既不是身体，也不是想法、物体或环境，它自身不可见，但却是始终存在的观照者，始终是开放而空寂的观照者，观照着发生的任何事情。在任何人、事物、地点、时间中，在所有的世界中，直到时光的尽头，这个自明而当下的真我始终存在，并且唯有它如此。除此以外，你还会知道别的什么呢？任何人还可能知道别的什么呢？只有而且始终只有这个明亮的、自知、自觉、自我超越的真我，存在于现在，存在于五分钟以前，存在于五小时以及五个世纪以前。

什么东西在五千年以前就存在呢？

在亚伯拉罕之前，我就如是。在宇宙形成前，我就如是。在你决定进入此世的轮回，迷失于纷繁的红尘万象之前，这就是你的本来面目，父母出生之前的面目，宇宙诞生以前的面目，你始终拥有的面目。

你不必假装并不知道或感觉不到自己的真我。

这个真我会终结轮回之梦。无数个念头转瞬即逝，无数种感受来而复去，无数个事物生灭不止。但有个伟大的不生不灭者始终存在。它从不进入或离开时间之流，它是超越时间的纯粹存在，在永恒之河中流动。它就是这个伟大、自明、自我认识、自我确认、自我解脱的真我。

在亚伯拉罕之前，我就如是。

真我就是**第一人称的灵性**，是终极的、崇高的、灿烂的宇宙之我，万法都由这个真我而生。它存在于你、我、我们、他、她、他们和所有人中，我们每个人都能感觉到这个真我。

在所有已知的宇宙中，真我是唯一的。

始终安住于真我之中，并在当下如实地感受这个真我。它就是不生不灭的灵性本身，它在你身上闪耀，也是你本人。此外，也要意识到：你的自我身份，亦即始终安住在万物根基中的这个或那个物体，这个或那个自我，这个或那个事物，其实就是这个伟大和完全自明的真我。然后，你应该起身，在这个真我所创造的宇宙中继续生活。

（这个冥想练习之后，在对你本人的真我有了非常深刻的了解之后，你就可以选择用两个简单词语来修持简单的持咒冥想。）

金星练习
“我是”持咒冥想

（学习这个冥想之前，参照 216 页的“我是”引导冥想，思考“我是”的核心是什么。）

采用舒适的坐姿坐下，挺直身体，让自己平静下来。使用“我是”或“Ayam”的字－音－义，每隔片刻或有念头升起的时候就持念咒语[①]。让咒语引导着你，你不需要完成任何事情，也不需要摈除任何东西，牢记“我是”这个咒语即可。你应该相信这样做的效果。

如果走神了，只需要持念咒语“我是”，你自然就能重新回到当下。随时持念咒语，察觉到自己走神时也始终要这样做。如果你发现自己已经偏离了冥想练习，就记住“我是”，重新专注于当下，每过片刻就重新持念咒语。

如果你开始感觉到意识变得越来越广阔，这是很好的事情。如果没有，也没有关系。相信这些都是整个过程中的自然现象。不要刻意让事情发生，或者希望事情有所不同，你可以相信这个无比简单的练习的力量，享受它的乐趣，然后任运随缘。这种冥想练习能够巧妙而有效地让身心深深地共鸣，最终意识到最精微的存在层面。

如果你生起了念头，并迷失于念头之中，也不用担心。当你觉察到自己分神的时候，就遵从自己冥想的意愿，回到“我是”。

金星练习
整合式探究

什么是整合式探究？

在冥想练习中，自我证悟和自我理解的机会向我们敞开了。整合式探究是高级的第一人称练习，目的是让你安住于**无相觉性**或**清净觉性**之中，察觉到自

① 如果你的母语不是英语，可以将这句咒语翻译成其他语言，也可以尝试其他句子。对于说英语的人来说，“我是”几乎始终都能取得很好的效果。

己如何习惯性地**偏离**了这个原始基础，从而使你洞穿自己的灵性身份的本质。

在早期阶段，整合式探究要求你完全而深刻地安住于观照意识。无论是坐在蒲团上，还是在日常生活中，当你持续进行探究练习时，探究会越来越深刻和彻底。最终，当这种练习逐渐深化和稳定，就能成为其他相关练习的基础。

这样，在进行整合式探究时，你可以运用自己所有的 ILP 工具。这些练习能帮助我们更深地理解，我们是如何因为执着而遮蔽住无限开放而自由的真实本性的，同时，它也帮助我们最终超越这种偏离真实本性的惯常行为。

这种冥想具有双重意义：绝对意义和相对意义。就**绝对**意义而言，它让你放下过去的想法和经验，在当下的每个瞬间都安住在无相觉性之中，这不是冥顽不觉的状态，宛如草木枯石，而是面对任何现象时都自然而然地不再禁锢于小我之中。很多冥想方法都会专注于某个对象：呼吸、身体感受、意象或者咒语。无相冥想时，为了轻松地安住于清净觉性之中，我们**不再专注于所有这些对象**。这种不修之修有时又称为“静坐禅”或者“纯粹存在（pure presence）”。

就**相对意义**而言，整合式探究让你面对和理解那些让你习惯性偏离纯粹存在的因缘，从而消除这些因缘。通常，这些特定因缘是个人的阴影问题，因此，整合式探究包含了 3–2–1 阴影过程。此外，你可以运用 ILP 工具箱中的其他练习方法（如三身练习、三面灵性、AQAL 框架）来消除自己和绝对体验之间的障碍。

如何练习整合式探究

整合式探究帮助我们专注于此时此刻，既不执着于发生的任何事情，也不与它们隔绝开来。这是轻松而自由的。如果有限制灵性的精神活动发生，我们就会穷究谜团，这将帮助我们识别和消除极精微和因果的自我紧缩（self-contraction，通常称为“我执”）行为。

随着时间的推移，整合式探究练习自然会经过四个阶段，一、二、三阶段是在静坐冥想时练习的，练习时间从一分钟（一分钟模块）到一个小时或更长时间不等。如果你对某个阶段很满意，就可以进入后续阶段。第四阶段要求你在离开坐垫之后继续探究，探究你的日常生活，包括对 ILP 任何方面完整、灵活和恰当的运用。

第一阶段：做好准备，以便安住于纯粹存在中

这个阶段以培养定力为目的，通过呼吸冥想（见上文）培养定力，直到你

能够稳定地专注五分钟。做到这点以后，应该定期或者持续练习，继续强化这种关键的观照力量。你甚至可以在每次整合式探究练习开始时，先花五分钟时间练习呼吸冥想。

如果你在冥想中能够持续地专注数分钟（可能需要六个月的练习！），你可以在数分钟以后停止数息，开始专注于呼吸。此时只需专注于当下的呼吸循环，停止数数，用呼吸来收摄当下的注意力，放松或停止大脑的思考，安住于纯粹存在中。随时准备着进入最自然的无相觉性状态。

放松，注意美妙常新而且自由的当下。坐下来呼吸，在这个新奇、可信但仍然未知的神秘存在中，成为这个存在。

第二阶段：探究

当你对第一阶段的练习感到轻松自如以后，你可能会发现，当你安住于无相觉性中时，心灵常常会**逃离**这种喜悦的轻安之感，开始分心，沉溺于各种念头、情绪或知觉之中。

心灵往往会用很多不同方式再三逃避，阻碍灵性的成长。冥想时，这通常表现为念头、意象、感觉、昏沉，以及静坐时体验到的所有其他分心方式。如果你观察到这些现象的发生，探究它们并放松心态。可以选择简短的问题来帮助自己察觉这种发生在最精微层面的不由自主的行为。有用的问题包括："我是谁？""我在干嘛？"或者更幽默的问题"我在跟谁开玩笑？"。你也可以更深入地面对最精微的意识活动，并问"回避嘛？"或者"退缩吗？"。

探究不是为了怂恿我们去分析心灵为何走神，如"我在回避什么？为什么？"，而是要让觉察力通过这种分心现象洞察到实际发生的事情，如实地觉察到它，并听任它的生灭，与此同时，注意力自然地回到呼吸上来①。

换句话说，探究就是问："当我的注意力没有安住在当下时，我在做什么呢？我要留意什么呢？"圣徒们给出的答案是："无限的虚空，心灵的自动逃避。"

在练习中，探究是当下发生的。当注意力回到呼吸和无相的当下时刻之时，

---

① 必须注意的是，这个练习不同于"标明"（labeling）禅（另一种流行的冥想方法，它会识别正在发生的各种不同经验现象：想法、记忆、白日梦、痛、麻等等）。你实际上是问一个问题，然后单单留意你安住于当下的觉性中的时候会发生什么事情。

那就是在迷途知返。探究得越深，你就越能够看到自己的逃避行为，理解到产生“我执”的精微动力，并采取相应的对策。

随着练习过程的深化，可以让整个练习都在空性和大心智中进行。然后，自发地不再执着于念头。

第三阶段：自由运用整合式生活练习工具进行探究

熟练地练习整合式探究的第二阶段之后，探究过程就变得自然而真实，这时，你就可以进入第三阶段，在冥想中更明确地进行整合式生活练习。

经常让你分心、脱离当下的东西是什么？有时候是阴影问题。例如，如果你在冥想中始终心情复杂地想起某个人或某种情境，你可以面对它，跟它谈话，成为它，进行一分钟的3–2–1阴影过程练习。

通常阴影练习非常必要，但你也可以选择任何整合式练习来消除分心现象。

- 可以就困扰你的情境进行3–2–1阴影练习过程。
- 可以通过身体练习让自己恢复精神，如从心脏处呼吸和引导生命力量的循环，让身体充满能量，能量从丹田、心脏和头部向外辐射开来。
- 可以问如下问题：“回避？”或“退缩？”或“我是谁？”
- 通过在心中默念“神圣的被爱者”这个词，回忆第二人称视野的灵性。
- 你甚至完全可以**不必借助外法**，直接探究，只需要恢复你的无染觉性。
- 最后，你也可以使用AQAL图谱的任何要素，洞察和摄受你的注意力。你正在体验某种特别的状态吗？它在什么情境下生起的？等等……

不管你使用哪种形式探究，整合式探究都取决于你运用它们的方式。选择的问题或练习内容要能够防止能量和注意力不由自主地分散，用它们来消除意识中将主体和客观对象分开的障碍物。继续探究下去，消除你对无限实相（亦即你的本来面目）表面上的惯常恐惧。探究并在当下中静坐着。

第四阶段：在日常生活中练习整合式探究

熟练地掌握整合式探究以后，你就不仅可以在正式的静坐冥想时运用它，也可以在生活中的**任何时候**运用它。

这样，冥想就被带到其余的清醒生活中，从而打破了冥想和日常活动之间的人为界限。当意识越来越自由和圆满地渗入你清醒时的经验之中，它自然也会出现在梦境和深层睡眠状态之中。

这是完全灵活而整合的方法，也是非常高深的练习。你从避免不由自主的分心现象开始，不著于相，完全活在当下，安住在当下的瞬间。如果你陷入客体化或者主客对立、人我之分或其他种种念头的时候，你就可以使用任何最能够让注意力和能量获得自由的整合式练习进行探究。不管你选择哪种方法，重点是要完全执行，直到你脱离限制性的逃避行为，恢复对当下的无相觉性，并安住于当下。然后，在这种解脱之境中继续生活。

一分钟模块
整合式探究

1. 安静地坐着，挺直脊柱，自然地呼吸。

2. 安住于当下，专注于产生万事万物的实相或开放性，放松地安住于其中。

3. 如果有念头生起或者心神不集中，可以问个问题，以便帮助你觉察是什么让你分心，不再专注于无染觉性。这个问题可以是："我是谁？""我在干什么？""逃避？""退缩？"。

4. 通过这个问题使你获得更深的认识，而不是试图回答问题。不要回避或退缩，而是用开放的觉性来洞察这个时刻，洞察显现出来的任何东西。

5. 探究的时候，你会注意到自己放松了，摒除了固有的思想。放松进入当下的本来面目，并让探究自然而随意地继续进行下去。

6. 没时间的话，就结束探究，开始你的日常生活。

金星练习
三面灵性

融合各个方面

第三人称**观照**、第二人称**神交**（祈祷）和第一人称**冥想**都是整合式灵性生活的内在维度，缺失任何维度就缺失了重要的内容。我们可以做特定的第一、第二、第三人称练习，也可以在每次整合式冥想练习（如三面灵性）时同时练习它们。

我们通过观点和万物发生关系，包括灵性、伟大的奥秘、实相和永恒。如上文所示，让我们和灵性关联起来的观点，与让人类彼此相联的观点很类似。

· 通过对第三人称的研究及其哲学，我们可以观照、奉献、思考、了解和讨论灵性的本质（了解它）。
· 在第二人称关系中，我们可以同灵性**相关联**（和神同在），**聆听**、**祈祷**、**接纳**灵性或与之**交流**。
· 在对我们的起源和本质的第一人称理解中，我们可以冥想、觉醒、感受、了解我们自身，并呈现为灵性（宇宙之我的觉醒）。

三面灵性冥想

可以只花几分钟、1个小时或更长时间，来练习三面灵性，也可以用第三人称观照、第二人称祈祷神交和第一人称冥想来进入第190–199页的深层观照和冥想练习。

可以用简短的字或词将所有这三种观点融入你的心中。每当走神时就回到练习，可以使用一个字或词（第一人称、第二人称或第三人称）重新建立整个身心和终极存在的联系，并因此回到冥想当中。

对第一人称来说，有用的短语是“我是”，也可以用“我自己”、“就这样”、“觉察”、“存在”或者“心镜”。

对第二人称来说，可以使用上帝的名字：您、所爱者、我的至爱、耶稣、安拉、阿弥陀佛、玛丽亚等等。

第三人称可能的名字或短语是：灵性、宇宙、实相、此在、完满、盖亚、进化等等。

这种冥想练习的步骤如下：

1. 专注于呼吸。

2. 分别用1个短字或词，来固定你和终极存在的第三、第二和第一人称关系。

3. 无论何时，当你觉得时机恰当，或者对终极存在怀着充分的感受－觉知之时，就自发地回忆这些词语。

首先在身体、心灵和感受中固定你与第三人称终极存在的关系，将你选择用来激发或表达这种第三人称关系的字或词（例如“宇宙”）同终极存在联系起来，并感受它。

然后，怀着全部的感受面对终极存在，想象完全的第二人称亲密关系，让它显现在呼吸、身体、心灵和感受之中，同时，将你选择的用来激发或表达这种第二人称关系的字或词（例如“所爱者”）同终极存在联系起来。

深化这种亲密关系，直到最后，你完全感受不到任何分离或隔绝。此时，你的第一人称完全和终极存在融合起来，密不可分。让你的呼吸、身体、心灵和感觉显示出你的终极本质，选择可以激发和表达这种第一人称领悟的字或词（例如“我是”），将它和终极存在联系起来。

然后，坐下来，专注于呼吸。任何时候，或者每次发现自己走神时，就怀着全部感受，持念能够表达你与终级实相的第一、二、三人称关系的任何字词。

关键是选择能让你共鸣的字。你可以自由选择此处列举以外的其他字词，真正重要的是，这些字词要激发你的感受。

如果愿意的话，你可以自由地将某个词重复几分钟，甚至贯穿于整个冥想练习之中。你可以持续这样做，直到其他字或词自发出现为止。

通过这种冥想，我们与终极存在发生共鸣，观点也反复不断地发生转变。我们静坐、倾听，敞开自己，越过所有的观点，进入终极存在。

一分钟模块
三面灵性

在任何时候，你都能够体验到第三人称灵性（“它”）、第二人称灵性（“您”）和第一人称灵性（“我”）。在心中默默地重复下面的句子，让每种观点徐徐地自然生起。

· 我观照正在生起的灵性，它是当下和任何时刻的大圆满（Great Perfection）。
· 我凝视着无限的被爱者“您”，并和这种灵性神交。他赐予全部祝福，并完全赦免我，在他面前，我满怀着喜悦，无限地感恩并委身于他。
· 我安住于灵性之中，它是自我观照者，是我的本来面目，是大心智，包罗着宇宙万象。

· 在这种持久而轻松自然的观照、神交和冥想中，我继续每天的生活。

如果你愿意，你可以选择任何能激发终极存在意识的词语来代替“灵性”。它可以是上帝、耶和华、安拉、基督、天主或救世主。

金星练习
自他互换

感受万物然后听凭它们消逝。

自他互换不是习惯性地认同某个观点，而是采用自我超越和自我牺牲式的关爱和悲悯，来自由地感受所有的观点。在这种练习中，我们谨慎而有意识地与他人互换角色，亦即，我们练习接受“其他人的”观点，将自我看作“他人”，牺牲自我，利益他人，这跟自我通常的做法刚好相反。

多数生命都倾向于寻求快乐、远离痛苦。我们本能地保护自己远离不适和伤害，满足自我的需要，实现自我的想法。自他互换时，我们放下这个有限的、基于自我生存导向而设置的藩篱。

事实上，我们将自我通常的取向完全逆转过来，吸入痛苦，呼出远离痛苦的美妙香气。逆转这种避苦求乐的自然习性以后，我们就能因此获得巨大的能量和自由。

更简单地说，自他互换时，“我”觉察和关心“你”、“我们”和“他们”，然后再回到“我”。随后，“我”安住于自我背后的真我之中，观照着所有观点的产生。

自他互换冥想

自他互换练习的时长没有限制，可以从两三分钟（一分钟模块）到一个小时或更长时间不等。下面是自他互换的必要要素和步骤：

1. 通过呼吸，关注并感受内心，回忆某种能激起你的关心和悲悯的经历。

2. 栩栩如生地想象某个你所爱的人，将他的忧伤和痛苦吸入内心，向这个人呼出没有痛苦的香气。

3. 吸气时，吸入更多人们的痛苦和悲伤，而每次呼气时，则向这些人呼出减轻和免除痛苦的香气。

4. 在随后的系列呼吸中，将关爱扩大到所有的众生。吸入他们的痛苦与伤悲，向他们呼出减轻和远离痛苦的香气。这是完全的逆转，甚至违背了自我避苦求乐的本能，因此它很难练习。它会激起各种各样的抗拒和否认。自他互换的关键是，始终容忍和消除这些抗拒性反应，不断地回到练习之中。

5. 然后，专注于全部有情众生中的一员：你自己。吸入自己的痛苦悲伤，向自己呼出远离痛苦的香气。在这个自由的练习中，呼吸、感受和自然地接纳并确认你的活力和人性。

6. 在自他互换练习的最后步骤中，意识到：你自己，你想象的所有人、所有的痛苦，以及远离痛苦的活动都发生在观照所有这些事情的觉性之中，这种觉性才是你的本来面目。继续呼吸时，意识到这种觉性不仅存在于你身上，也同样存在于其他人身上。别人的觉性和你的觉性相同。这种觉性是唯一的。你应该安住在自然、开放、轻松而广阔无边的觉性之中。

完美的灵修

某些进行过大量冥想实践的灵修传统，都描绘了最简单和最根本的“完美”灵修。有时候，这些练习是专门为有着几十年灵修经验的内行人准备的，它们本质上描述的是相同的练习，即本书冥想讨论中最初介绍的那个练习。

该练习过程类似如下内容：

没有哪个练习是必需的。你已经安住于自身觉性的无限而永恒的实相之中。仅仅安住其中即可，不要努力。仅仅留意无限永恒的觉性空间（space of awareness），万事万物都在其中发生。始终安住于其中。不要担心这种状态是否只会持续片刻，只管安住于这种无边而空寂的当下觉性之中。即便只能安住片刻也是很美妙的。不需要努力，仅仅始终安住于觉性之中（或者意识到自己安住于觉性之中），直到最终，它在任何时候都是持久而明显的。

什么是持久而明显的呢？

空寂无物，森罗万象。

法尔如是。

它无法言说。

是者本身。

灵性。

你。

此在。

始终如是。

本已如是。

当下如是。

诚然如是。

08

整合式伦理

对整合式伦理的需要

就像所有符合道义的伦理一样，整合式伦理也是一门教你**做善人**的艺术。它让你在每天的生活中实践**美德**，包括通过各种练习使我们变得真诚、真实、勇敢和慈悲，这些品质形成了我们最根本的完整性。此外，整合式伦理也意味着，我们必须在生活中做出困难而复杂的选择，谨慎地判断正确与错误、接受和不可接受，通常，我们总是模糊的。在整合式伦理中，我们必须尽力在政治、性爱、健康、人际关系、工作、金钱甚至生死之间解决**道德困境**。

整合式伦理不会狂妄地告诉我们如何生活或者回答具体的伦理问题，相反，它只思考我们如何生活以及如何做出最佳的伦理选择，并提出它的思考**框架**，运用常见的 AQAL 分类，即象限、层次、路线、状态和类型，**解释**人们不同的伦理结构。

最重要的是，整合式伦理是不断进化而开放的**练习**，它每个瞬间都在我们的生活和整个世界中努力展现真诚的关爱，并践行着我们最深的道德直觉。

道德伦理不是枯燥、僵硬、压抑人性……的吗？

在某种层面上确是如此，“伦理价值”和“伦理”非常无趣。它们毕竟是一些冠冕荒唐的原则，强迫我们遵守传统的“你应该”和“你不应该”之类的命令。这样做，别那样做……而最重要的，则是遵守规则。伦理似乎要求我们天真地遵从它。但是，这只是伦理的**习俗**层面。随着我们自身的发展，伦理中遵循预定规则的成分将逐渐减少，取而代之的是更高极、更睿智和充满生机的内容。

在意识的整合层次上，伦理不再以恐惧为基础，不再只是做“好”（或“坏”）男孩或女孩的愚笨自私行为。伦理感不再是对父母命令的幼稚遵从，而是意识自由的创造性表现，是已经觉悟的自我兴趣（它的视野超越了自我）的自然体现。

后成规道德也可以是善良的，而且在从**自我中心**到**种族中心**的意识转换过程中非常重要，它使我们不再仅仅考虑**我**，而是发展到关心和照顾家庭、部落或民族等更大的团体。**后成规伦理**形式包括**世界中心**、**多世界中心**和**宇宙中心**阶段，超越了享乐主义和传统伦理。

我们接受了更广泛的观点以后，伦理就会像生活自身那样变得更加自由而有趣。随着伦理水平的发展，我们能够接受越来越多的观点，从第一人称“我”（全部是关于**自我**的），到第二人称“我们”（我们的家庭、团体），到更广阔而完整的观点，包括第三人称“我们大家”（所有人类，地球本身），甚至包括“所有有情众生”（它涵盖了多个世界空间，并最终涵盖了所有时空的所有存在）。

整合式伦理包括了所有这些层次，旨在促进我们在任何特定层次上的健康发展，同时温和地鼓励我们向更高、更丰富的层次迈进。

在现代和后现代社会中，我们最熟悉种族中心、世界中心和多世界中心的道德，换句话说，亦即琥珀色、橙色和绿色。我们目睹了这些不同观点造成的冲突引发的军事和文化战争，这些观点包括：“我的国家（或部落或宗教）”、“错与对（琥珀色）”，“人人都应该享有自由和公正（橙色）”，“我们必须关心整个生命网络（绿色）”。当然，每个层次的观点都含有部分真理，但每个层次都认

层次	观点的复杂	关注	高度
宇宙中心	第五人称（直到第n人称）	所有世界的所有有情众生	青色到蓝绿色、靛蓝色以及更高
多世界中心	第四人称	所有人和其他存在，多元的	绿色
世界中心	第三人称	所有人，普世的	橙色
种族中心	第二人称	我们，家庭，部落，民族	琥珀色
自我中心	第一人称	我	紫红到红色

［图 8.1］伦理的层次

为自己包括了**全部**真理，看不到**其他层次**的真理，因此，它们不断地产生摩擦。只有在整合层次和更高层次，我们才能开始看到并欣赏这些众多层次如何整合成更大的进化框架。练习整合式伦理的人会自然地关心整个进化过程的健康发展。他们会试图**超越和包括**自我中心、种族中心、世界中心和多世界中心的重要真理，同时将自身的成长继续向前推进。

对伦理的诘难

不幸的是，我们进行伦理练习的能力在三个主要领域都受到了攻击。

首先，在学术界，后现代思想家们关注着伦理的文化结构，而并不重视它从前成规期——成规期——后成规期——更高层次的发展史。这种多元相对主义给每种伦理观点赋予了同等价值，使伦理沦为错误的平等主义。极端的后现代主义企图彻底根除傲慢的论断，因此就攻击伦理范畴本身。我们通常指责它是“伦理相对主义”。

第二，后现代心理学家过度关注伦理那严厉的、令人沮丧的判断所造成的伤害，然而，他们并没有同等地重视良心和自我批评的价值。

第三，大众对空性的普遍灵性误解往往强调无相觉性的“无选择性”，而没有认识到最高证悟的其他方面——它能够在社会和文化现实中发挥作用（进行必要和适当的判断）——以致我们对空性的认识仍在原地踏步。

此外，如果你学习当今的职业伦理课程（几乎在任何领域），你很可能听到非常技术化和法律化的信息披露、保密以及其他程序的系列内容。这些课程充其量只能帮助你向自己的客户和同事提供某些重要的保护。在这种背景下，伦理不是表达你有心关注的东西，相反，在大多数时候，它往往在遮盖你的罪过，以便帮助你避免受到法律诉讼、正式投诉或其他不当行为的指控。这些方法产生的所谓“伦理”行为，其动机不是真诚的关爱，而是对后果的恐惧。事实上，这些方法往往强化了**前成规期**的动机，阻碍了伦理的发展。

这些不恰当的“伦理”观点是主流的。因此，我们常常都在用过于简化的方式讨论我们面对的伦理选择，仿佛我们只能选择遵守社会规定，遵循毫无道德感的实用主义，或者是“你认为对就对”的伦理相对主义。

我们必须发掘更高的伦理敏感性

伦理属于最重要的美德，它绝对不会过时，但现今，有关真诚、真实、关爱的伦理已在混乱中消失，这是一个严重的问题。然而，在整合式生活中则恰恰相反，如果你不愿意真诚地遵循美德行事，那么，整合式生活练习就不能真正地开始。诚然，我们没有将它列入四个核心模块之中，因为这样做只会画蛇添足，从最初开始，整合式生活练习就暗中意味着有意识地关心他人的意愿。尽管我们不能每天都安排若干时间进行伦理练习，但我们会在生活中展现出自己的伦理，因此，伦理练习每时每刻都在自然地发生着。随着练习者的伦理意识不断地增强，它展现自己的方式也始终发生着变化。它不仅包含着值得你认真对待的具体指导或约束，同时也是一种存在方式，是对当下需求和能量的**协调**。你可以认为这就是**伦理敏感性**。就像才华横溢的爵士音乐家能**感觉到**音乐要往哪个方向走，高级的伦理练习者发展出了敏锐的**判断力**，知道在每一个特定时间做（或不做）什么才是正确的。当然，这需要大量的练习！身、心、灵和阴影的自觉整合练习是整合式伦理的基础。

整合式伦理框架

有道德地成长

你能够感觉到宇宙的爱欲吗，也就是自然地朝向更深、更复杂和更高意识的进化引力？它吸引我们发展到越来越高的层次。整合式伦理假定爱欲是发展的缓慢动力，是从大爆炸到原子到分子到人类的进化动力。但我们不必将爱欲视为形而上学的术语，它只是对最根本、最深刻也最神秘的宇宙发展趋势的阐释方式。也可能有描述这种力量的其他方式，但无论如何，显然**有什么东西**在起着作用。

白金法则

接纳更广泛和更深刻观点的能力可以引导你获得比传统伦理教条更高的智慧。例如，多数宗教传统认可的黄金法则的主旨是“若要人爱己，必先己爱人”。然而，当你接纳其他人的观点时，你可能发现不同人希望他人对待自己的方式有所不同，因此产生了白金法则：“以他人愿意接受的方式去对待**他们**。”白金法则要求高级伦理练习者接纳他人的观点，在此基础上采取行动，这样，它就尊重了人类感情和意识结构的多样性。哲学家卡尔·波普尔说，“只要可能，就要按照**他人**喜欢的方式来对待他们，这会更加完善原本很好的黄金法则”，他的这番话就表明了白金法则。

怎样称呼它并不重要，重要的是，当我们和这种爱欲保持协调时，我们的关爱和同情圈就会开放拓宽，我们也能接纳越来越多的观点。我们从关心自我

（**自我中心**）成长到关爱家庭、朋友、部落和种族（**种族中心**），到所有人（**世界中心**）和地球（**多世界中心**），到所有有情众生及其成长经历（**宇宙中心**）。在垂直发展的最高阶段，我们认识到自己和所有人（或事）的内在联系，认识到我们彼此不可分离，体验到对宇宙自身的强烈责任感。

垂直伦理练习要求我们与宇宙的进化机制（亦即引导我们的同情和关爱变得更广阔的内在爱欲）保持和谐。你可以采用多种方式来激励垂直伦理的发展。其中，有个练习能提高你的伦理分辨力，也能提高你平衡各种竞争价值和做出明智的伦理抉择的能力。还有个练习是增加对不同伦理功能层次的觉察能力，并设法在你能达到的最高层次上行事为人。本章将会在后文讨论这两种垂直伦理练习。

水平伦理练习要求我们更充分、更持续地表达我们的关爱和伦理关注，将它扩展到更多的生活领域。此时，我们较少关注认知或灵性发展（尽管它们仍然很重要），而是更多关注你在人际关系、工作、日常活动等领域对伦理框架的**运用**。不管位于螺旋式上升的进化之旅的哪个层次，你都可以更充分地将伦理认知运用到生活中去，言行一致，更加诚信。由于你总是能够更充分而有效地表达关爱之情，你就能常常有机会来进行水平伦理练习。有个重要的水平伦理练习，能够影响存在的四个象限。由于这些象限在每个意识高度都存在，因此，不管你表现为哪个垂直层次（绿色？蓝绿色？），你都可以在水平意义上进行伦理整合（我，我们，它和它们）练习。我们也会更深刻地探讨水平伦理。

在练习中，我们当然想同时在垂直（试图容纳更高和更整合的观点）和水平（在当前发展层次尽量包括更多的现实领域）层次遵循伦理行事。

基本道德直觉

基本道德直觉是整合式伦理练习的一条有用的法则。基本道德直觉就是“在最大范围内护持和促进最大的深度”。“深度”指发展层次，狒狒比瓢虫深刻，瓢虫比阿米巴虫深刻。“范围”指任何层次上受影响者的数量，正如“为最多人谋取最大福利”的功利主义原则。这个功利主义表述（源于橙色意识高度）的重要价值在于它内在的平等主义，而其问题则在于完全忽视了极重要的垂直深度。

整合式伦理兼有平等主义和对发展的适当关注，它既是垂直的，又是平等的。因此，它能“**在最大范围内护持和促进最大的深度**”。任何存在都是珍贵的，任何种类也是如此，但纵向深度的发展自有其特别的价值。多多鸟的灭绝使地球变得贫穷，但现代人（连同音乐、艺术、灵性和所有人类文化）的灭绝会让地球在更深层次上变得贫穷。

“在最大范围内护持和促进最大的深度”。**如何**确切地实现这点是道德直觉和实践智慧的重大责任，而目前我们并没有最好的答案。我们所要面对的不是微积分，而是人类本身及其相互作用创造出来的混乱世界。

你将谁扔给鲨鱼？

有趣的伦理练习能够通过追问困难的问题，来提高你的伦理敏感性和辨别力。请深刻地思考你在最棘手的处境中会如何运用**基本道德直觉**。生活用自己的方式不断地呈现出难以预料的情景，从而挑战着你的伦理假设。

有个经典的伦理难题：救生艇困境。想象母船已经沉没，你是救生艇上的艇长，现在，救生艇正处于鲨鱼出没的区域。你面临着可怕的选择：船上有十个人，而安全的载客量是七个人。如果我们为了避免做出困难抉择而宁愿让每个人的生命都遭受危险，这在道德上是无法说服人的。因此，你必须采取行动，而且要赶快行动。

你将谁扔下船？显然需要考虑不同因素。爱因斯坦比希特勒更应该呆在船上，甘地或某个无辜的孩子也是如此。其他的选择可能更困难。如果船中只能容纳一个人，你是救特雷莎修女、救五个孩子的母亲，还是救聪明而有奉献精神的外科医生？你最珍惜谁，已经从水中救过三个人的狗，还是撇下他人、自己逃命的懦弱罪犯?

这些问题深刻而荒谬，很难做出回答。尽管并没有正确的答案，但有些答案比其他答案**更正确**。缺乏绝对的规则让我们很容易犯错误，但即便如此，我们做出明智选择的能力能够沿着发展轨迹而逐渐增强，因此，我们绝对需要辨别垂直伦理的练习。

根本、内在和相对价值

整合式伦理分辨出三种不同的价值：

根本价值指每个实体——从夸克到草叶再到人类——**都是**绝对灵性、空性的实相表现形式。从根本意义上来说，每个存在和自然系统（特别是每个**人**）都无限珍贵，值得同等的伦理关注。在所有对深度和跨度的讨论中，我们必须记住这个根本价值。

内在价值指发展的深度，深度越深，内在价值越大。记住，深度不是单纯的发展阶梯，我们谈到深度时必须考虑发展的所有方面。

相对价值指特定环境中的实用性。例如，在上述救生艇情境中，外科医生的内在价值可能没有特蕾莎修女大，但是他在紧急关头可以救更多人。（你可以看到，平衡深度和跨度有多么棘手！）

遭遇伦理困境

在生活练习中，我们必须不断地平衡每个情境中相互竞争的各种伦理诉求。有时候我们必须在重要的、竞争的、个人的、文化的、社会的和自然的价值中做出选择；有时候我们面临第一、第二、第三人称抉择；有时候我们必须问“**我**应该怎么办”；有时候我们不知道“**我们**应该怎么办”；有时候我们需要决定“如何处理**这件事**。”

整合式伦理为我们指明了宇宙（或爱欲）发展的总体方向，它呈现出进化的上升趋势。然而，它也训练了我们关注从上至下的全部进化过程，并**愿意**维持整个宇宙（或者称为“神圣之爱”）的健康和安宁。

优雅而四平八稳的后现代社会通常不再对相对美德做出标准化的判断，但后者在很多生活情境中仍然非常重要。因此，我们需要锻炼和发展对伦理的辨别力，而这要求勇气、清醒和练习！

道德和伦理

到目前为止，我们始终在用“伦理”来表示整个伦理、道德、法律和行为领域。你也许已经注意到，我们在交替使用“伦理”和“道德”这两个词。然而，整合式理论严格地区分了两者的差异。伦理有时候描述整个道德伦理领域，此外，它也特指某个团体的共同价值和期望（如医生或律师等专业团体），而道德指个体所作的判断。我们可以用四象限来区分两者，也可以观察它们和行为（个体的实际行动）的关系，以及它们与**法律**（约束集体行为的系统规则和限制）的关系。

个体作出的道德选择（我应该做什么）会产生行为（我实际做什么）。在文化中，我们会争论个体和集体（我们应该做什么）选择的伦理，创造强制性的规则或法律（我们必须做什么），并规定违反它们的后果。

“伦理”这个词还有着更普遍的意义，它是**本初善**（basic goodness）实践的涵盖性术语（umbrella term）。在这个意义上，成为ILP练习者就意味着要求具备“伦理”，正如当医生或律师或公务员需要具备职业“伦理”。然而，ILP培养后（甚至后后）习俗期的伦理形式，这意味着其判断形式高度个性化，但也仍然具有普世性。

整合式伦理并没有适用于所有行为的特定法则，但是，它允许普遍的、进化的动力（或“爱欲”）既向更深的深度发展，也向更大的跨度发展，这使得整合式伦理具有了普遍性。我们也可以这样说，整合式伦理试图尊重和

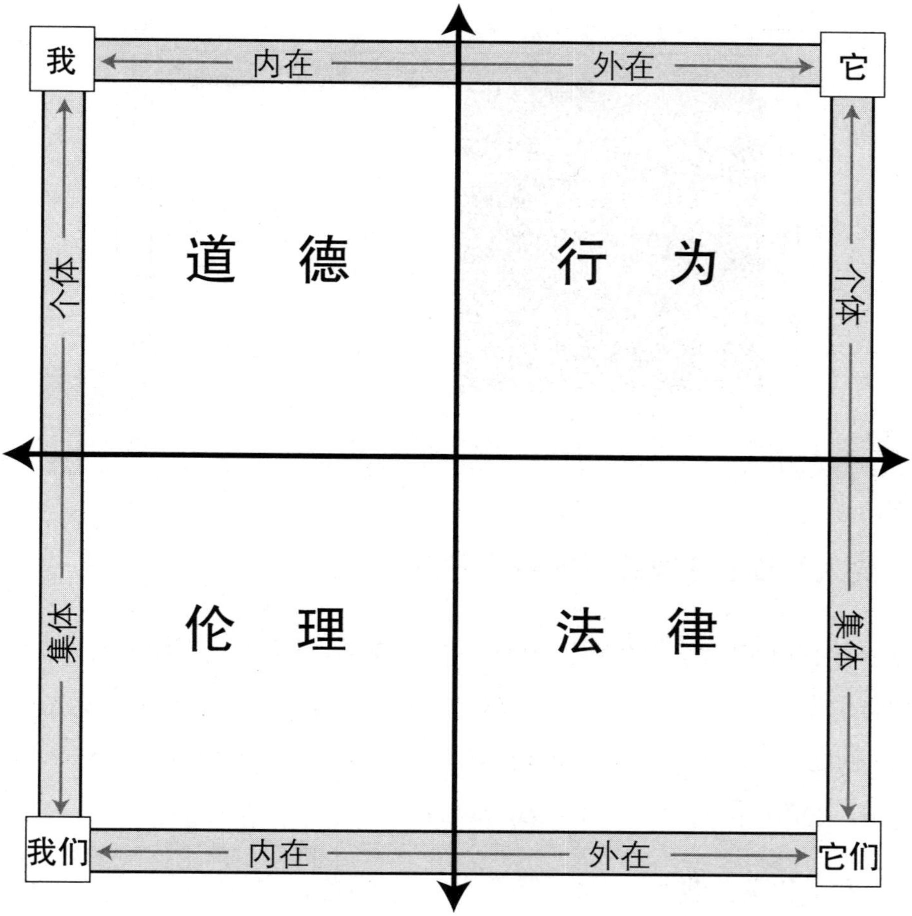

［图 8.2］伦理的四象限

包括**尽可能多的观点**（更大跨度），同时相应地强调**最深或最高的**观点（更大深度）。

整合意味着言行一致

伦理练习包括行为（右上象限）和意图（左上象限）真诚地保持一致。

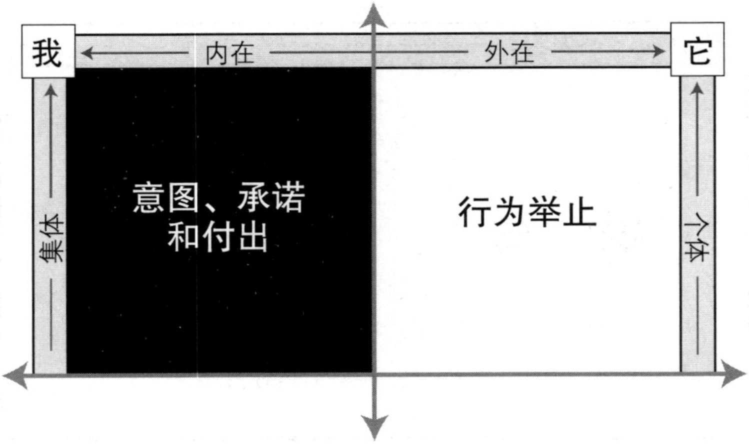

不要太片面：伦理练习的四个象限

整合式伦理包含四个象限的事实另有深意。如果你的生存状态包含有我、我们、它、它们这四个基本维度，那么伦理练习就能够（也必须）涉及四个象限。回忆每个象限中产生的不同现象，你如何与你存在的不同方面建立伦理的联系？能够练习所有象限的伦理方法是怎样的？

左上象限，我

个体内在（即“我”）空间包括伦理**认知力**。你的内在发展层次（或你的意识中能接纳的观点数量）决定了你能做出的伦理选择的范围和深度。左上象限是伦理**良心**区域，在此区域，你确定自己应该特别**拥有**的东西：你的责任、你的错误，或者行事正确的可能性。左上象限的主要伦理练习是**自我反思**，探索自己的深度，审视自己的内心，质问自己道德探索的明确性。

左上象限有别人无从知晓的想法、意图、愿望。它们必然会伴随着**你**的生活。在某种意义上说，它们介于你和第二人称的灵性之间。但这也凸显了在伦理练习中包含**阴影练习**的必要性，藉此消除因为不当的判断而产生的情感障碍和毫无根据的臆断。

最后，左上象限是**心灵内在**伦理的范畴。简单地说，这意味着，“你怎样对待**自己**？”你对自己是否真诚？你是否虐待或忽视自己？你是否坚持对自己负责？当情势要求你以男性或女性风格行事的时候，你是否都能**善待自己**？

右上象限，它

你做什么？它们有哪些更大影响？

如果我们将身体视作圣殿，你在右上伦理练习部分就是怎样对待这个神圣的器皿，这包括锻炼、饮食、外貌、用药，甚至还有整容手术等活动。但要记住，右上象限的伦理能够在很多层次上发挥作用，整合式伦理未必反对我们用非传统的做法来对待或改变身体（包括脑化学和基因，以及精微和因果能量管理），它要求我们区分**前**习俗期和**后**习俗期的伦理表达，但是，由于两者都是**非**传统的，这种区分有时候可能很困难。

将身体伦理引申开去，你也许会考虑如何对待**所有**的“它”，无论是自然对象、文化工艺品还是个人财产。例如，是否有伦理可以告诉你如何对待笔记本电脑或者汽车？某本书或者某张美丽的绘画？你同这些物体的关系可能仅仅是实用的，也可能会有情感成分。但是，对你生命中的**事物**，做出如何对待它们的伦理选择是有意义的。

行为举止是伦理最雄辩有力的表现方式，它用真实世界的实际语言触及了所有其他象限。

左下象限，我们

传统上认为伦理练习位于左下象限，可归结为：“我应该如何对待**你**？”通过在伦理选择中考虑他人，我们创造了“我们”空间，我们询问：“我们应该如何彼此相待？”左下象限的整合式伦理练习就是培养和发展我们所处的各种“我们”空间。这些伦理练习的“我们”空间包括：

- 友谊
- 性关系
- 婚姻和家庭
- 工作/学校关系
- 我们接触的任何人（如超市收银员）
- 动物（你踢过猫么？）
- 任何**潜在的**“我们”——民族、地球、种族

我们在所有这些伦理关怀的“我们”空间的不同**层次**上进行练习。涉及所有**层次**的观点会改变你在不同的“我们”空间内**表达**伦理关怀和思考的方式。也就是说，你学习用他人能理解的语言表达自己。**互动的蓝绿色**友谊和**蓝绿色兼琥珀色**家庭关系（你可能亲自体验过）在伦理取向上会非常不同。

右下象限，它们

我们如何关注我们赖以为生的**系统**和**环境**？这就是右下象限关注的伦理范畴，它包括：

- 自然环境和生态系统
- 基础技术设施：交通、因特网等等
- 家
- 政府
- 学校
- 医疗卫生系统
- 经济系统
- 商业组织
- 司法系统

此处的关键问题包括："我的行为如何影响系统？"以及"我们应该如何组织它？"（"它"指的是你正在考虑的系统，是"它们"的集合）。从垂直观点来看，我们可以问"这个系统反映和支持哪个意识层次？"或者"我们怎样促使这个系统在最大范围和最大深度内发挥作用？"。

环境保护运动关注的核心是地球系统。自然环境的保护、可再生能源、循环利用、可持续性、土地使用等问题是右下象限关注的伦理问题。公民责任、社会激进主义和政治行为会同时涉及左下和右下象限，常常能促进社会机构的发展。

在更个体化的层次上，右下象限的伦理练习可能指你想如何组织、清洁和装饰你的家庭。正如右上象限的身体可能是座圣殿，因此值得伦理关注，我们也可以将右下象限的生活空间视为另一种圣殿。

整合式伦理艺术

在本节中，我们将考察整合式伦理更主观的方面：你如何带着整合式伦理框架，在日常生活中**创造性地生活**，以及为什么要这样做。

道德生活的三个理由

1. 做好事让人感觉愉快

我们让伦理脱离无数条僵化的法则以后，就常常将它等同于无私或利他的行为，但这个观点同样有局限性。它预先假定了自我和他人的彻底分裂，然而，在更高的发展层次中，并不存在这种区别。伦理可能而且的确经常表现得很无私，但它也可以被视为最聪明的**自私**。

不道德的行为常常会使生活复杂得多。你不得不记住你撒下的谎言，并继续掩饰下去，否则，你就得逃避自己的欺骗和背叛行为所产生的后果。这就像罪犯的生活那样得不偿失，是愚蠢的生活方式。古代灵性观点说，快乐生活的秘密之一，就是最少地卷入恶业之中。有道德的生活可以做到这点，从而保持你的意识清醒，精微能量身体也很健康而开放。你真切地**感到**更加愉快。

有道德地生活能够同时给你和你生活中的每个人带来好处。它使你能够最快乐地活着，自由地祝福他人。不道德的复杂生活往往必然会引起不快，但如果反之而行，我们就能将这种不快减少到最低限度。你发现自己生活在充满善意的世界中，这个世界对那些接触你的人都非常美好，这对你也是很聪明的转变。

伦理行为赞同明智、健康、快乐、自我实现、有效率和成功的生活。伦理不仅仅是我们如何表达对他人的关爱和悲悯，而且还是简化生活、保持良心清净无垢的方法。它告诉我们如何正直地生活，而正直则使我们更加强大，更诚实可靠。我们用这种方式赢得了他人和我们对自身的敬重。

2. 向更高意识层次转变

伦理意图迫使你容纳其他人的观点，促进自身意识的成长。容纳他人的观点以后，你不但能更好地为那个人服务，而且也能促进自己的发展。用这种方式来转化我们的意识，就是有道德地生活带给我们的最重要的好处。

这个发展过程是这样产生作用的：在某个发展层次上，伦理超越紊乱的自私冲动，按照道德法则行动。在这个习俗（琥珀色）阶段，德行意味着遵守明辨是非的严格规则（感谢上天给出这些规则！正是它们，我们称为“文明”的所有东西才可能出现于世）。

在更高的发展阶段，我们的伦理框架超越了这些观点，但与此同时，我们仍然重视和接纳它们的某些方面。这时候，我们开始思考我们的言行怎样形成快乐和不快的潜在模式。

这导致了**后习俗期的**伦理动力，它用更广阔的视野来接纳最惯常的道德行为，并更能够考虑到悖论、灰色阴影、矛盾和竞争价值。它不再始终遵照老的规则（有时候创造背叛它们的环境），因此常常受到支持者和批评者的误解。

但到此还没有结束，伦理继续发展。整合式伦理中有大量的悖论，包括：热切地关注所有这些共存（也常常对立）的观点，与此同时，在个体生活遇到具体而无法避免的困难选择时，毫不退缩地面对你的义务，并作出反应，彰显你的关爱和悲悯。

最终，我们不再仅仅避免伤害他人，而是超越了这个阶段，开始主动地努力行善，慈悲地造福于他人，甚至以此为我们的深切使命。

3. 伦理生活创造了觉醒的机会

有些更高的觉察在最初时会带来令人兴奋的自由感。这种感受很容易产生微妙的傲慢，在后习俗期的伦理环境中尤其如此。我们暗中感到自己现在已经超越了业力[①]。这是个巨大的错误。没有清醒的伦理练习，这种微妙的傲慢很容易导致痛苦的纠葛。我们都听过这样的故事：那些通常被认为开悟了的灵性老师在做着明显不道德的事情。

禅宗修行中有个著名的阶段，那就是体验完全摆脱日常束缚的感觉（我们应该明智地注意到：**紧随其后的更高阶段**有时被称作“失去天恩”）。然而，你从因果报应的存在之“梦”中觉醒过来，并不表示梦就消失了。你的发展阶段越高，你就越难假装自己同所有人和事没有联系。其他人也能感觉到这点。你甚至会感到极强大而自由，但伦理生活阻止梦境（即便你从梦境中醒来）成为梦魇。当惯常的自我保护或基于恐惧的动力消失的时候，伦理练习会让我们远离烦恼。

就积极方面而言，伦理能简化你和他人组成的外在世界的关系，以免小的

---

① 这里“业力”表示其传统意义，指原因和结果的规律，表示我们往往会“自作自受”，或者会“一报还一报”。

冲突始终让你分心，让你的觉性更可能向常存的实相开放。伦理自身不会带来这种觉醒（你拥有长存的实相是和拥有自己的鼻子一样自然的！），但它可以让你不要做**拖延或阻止**你达到常存实相的事情，让你更能安住于你已经证悟到的不二觉性之中。

无畏地观察不道德行为的代价

即便你的伦理观点发生了变化，你仍然能运用可靠的方法，来衡量当下每个时刻的伦理练习，而且始终很方便。无论愿意与否，你都能敏锐地觉察到，当你的行为达到**自己内在的伦理标准**时，和没有达到这些标准的时候，两者之间存在着怎样的差异。

觉性和关爱

觉性和关爱是整合式生活练习的两个主题。觉性表达大心智，关爱则表达大心量。

整合式伦理：

· 包括真诚地将尽可能多的觉察和关爱带到当下。

· 按照我们具有的最大觉性和关爱来真诚地行事为人。

· 增加觉性和关爱，使我们和他人能够将它们带到未来。

这样，伦理不仅仅培养关爱和怜悯，也培养觉性。我只能关心存在于我的觉性之中的事物。如果我的关爱是真诚的，我就需要持续地扩展觉性。

新的觉性能够扩大我关爱和怜悯的范围。关爱要求新的觉性，觉性成长，关爱也增加，觉性再成长，关爱也再增加……

感觉到自己有不道德的行为时，你会内心畏缩，切实感受到心理、情绪或灵魂的痛苦吗？想到你最好的行为，你会感觉愉快，喜形于色吗？内在的监督让我们觉察到自己的道德过失和伦理榜样，甚至当我们身陷伦理观点混乱的泥潭中时也是如此。

我们的伦理过失同消极、不快、迟钝的思想和情绪状态密切相关。通常来说，当我们的内在**感受**最糟糕时，我们的**行为**也最糟糕。

伦理过失不仅在我们感受最糟糕的时候会发生，而且**使我们深陷因果循环的洪流之中，让我们持续处于最坏的状态**。不道德行为常常创造和强化同样消极、不快和迟钝的思想和情绪状态，而这些状态又会引起不道德行为。

我们最道德的行为能够强化积极、快乐、敏锐的思想和情绪状态。我们最勇敢和慷慨的行为发生在我们状态最佳的时候，而这往往也会推动我们在未来感觉愉快，并能够遵照我们的最高价值观来行事为人。

道德过失让我们付出极大的代价，而明智的伦理选择则回报丰厚。

- 不道德行为的**短期代价**是**思想和情绪的不愉快**、**狭隘和迟钝**。
- 不道德行为的**长期代价则**更加糟糕：谎言、自轻自贱和自我否认的**恶性循环**，腐蚀正直和美德的根基。

做自己鄙视的事情或者不能公开忏悔的时候，我们会自动地抗拒我们的感受。"哦，我们编织了多么混乱的网……"，我们几乎始终以这种或那种方式向别人隐瞒着自己的道德过失，甚至经常还欺骗着自己。这剥夺了我们的自由能量，束缚了我们的注意力。此外，这还会使我们感到难受，进一步削弱了我们的能量。

欺骗的代价特别高。它让我们的内心分裂，削弱我们的自尊心，危害我们的核心承诺，让我们背上重负。其中，自我欺骗的代价最高，它使我们内心压抑，让我们的经历进入无意识之中，在我们内心中形成了我们无法触及的无意识冲突。换句话说，它**增加**了阴影，而这会削弱我们展现尊严以及做出全心全意的选择和承诺的能力，此外，它也会削弱我们认真生活的能力。

道德和不道德的行为模式都常常会始终贯穿我们的整个人生。不道德的行为很难找到出路，让我们重新恢复完整和幸福。与此同时，道德行为不仅让我们更加快乐，而且让我们更容易在下个瞬间作出好的抉择。

轻易逃脱

“嘎吱”我车后的挡泥板弯了。“哦，不！我付不起额外的保险费，忍受不了那种尴尬、拖延和争论……”我四处张望，没有人看见或听见发生的事情！我迅速地开车逃走了。

几周过去了。没有哪位受害者打电话过来，我的记录上没有弄弯过挡泥板的记录，似乎我逃脱了这件事，不是吗？当时我是这么想的。

事后想想，故事完全不是这样的。

几个月来我感到自己很狡诈、羞愧，不太能自信地承认并表现出最佳天分和最高抱负。我内心感到自己是只狡猾骗人的小老鼠（我原来就是！）。我没有成为让自己引以为荣的人，而是耍手腕逃避交通事故的后果。

那个选择持续影响了我多年，破坏了我的正直感。我觉得我不值得或不配抬头挺胸，赞同我过去认为是高贵或真实的立场。我就这样生活在阴影之中，此后，我花了很多年时间才逐渐脱离出来。

我付出了比额外保险费和可能扣除的500美元更高的无形代价。轻易逃脱的后果可能就是这样代价高昂。

整合式伦理的误区

1. 习俗伦理

我们已经讨论过最常见的误解：将伦理道德等同于遵守习俗或者严格区别是非的传统社会准则。

后习俗期和整合式伦理超越了这些狭隘的定义，意识到个人**意图**比外在**行为**能更好地分辨伦理选择。

这并不能让我们逃脱责任，拒不承担我们对他人的粗率行为或无心伤害所产生的恶果。事实上，它激发起我们的觉悟和责任感，让我们留意到自己在所有行为的各个方面所融入的关心和技巧。

更深刻的观点：批评习俗伦理观点的局限性时，人们有时会以更高观点的名义，做出不负责任的行为。这是**前习俗 / 超习俗**（或**前习俗 / 后习俗**）错误的例子，因为两者都是非习俗行为，所以人们会将**前**习俗行为误解为**后**习俗行为。这是后现代相对主义的常见恶果。高明的后现代观点可以在无意中打开退行到低层次道德实践的道路。

出乎意料的是，整合式伦理常常重新重视习俗性道德行为，但是其原因却大为不同。例如，因为我们重视法制社会的有序生活，我们也许会乐意遵守自己觉得不必要的法律。我会将车标准地停在停车标志旁，开车时，在转弯处发出信号，即便十字路口周围没有其他车，我也会这样做。我们这么做不是因为习俗道德的约束，而是我们想要生活在人人都遵守某些规则的社会中。这种品德从外表看来和习俗式道德差不多，但整合式伦理的基础却是深刻的、微妙的、坚固的后习俗观点。

2. 温顺谦和

第二个常见误解是，高层次伦理或道德行为必定意味着完全缺乏（甚至健康的）攻击性。

防守自我界限的能力是发展的必经阶段，也是很重要的发展能力。整合式伦理对发展学海纳百川，因此它重视健康的防守自我界限的能力，其行为表现中有恰当的、灵巧而健康的攻击性。

不必以牺牲自我关爱为代价，去理想化地关心他人。健康的关心始于自我关心，然后以此为圆心，扩大到家人、朋友、社区和世界。我们同时关心自我**和**他人，而不是以关心他人**代替**关心自我。

成熟的整合式伦理练习者必须在适当的时候体会男性和女性的同情。女性同情表现为接受、关心、养育和温柔，男性同情表现为辨别力、挑战、设定限制和毫不留情地讲述真相，但两者的动力都是爱。实现整合式伦理需要调动这两种能力。

3. 残余的罪恶感和虚假的伦理过失

第三个普遍的混淆表现为虚假的伦理冲突。有时候人们认为自己必定正经历着伦理冲突，但实际上，他们只是搞不清楚社会信息和自身伦理直觉之间的冲突。

当人们正在超越成套的道德和社会结构，但还没有完全发展出新观点的时候，就往往会发生这种情况。

例如，朱迪丝为卓有成就的丈夫当了30年的好妻子，她发现自己因为丈夫非常精微的不体贴行为就想对他说“见鬼去吧！”，这让她感到非常震惊。她想，“我怎么了？这个行为真可怕。”她感觉很内疚，认为自己的行为不道德，但实际上并非如此。朱迪丝需要向她自己和丈夫表明的，是她已经超越了自己原先的、唯命是从的传统角色。给自己留出空间以后，她就可以自愿地以亲切（或坚定）的态度，来表达自身更自由的存在方式。健康的自我关爱使得旧行为模式中的咒骂再也不能乘虚而入。

很多人花了许多年的时间，才消除掉心中残余的罪恶感，明智地意识到他们不必对较低发展层次的所有人讲述所有事情的全部真相，特别是那些不能接受所有真相的权威性人物，比如老板、父母或老师等人。慈悲而坦率地讲出人们能接受的最大程度的真相（当别人不能合乎中道地听取真相并做出反应时）和其他方法之间存在着很大的区别。一方面，我们讲述的真相可能是残酷的，会伤害他人，或者产生隔阂。另一方面，我们可能会习惯性地流露出比他人高明和优越的姿态，毫无必要地将自己和他人区分开来，以此来为自己隐瞒信息的行为辩护。意识到这些差异以后，灵巧行事需要极大的整合能力和分辨力（通常还需要多年的学习和成长）。

当我们获得这种清晰的认识以后，错误的伦理冲突就会从此消失。然而，这些相同的情境仍然可能遗留下棘手而实际的沟通和认知问题，有些问题甚至需要新技巧和觉察力才能予以解决，而我们需要时间才能灵巧自如地掌握这些技巧。但是，它们已经不再是真正的**伦理**冲突了。

结束你的业力

不道德行为常常会伤害某个人或者整个社会，并留下后遗症。不管我们对过去的错误是否主动地感到愧疚，它几乎始终是未了结的零星问题，是迟迟无法治好的脓疮或不完满的事情。它限制了我们的完整性，其影响也在我们与被我们伤害的人的关系中体现出来。

描述这种情境的有效单词是“业力”。在此处，我们并不是在传统的意义上使用这个单词（如243页中），也不想谈论人们常常由它想到的所有混乱观点，我们只是用这个词来快速而简洁地表达**我们在伤害他人时无意识中背负的无形负担**。

有个伦理练习能结束你的有漏业（incomplete karma）。你可以忏悔和道歉，可以提供经济补偿，可以要求宽恕，可以为他人提供帮助或者服务，以此来纠正你创造的失衡。

有些错误不能被直接或轻易地纠正，有时候我们伤害的人已经死了，或者行为的后果无可补救，或者要逐个纠正的全部业力太多。

我们只能竭尽全力来结束某些业力。我们可以完全真诚地面对它们，可以允许自己感到真诚的悔恨，可以为没有及时治愈的损失而感到悲伤，可以真诚地忏悔。真正的忏悔是极为严肃的。它让我们脚踏实地，在将来的生活中更牢固地立足于自己真诚的伦理意愿中。

在真实的忏悔中，我们不再欺骗自己。这样，即使我们没有直接向我们所伤害的人表示忏悔，某些业力就结束了。借助于能够如实反映我们真诚的和最高意图的生活方式，我们就尽可能多地结束了业力。

在此处，整合式伦理的操作性定义是：“随缘消旧业，莫再造新殃。”

重要的不是做过什么，而是随后将做什么

很多次，我们在事后才意识到自己想要做不道德行为的冲动，完全是事后诸葛亮。我们看到自己的行为违背了伦理的界限。我们就像被我们的车头灯照到的小鹿，被发现（至少对我们本人来说是如此）在撒谎、欺骗，或者就像是肮脏的老鼠。我们感到为时已晚，已经无法成为理想中的自己。

新的冲动源源不断地涌出，“我会被抓住么？”“其他人会发现么？”“他们会怎么想？”“我要做什么或说什么才能让情况好转呢？”我们感到很羞愧，想

让整件事很快过去。

这时候我们应该记住：“**重要的不是做过什么，而是随后将做什么。**”

这是重要的选择时刻。通常，虚假的借口、谎言和掩饰手段在此时开始粉墨登场，增加我们的恶业。但这也是我们将恶业扼杀在摇篮里的最佳机会。

重大的罪行不仅在于坏事本身，也在于我们**离开出事地点**。它不仅包括原初的恶业，也包括我们的**掩饰**。它既指过去的行为，也指将来的行为。许多最糟糕的伦理梦魇，都源于我们在自我感觉很糟时作出的错误选择，而与此同时，我们并不想面对后果。

抓住机会，鼓起勇气来承认错误，并在适当的时候道歉或者弥补，忍受那种尴尬或者澄清真相的代价。这不容易做到，但其奥秘在于：**这很划算**。隐藏罪恶只会给我们最初想逃避的痛苦代价增加罚金和利息，而努力怀着更轻松的心情和更清醒的思想继续前进则是聪明的。当我们直面自己的伦理过失并承担起责任的时候，我们就不再需要隐藏、内疚、自轻自贱，以至于减小自己的自由能量、注意力和个人力量。

真正的整合式伦理的关键之处在于，接受自己容易犯错误的事实。如果你努力遵守道德，在你的思想深处，你就知道自己在将来发现做错事的时候会有所准备和警觉，并努力纠正过来，那完全没问题，而事实上，这就是练习的本质。

练习就像骑自行车。这条路很长，你无法预见任何事情，不能保证自己永远不从自行车上摔下来。你只能承诺如果摔下来，你会用最短的时间掸去灰尘，重新骑回自行车上。至少你可以保证自己做到这点。

伦理和自我的关系

在后现代社会的许多心理疾病中，内在的自虐行为高居前列，这是过分严厉的自我批评的结果。许多人的“内在父母”（inner parent）很残酷，他们的自我对话很辛辣，充满咒骂、敌意、侮辱、严厉的负面评价和徘徊不去的猜疑。因此，你的自我关系就是伦理练习、女性同情和自我治疗的丰富舞台。

但你也需要具备男性的同情。有时候，负面的自我谈话基于我们对良心或者自我分辨意识的准确认知。我们搞砸了！善待自己很重要，此外，准确地认识自己，为实现自己的最高价值和可能性而努力也同等重要。

放弃正确的自我判断甚至是不道德的，因为正确的自我判断是伦理成长和承担新的自我责任的最佳引路人。在自我关系中，真正有道德的行为必须不断地调整平衡，同时运用男性和女性的同情。

我们来更细致地观察这个重要的阴阳动态。

男性自我同情

清醒的生活要求清晰的选择、限制和界限。河流需要河岸的约束才能流入大海，没有男性的自我同情，练习就可能变得毫无目的。

男性自我同情有两个维度：1. 分辨，或者面对恶劣现实毫不妥协的勇气；2. 自律，或者愿意选择和运用新的行为习惯来代替不再有效的原有行为模式。

表达男性的自我同情是极好的利己行为，可以获得更多的自尊，并能够在生活中展现出更自然的影响力。这会释放出巨大的能量和专注力，让你直达自己的最终目标，并在练习、工作和重要人际关系中成为自己理想中的那个人。

有意识地干扰和打断那些舒适的习惯能够产生巨大的效果，这属于转变型练习的核心秘诀。而坚持这么做则是使练习永葆活力的秘诀。

女性自我同情

男性和女性的自我同情可以很好地共存。分辨或自律都不要求严厉的判断或者内心封闭。看到旧模式并选择新模式时，你不必憎恶自己。事实上，女性自我同情润滑了自律之轮，因为它安抚了自我的方方面面，使它们不再纠缠于徒然无益的彼此对抗之中。

对自己做出负面评价的习惯不会轻易改变。最佳的第一步是：安抚和接受内在的谴责者。建立自我接纳和宽恕的内在环境需要以此为起点。

内在判断和自我憎恶受到热情的接纳以后，会逐渐变得柔和。虽然你不能始终改变自我对话，但你可以在其中放松心态，柔和地培养善于接纳和感恩的内在氛围。

对自己有了更多的同情和欣赏之后，你就能自然而真诚地将那份同情和欣赏扩大到其他人身上了。

阴影练习的伦理

你可以为最亲近的人做的最仁慈的事情，就是为自己的心理投射负责。有时候人们会过分沉溺于过去未曾解决的问题中，以至于无法如实地认识他人，不能和他人在当下建立开放的联系。我们讨厌这种情况！

然而，人类心灵的天性就是将最痛苦的经历隐藏在阴影之中，我们都往往会将未满足的感受投射到我们生命中重要的人身上，爱人、权威人物、父母亲、兄弟姐妹，下属，等等等等。

当这么做时，我们就间接而无意识地向那些刺激我们的人释放出了负面情绪和限制性意象（limiting image）。

当我们意识到这种倾向，并开始承认我们的心理投射之时，我们就是在造福整个世界。在此过程中，我们使自己成为了有趣得多的工作和玩耍伙伴（而且会在不经意中改善他人回应我们的方式）。

低飞

阴影练习的伦理重要性也包括“金色阴影”——被我们否认或压抑的**较高**自我。例如，你具有极精微的青色辨别力，并有能力在此基础上采取行动，但是，你**在雷达监控范围内超低空飞行**，因为你又不想被“枪毙”，所以，你可能会妥协，表现为更被社会接纳的绿色观点。这种事情始终都在发生着，而且每次发生时都会牺牲掉许多重要的价值观。看看这些愚蠢的禁忌，从反理智主义到极端的识时务、合时宜，我们会发现，人们没有经过任何审视或质疑就允许这些禁忌大行其道。

例如，不健康的、“酸腐”的绿色“婴儿潮人士”[①]，试图避免排斥或隐性歧视任何人或事物。他们常常走到极端，试图破坏每个人的认知界限，用“杰出”或“可敬”称呼所有的发展性特征。尽管他们用心良苦，但这却是一个灾难，因为它导致了发展与成熟在垂直维度和现实中的混乱。为了避免在雷达下低飞，我们必须对垂直深度具有分辨力和判断力。

参与整合式生活修行团体能让我们尽力发展自己的真实能力，鼓励我们直起身来，达到**自己最真实的高度**。例如，贵格会教徒在聚会时，有时会做“下一秒说出你的最高自我”的练习。禁止低空飞行，禁止没能充分发挥你的最高和最佳可能性的行为，是强化垂直伦理练习的重要方法。

扩大的伦理责任

当你觉得自己负有 100% 的伦理责任时，你就开始留意到更广阔的视野。

例如，我对配偶的行为负有伦理责任吗？不完全如此。但是我有责任约束她，对她产生影响。作为夫妻来说，我对我们共同的抉择和行为负有责任。同样，我对孩子和宠物的行为都负有部分责任。

我对自己所服务的组织的行为负有责任吗？我的社区呢？我的整个文化环境呢？我的民族呢？

显然，群体规模越大，我个人的决定能力就越小。但是，除了个体成员的责任之外，这些群体并没有确切的责任。如果我没有责任，那么别人也没有；那样可不行。我们不能逃避，每个人都有某些真实和重要的责任。

在高的觉醒状态，我们觉察到自己和整个进化的宇宙不可分离。因此，觉

---

① 主要是指美国第二次世界大战后在 1946~1964 这 18 年间出生的人群。——编者注

醒的人常常感到对整个世界负有深刻的责任。这不是豪言壮语，而是热情和严肃的承诺。出人意料的是，这不会产生过分沉重的心情，压抑我们的幽默感、轻松感和欢乐感，而是会促使我们双目清澈、内心开放、脊梁挺直。这是让我们直面自己的伪善并不断超越的承诺，展现出了我们无畏的愿望：愿意在艰难的进化之旅中充满创造性地、严肃地、负责任地与他人一起生活，肩负起自己分内的责任。

当然，这也是很深刻的“公案”（公案是禅宗的谜底，是需要在实践和练习中才能明白的问题，而不是油嘴滑舌的简单一答）。对社会和世界的责任特别尖锐，因为人类和自然界面临着巨大的挑战，我们的机构和社会在制造全球性的可怕的痛苦和毁灭中扮演了重要角色。我们要共同面对很多没有明显解决方法的挑战。

我们怎样理解自己对所属团体和系统的责任？我们如何练习健康地关心自己，同时将伦理和公民责任扩展到更大的社会和世界中去？这是十分深刻、棘手而重要的问题。

随着我们日益成熟，我们解决这些难题的能力也会日渐增加。我们对世界的责任感最终成为健康、强大而全面的承诺。它完全不同于理想主义革命者的天真热情，显示出真正的目的感、使命感和造福于他人和世界的奉献精神，是每个人都可以追求的英雄主义。这种平衡的承诺不仅是清醒的，也是坚固的、严肃的、稳定的。深刻的耐心接纳中蕴含着巨大的急迫感。革命性的理想主义显然具有巨大的价值，但整合式伦理也承认重组、渐进式变革、保守主义和务实型理想主义的智慧。

不管走了多远，地平线始终存在

随着我们的成长，我们的伦理练习也在发展变化。在每个成长阶段，我们都能注意到三个伦理范畴：

1. 我们始终要为之负责的伦理问题（例如，多数人绝不会认真地考虑去杀人）。

2. 我们通常（但并非始终如此）要完全负责的伦理问题（这是我们可以加以练习并获得成长的范畴）。

3. 我们刚刚意识到的更精微的伦理责任（包括阴影成分、无意的不体贴行为，例如打断别人、阻断交通或间接表达的潜在消极特征）。

关键是：**每个人的伦理练习都能不断向前发展**。真诚的练习者永远不会在道德上沾沾自喜。

因此，最伟大的圣徒会在日记中忏悔内心的自私和不断背离上帝的行为。同时，当我们（包括最高尚的圣人）做练习时，世界**始终在变化着**，带给我们新的、更复杂的挑战。

我们越深刻地理解伦理练习，就越是谦卑，并深刻觉察到：不断变化的伦理挑战是无穷无尽的。但出人意料的是，我们也变得更简单、更轻松，更能够接纳自我。

伦理困境是不可避免的（这不是我们可怕的内在缺陷的标志）。然而，当我们怀着正直之心，竭力在这个广阔（也常常很怪异）世界的浑浊水流中游动的时候，我们会变得更加轻松愉快。

整合式伦理的愉悦

习俗式伦理包括抑制个人的冲动，服从较高的命令。它能强化名叫“道德力量”的重要能力。早期习俗式伦理主要是顺从，而更成熟的习俗式伦理则强调对所属团体的责任。

早期的后习俗伦理往往关注选择、自由、卓越和独立判断的价值。信奉后习俗伦理的个体不害怕同群体分离，想无畏地摆脱压迫性的道德限制。更成熟的后习俗伦理则促使我们更敏感地关爱他人，而这种敏感可以发展为服务和奉献的意识。

整合式伦理体现出**所有**伦理层次的智力和能力。它的精神实质是愉悦而善意的，毫无内疚感和负担。尽管本章主要关注的是伦理过失的代价以及在每时每刻表达的睿智的关爱，但是，请不要幼稚地理解这些教导，误以为它们是你的内在父母，在告诉你“应该”怎样做。

记住：整合式伦理是获得快乐和自由的机会，它诱导你怀着充满爱意的好奇心、智慧和强大的活力来参与其中。它并**不**想将你根深蒂固的责任感和服从意识重新铸成更大的僵硬框架。你应该真切地、充满爱心和善意地来练习，在此基础上，你的练习才能成为伦理练习。在练习中，你要让那种督促你追求自由和自我表达的强烈精神继续鼓舞你。要**自由地**、越来越完全地去关爱。将它**喜悦地拓展成**深刻的、不断增大的自由和责任。

09

在生活中练习：人际关系、工作、养育子女、创造力和其他附加模块

ILP 的骨和肉

你是否已经发现，ILP 并不只是用来组织预定练习的完美框架？它不是华而不实的待办事项列表（打钩，打钩，打钩，全部做完了！）。生活中的 ILP 包括有意识地引导许多日夜不停地流过我们的波、流和生活状态，此外，它还包括在生活这个最高学府中学习的意愿，以及生活教给我们的所有快乐和痛苦的功课。

因此，仅仅参加瑜伽课程和冥想，并不表示你完全实践了 ILP。练习不仅仅发生在蒲团上、健身房内或者柔道馆中，生活的战壕才是更重要的练习场所。当我们上班迟到、同爱人争吵、听到宝宝再次哭泣或者得知自己所爱的人生病的时候，练习才尤为真实。事实上，考试和功课、成功和失败，雇佣和解雇，风流韵事和分手，狂喜和悲剧构成了生活和练习的内容。

生活练习意味着接受生活中的所有感受、祝福和挑战，将它们视为自己敬重的老师。ILP 要你将每种生活体验视为独特的练习机会，并赐予你宝贵的见识或教训。每个新的时刻都带着以往的业力种子，同时又充满着前所未有的新特征。每个瞬间都超越和包括了此前发生的事情，在延续过去某些特征的同时又带来了活跃的新东西，新的练习时刻就这样产生了。事实上，每个**当下**都是新的练习机会。

生活中有些无法预料的突然变故，这时，进行练习就需要具备想要清醒生活的明确意愿和承诺。自动驾驶仪无须动脑筋就能遵照内在的程序，而 ILP 则与之恰恰相反。

我们可以在生活的刺激和我们的习惯性反应之间**做出选择**。这意味着练习不是意外事件，而是每时每刻的选择与再选择。它展现出我们的真实面目，我们与他人建立关系的方式，以及我们在世界上的外在行为。

每个生活领域都是练习的场所。涉及与**他人和系统**的关系时，练习尤其复杂多变。各个生活领域都是重要的 ILP 附加模块的关注点，例如**工作**、**亲密关系**、**家庭**、**财务**、**友谊**、**性**和**服务**。实际上，附加模块并不限于这些，它还包括无数个其他部分。

这里强调的模块都是重要的，而且具有普遍性。这些模块都是你在生活中可以接触到的维度，这些维度都是可以通过练习来发展的。无论性别、种族、宗教信条、文化背景、地理位置或性取向如何，每个人都能够参与生活的这些基本领域，但是，人们理解和练习这些模块的实际方式可能千差万别。

通常来说，ILP 的核心模块集中关注上面两个象限：你的个人成长和发展。而大部分附加模块关注下面两个象限：你在社交生活和对外关系中体现出来的成长与发展①。

核心模块是练习的核心。但生活是一场大游戏，我们受到的考验大多数来

---

① 尽管大多数 ILP 附加模块都涉及外部关系，但有些附加模块也会强调个体的发展。例如，情绪变化模块（第 4 章）和创造力模块都是附加模块，但通常被个人用于自我练习。

自：主要的亲密关系、家庭生活和养育子女、工作、创意表现力、财务以及其他棘手领域的混乱状况。所有的练习都要将觉性和关爱带到每个瞬间，因为所有这些瞬间都同等重要。

每个人都有自己的特点

持续不断地成长和变化并非易事，几乎所有人都必须适应无意识模式。先天性倾向与早期的生活经历和创伤之间的动态关系相互影响，使得每个个体都面临着独特的挑战。你可能有功能紊乱行为，认同内敛型次人格（sub-personality），或者受困于重复的人际关系循环（如受害者－迫害者－拯救者的戏剧三角形）。每个人都有自己的特点。

在自暴自弃的模式中，我们的特点显示得最清晰，也最令人痛苦。人们脱离了不幸的婚姻，结果又常常和随后的伴侣产生了本质上相同的婚姻模式。工作中，人们常常发现最妨碍效率和成功的因素，是自己的无意识信念、臆想和情感模式。许多人发现，即使他们几十年来始终试图遵照良好的意愿做事情，摆脱这些限制仍然几乎是不可能的。

在练习中，最复杂的领域通常是工作和人际关系领域，它们是对成熟的严峻考验，是反映出人们的各种模式的主要舞台。如果人们真的能够保持足够的从容、清醒和关爱来改变旧习惯，并转变自己的工作和人际关系状态，他们的练习就能在这些领域显现出重要的成果。

所有核心模块的练习对其他领域都有促进作用，因此它们仍然很重要。如果你想要转变自己与工作、亲密关系、家庭、金钱或服务的关系，你就需要完整的整合式练习。

你要愿意面对自己的盲点、被忽略的感受和隐藏的动机（阴影模块）；清楚地洞察事物并做出明智的选择（心智模块）；生活中拥有健康、感受灵敏和协调的身体（身体模块）；在每个时刻对常存的实相保持清醒和开放的心态（灵性模块）。这当然需要努力关心自我、他人和宇宙（伦理模块）。

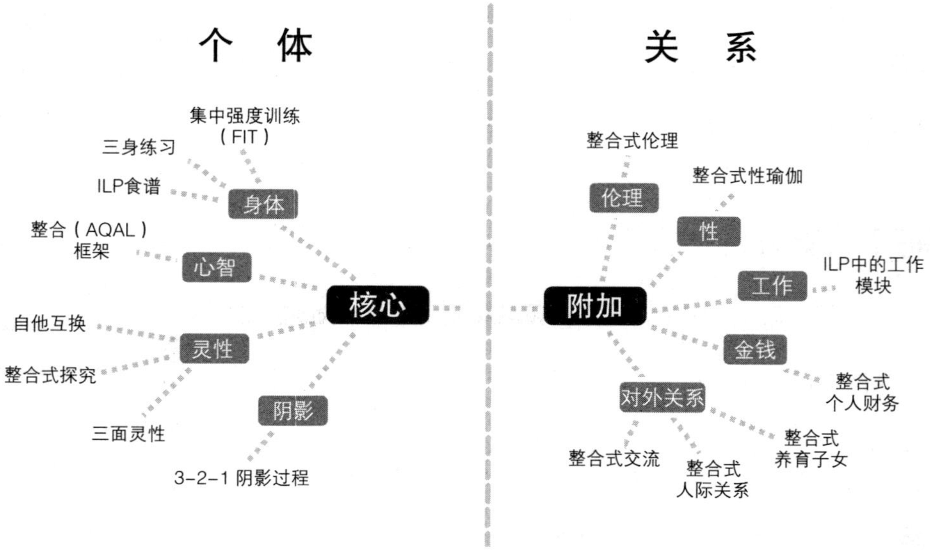

［图 9.1］个体和对外关系练习

但是，单独练习这些核心模块通常是第一步。核心模块练习所发展出来的所有能力，只有在面对日常生活的杂乱要求时才会结出最丰硕的果实。因此，即使附加模块不具有普遍性，它们对多数人仍然**非常**重要。有的人选择独身和弃绝世俗的生活方式，放弃传统的工作和亲密关系。但这种选择很不寻常，对大多数整合式生活的练习者来说，有些附加模块就像核心模块那样重要。

无论我们是否将生活视为练习，**创造美好生活**几乎对每个人都很重要。整合式生活练习是实现许多任务和目标的方式，这些任务和目标对于健康幸福的生活十分重要。整合式立场肯定每个层次的生活，这意味着肯定人际关系、家庭、工作和传统成就的价值，并确保我们平衡和持续不断地成长。

但是，ILP 将自身完全定义为持续不断的练习，而不是**终极的**目标。古代灵修道路深深地领悟到，即使最完美和快乐的人类生活也会遭受损失、疾病、衰老、死亡的威胁。他们极深刻地意识到，世俗的成功都是短暂的。不管生活能变得多么美好，成功的时刻总会消逝。这是深刻而持久的观点。

但是，这并不表明（但在某些古代灵修道路中很常见）你要全部抛弃某些成就。纵使你终将死去，健康地活着还是很美好的事情！我们能够接纳生活，**同时**觉悟到那些超越死亡的东西。这种包容性反映了整合式立场。ILP 帮助你过着完整的生活，接纳生活，同时始终知道：所有的成就最终都会消失。

在整合式生活练习中，全心全意地致力于追求幸福、事业与人际关系的成功是完全无可厚非的。事实上，它反映出了这个很重要的观点：生死之间没有冲突。我们努力生活得更美满，同时又听任它无可避免地流逝，但这两者之间并不存在丝毫抵牾之处。整合式练习者能够学会适应这些矛盾。

那么，怎样创造美好的生活呢？

努力、随缘、目的和投入

创造美满的生活需要努力，但过于努力则会妨碍练习。最能发挥自我才能的生活通常都是自然而轻松的。

随着练习的成熟，你具备了明智地解决这个矛盾的直觉和技巧，学习在每个时刻适当地努力和随缘。你清楚地知道什么时候应当随缘，同时又不削弱你的努力，让你被动地在生活中随波逐流。应当努力的时候，整合式练习也不会取代或忽略你获得更大力量的能力，让你不能认识到你无法控制的东西，或者不去关注当下的事情。

宇宙的自然进化动力存在于我们每个人身上，驱使我们实现自身的价值、觉醒并造福他人。每种有意义的生活都有其目的。有些目的和我们自己相关，如健康、长寿、成功和快乐，其他目的则超越了自我，比如渴望造福世界、贡献自己的天赋，以及造福家庭、社区和世界。

当我们认可自己的目的时，我们可以将自己的愿景清晰化，凭直觉来栩栩如生地描述我们的生活和练习的目的。那个愿景可能会变得清晰而具体，甚至在某个具体目标中体现出来。当这些目标变得清晰以后，我们就要真诚地努力实现它们，释放出巨大的能量。在第十章中，我们会讨论如何通过练习来明确你的人生方向，让你的宏观愿景变得清晰。这些练习是 ILP 的设计过程中涉及的东西。

快速浏览部分附加模块

重要的附加模块不光包括工作和亲密关系，还包括我们在生活这所学校中需要面对的所有重要领域。每个模块都值得深刻研究。然而，由于每个人的生命都是独特的，所以，你认为真实的练习“模块”可以具有很大的灵活性。当然，我们认为四个核心模块和整合式伦理都是基础，但生活练习能容纳可以促进自身发展的**任何**领域。下面的附加模块可以很轻松地融入到你的整合式生活练习中：

工作

许多人在清醒时花在工作上的时间超过了任何的单个其他活动。为了高效率地工作，多数人需要练习**意志**或意向（“意向”这个关键领域以及它自身的练习模块，我们随后还会讨论）。工作模块使我们有机会展现基本责任、心理和情绪的自我管理能力、做事的效率、时间管理能力、交流能力、人际沟通技巧和领导能力。工作也是服务他人和团体、实现和改变创造性抱负的重要机会。此外，你还可以在工作中察觉和培养你的能力，让自己对权力、地位和个人身份的认识更明确。因此，这个模块的练习通常是多维度的，而且会持续地变化。

金钱

不管你在工作上多么成功（或不成功），管理你的财富和金钱始终是一项截然不同的练习。它包括：平衡支票簿、开销预算、控制花费、设定收入和支出目标、保留有用记录来进行良好的投资决策，以及其他各种事情。工作通常是经济自由的必要条件，但财务管理练习通常对老年时的安全保障和创造性地利用金钱来服务他人最为重要。建立清醒的金钱关系意味着：你必须具备并加强能解放个人创造力的心理－能量能力。

时间管理

对很多人来说，时间管理是工作模块的重要方面，但不工作时如何利用时间也很重要。时间是最珍贵和有限的资源，你和时间的关系以无数种方式决定着你生活的可能性。随着练习的成熟，你和时间的关系也会发展，你会产生高效、自由、平衡的生活节奏，甚至在你安住于永恒的当下时也是如此。

交流

就像时间管理一样，交流也是基本的生活技巧。我们都必须学会跟不同的个人和团体有效率地交流。他们会透过各种各样的过滤器，亦即不同的意识结构、价值观、身份和道德观来听我们说话。有效的交流需要倾听和沟通技巧。它最终会考验你，暴露你的弱点，发挥你的力量，从而带来教训和成长。交流是需要我们终生学习的丰富领域，它决定了某种亲密关系是停滞不前，抑或是不断地成长为更深形式的爱。

亲密关系

亲密关系是许多人的情感家园，是成就、挫败、见识和成长的静点（dead center）。它可能是每个人学习和转型的中心领域。亲昵和狂喜在这里现身，被遗弃和被吞噬的恐惧在这里起舞，此外，还有我们渴望主宰和交欢的基本需求。因此，这是一个充满激情的领域。如果我们再以男女之间内在的同异之处为佐料，这道大餐无疑十分香艳！这些同异之处使男女们演绎着悲欢离合的故事，无论感情关系的性取向如何，它们都在男性和女性力量的角逐中体现出来。

在你与生活伴侣亲密相处，并保持真诚之爱和相互理解的同时，对自己负责绝非易事。后现代生活的节奏逐渐加快，这个问题因而变得更加复杂。在飞速发展的后现代文化中，传统的婚姻和家庭模式始终发生着变化，这为发展积极而自觉的亲密关系增加了前所未有的复杂度。如果我们想要通过忠诚的爱情来不断成长，这就要求伴侣双方热情地同时进行练习，在彼此的相处中练习，在众多的悖谬情境中练习。即便如此，亲密关系始终是最丰富和最能改变你生命的机会。在传统婚姻和许多新潮的感情关系中，你都可以用很多不同形式来练习这种深奥的瑜伽。

性

繁殖后代对生存非常重要，因此，自然而然地，性最强烈地体现出我们的原始生命力。我们对性具有本能的认识，将它视为孕育我们和锻造最初的生命纽带的精神能量和热情。三个身体中都能察觉到性的存在。它召唤着我们，深刻而令人狂喜，同时能够转变我们的生命。性伴侣间的亲密交流可以是生命能量互动和循环的大好时机，它通常主要体现在双方表示亲昵、爱和关心的重要场合。性瑜伽可以汲取大量练习，包括古代的密教、当代沟通技巧、热烈做爱、安静地感受 - 觉知，以及独身者对宇宙之爱的狂热。有意识地练习可以让性为你带来自由和狂喜。

家庭和养育子女

父母的爱属于生命中最令人心满意足的体验，但养育子女却是非常困难的。弗洛伊德将之称为“不可能的职业”，不过，它也可以恰如其分地称为“不可缺少的职业”。将孩子养育得敏感、可爱、能干而快乐是生命中最重要也最富挑战性的成就。这个任务很艰巨，因为在今天，长成健康成人需要花的时间远远超过了 18 年，而且，随着后现代生活变得越来越复杂，父母的角色已经扩展到很多其他方面。随着文化的瓦解，有些传统的养育方法甚至更加重要，而另外有些方法则变得不合适。父母必须为孩子提供最初的重要人际关系，并创造各种框架，来约束和塑造孩子的生活。这要求坚定的、与孩子年龄相符的、充满爱意的管教以及发自内心的真诚。它们是很重要的礼物，给予这些礼物需要大量的投入、勇气、爱和纪律。我们需要始终竭力展示出高度的敏锐度，全力关心并投入，甚至在诞生新生命的嘈杂、愉悦和心碎中也坚持如此。这样的练习是很困难的，然而，通过自觉地练习，我们能培养出高度的智慧和慈悲。

团体

我们只有在团体中才能了解自己的不同侧面。我们是社会性动物，并通过社会的反馈来学习和成长。我们需要有和别人共同参与这种或那种团体的体验，如同学、朋友、同修、同事和 / 或邻居。我们在给予和接受友谊的过程中成长，在和其他修行者的交往中成长，以共同的价值观和奋斗目标彼此扶持着对方。我们也对自己所属的较大团体负有责任，无论它是当地、全国的还是全球的。有些人通过服务于这种或那种团体来履行自己的责任，其他人则承担着社会责任，或从事公民参与活动，包括投票和参与政治，以此来体现自己对较大团体的责任。

奉献

提供真诚快乐的服务可以提高生命与灵性的能量。事实上，我们在付出时也获得了最丰硕的回报。快乐生活的核心秘诀之一就是，怀着真诚的意愿来自觉地练习奉献精神。每个人都在为他人服务，但不是所有人都能具备奉献的精神。服务的对象可以是他人，也可以是动物、植物、环境、系统和整个自然界。当我们的虔诚生活变得真诚而完满之时，奉献就是将虔诚精神付诸行动的方式，在此过程中，你用整个身体与你深爱的宇宙进行交流。

自然

同自然界交流对很多人的 ILP 来说十分重要。交流的形式可能是种植花木、爬山、航海，以及拾垃圾和保护濒危物种等有形服务。野生植物和生物可能有深刻的治疗和鼓舞作用，我们也可以通过照顾它们实现自身的完整性。自然神秘主义是灵性模块古老而极普遍的表现方式。通过所有感官来接触自然环境中的粗重和精微能量，也是身体模块练习的核心内容。

创造力

人们使用“缪斯女神”这个词的时候，就是在谈论创造性灵感的更高源泉。许多忠诚的艺术家都付出了辛勤的汗水。艺术练习需要自律和投入，它可以激活日常生活中罕见的存在层面。获得这种源源不断的创造力就是内在瑜伽（inner yoga）练习，无论个人从事的艺术是爵士的即兴创作、写诗、画画、跳舞、唱歌、写歌、表演、拍电影、单板滑雪还是图案设计，这种创造力在每个人身上都表现得独一无二。对许多人来说，创造力练习是个关键模块，对生活练习十分重要。创造性表达可以促进个人的整体性格和灵性生命的迅猛发展。对某些个体来说，练大提琴既是 ILP 的核心，又是他们给予世界的最深情的礼物，后者与练习的概念毫无关联。

意志力

工作、金钱甚至人际关系模块要求我们实现自己选择的目标和承诺。几乎所有形式的练习都意味着我们需要约束自己。隐藏在人类全部努力后面的，几乎都是对**意图**（或意志力）的锻炼。我们可以将个人意志作为单独的模块加以练习。事实上，促进个人成长的很多著名方法都关注个人意志的发展，这些方法起初都要我们学会辨别事情的优先顺序，并做出恰当的选择，然后由此做出承诺，促进理想的实现，最终，我们的愿景就能够吸引他人，让他人参与其中。这不仅仅意味着获得强大的意志力，也意味着拥有我们渴求的**自由**和**智慧**。完全成熟意味着能够高效率地锻炼我们的意志，但不会压力过大或执着于结果。高度成熟的意志力对实现个人的生活目标通常是必不可少的。

本章在后文中还会谈到确认练习（affirmation practice），该练习是训练和培养意志力的完美方式。不过，你也会发现：**投入练习的承诺本身**就能让你在所有其他生活领域发展意志力。

在日常生活中使用整合式框架

ILP 较之于其他练习方法的不同之处在于，它是整合式框架。在 AQAL 环境中练习时，你的个人雷达荧光屏能够留心着每个瞬间呈现出来的丰富维度和观点，这就加深了你的生活体验。运用更大的框架和更广阔的意识，你就能接纳更多的生活和现实。过度关注理论会遮蔽住理论试图予以解释的实际问题，你可能会因此当真遗忘了生活，就像埋头扎进地图中的旅行者，忘记了欣赏周围绿意盎然的风景。然而，明智地运用 AQAL 图谱则能照亮生活中不断变化的丰富性和深刻性，从而更充分地体验生活。

你已经体会到 AQAL 揭示的多种观点是如何照亮身体、心智、灵性和阴影（ILP 核心模块）等熟悉的生活领域的。同样，整合式观点能够为附加练习模块做出独特的贡献。

整合式理论不告诉人们如何练习或者生活。相反，它只是介绍**关于练习和生活的新观点、新可能性和新视野**。

ILP 努力在理论和练习、图谱和实际领域之间寻求平衡。整合式观点能够让养育子女、性爱、交流、领导等练习变得清晰明朗。记住，整合式操作系统通过影响心灵来发挥作用，它让你从里到外改变，真正领略到新的景致。

通过五种整合式透镜来观察附加模块

每个附加模块自身都可以写成一本书（或者几本），但我们的目的不是深入地探讨每个模块，而是解释整合式框架是如何启发某些附加模块的，我们会举例说明它如何将新观点带入这些重要领域。因此，本章剩下部分将讨论 AQAL 元素：**象限**、**层次**、**路线**、**状态**和**类型**。

利用象限

在任何给定领域，无论是你与岳母的关系，是金融投资，还是高尔夫游戏，接纳更多观点都能够深化你在该领域的练习。顶尖级的运动员完全理解自己的运动，就像成功的商人会从多种角度来了解自己的行业和顾客。原因很简单：你接纳的观点越多，你就越能够做出更有见识、更明智和恰当的选择。

篮球明星肯定都无数次接到过掠过人们头顶的长传球。他需要在瞬间决定是投篮还是传球，而在这种决定的背后，他要考虑队友能力、自信状态、对手防御能力、个人受伤情况、教练策略、得分、时间，还有很多其他因素。在那个瞬间，所有这些念头都呈现在运动员的意识中。

同样地，老练的业务主管在做出肯定或否定的回复时，也会发生这种情况。他能迅速地察觉到精微的线索和迹象，并据此理清头绪，确定战略计划和宏观远景，做出决定性的回复。推动学科发展的领军人物在做出决定时，能够比大多数人更深更广地考虑到各种观点。而这应该感谢他们持续终身的投入的练习。

清晰的图解并不能阻止人们犯错误，但它能暴露出盲点，帮助我们在探索新的生活领域时站稳脚跟。如果你能知道关注点和疑难点，这是巨大的优势。

工作模块显现在所有象限中，毕竟，你可能将大约 1/3 的清醒时间都花在了工作上。

职业和事业选择属于你生命中最重要的抉择。发现能够利益自己、他人和世界的正确谋生之道，通常是英雄般的自我探索之旅。通过工作，你不仅能展现出自己的特点，也至少能展现出部分生活目标。这通常是练习的核心动力，是自我实现和奉献的主要动力。

你可以将这些象限作为多视角透镜，运用精微而敏锐的意识来进行这些探索。象限图谱不会明白无遗地告诉你要寻求什么事业或工作，而是强调适用于任何工作或事业的重要而普遍的观点。269 页图 9.2 中有一张象限图，图中介绍了你在涉及工作机会时可能会提出的部分关键问题。

你几乎可以用无数种方式来快速扫描四个象限。此处，它凸显了那些对你影响最大的关键维度，但并不特别对待或忽略任何方面（图 9.2 中所列举的问题仅仅是可用于每个象限的少数例子，此外还有很多问题）。

如果在你的工作练习中，你需要为某个认同整合理念的公司工作，或作为企业改组代理人将你目前所在公司进行内部改组，那么，你就可以运用象限来标明理想的整合式组织所具备的特质（见 270 页图 9.3）。

识别你在四个象限中的练习意图，并理解它们在工作中如何彼此关联或协

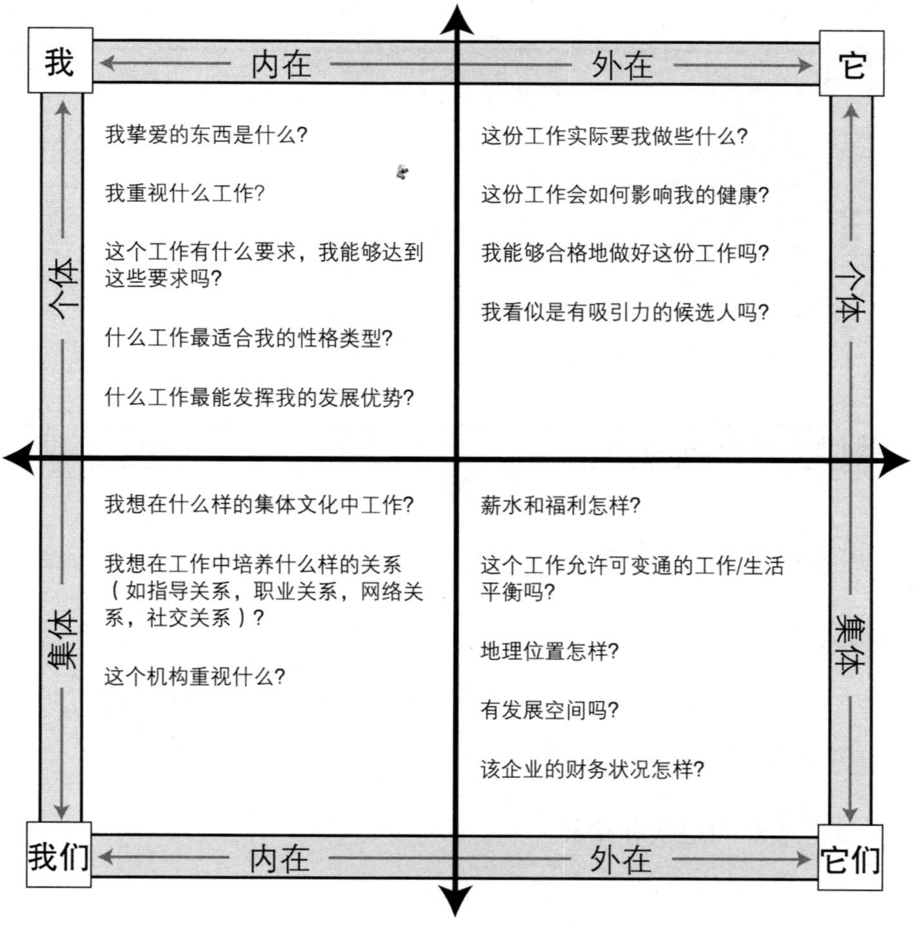

［图 9.2］四个象限中的求职体验

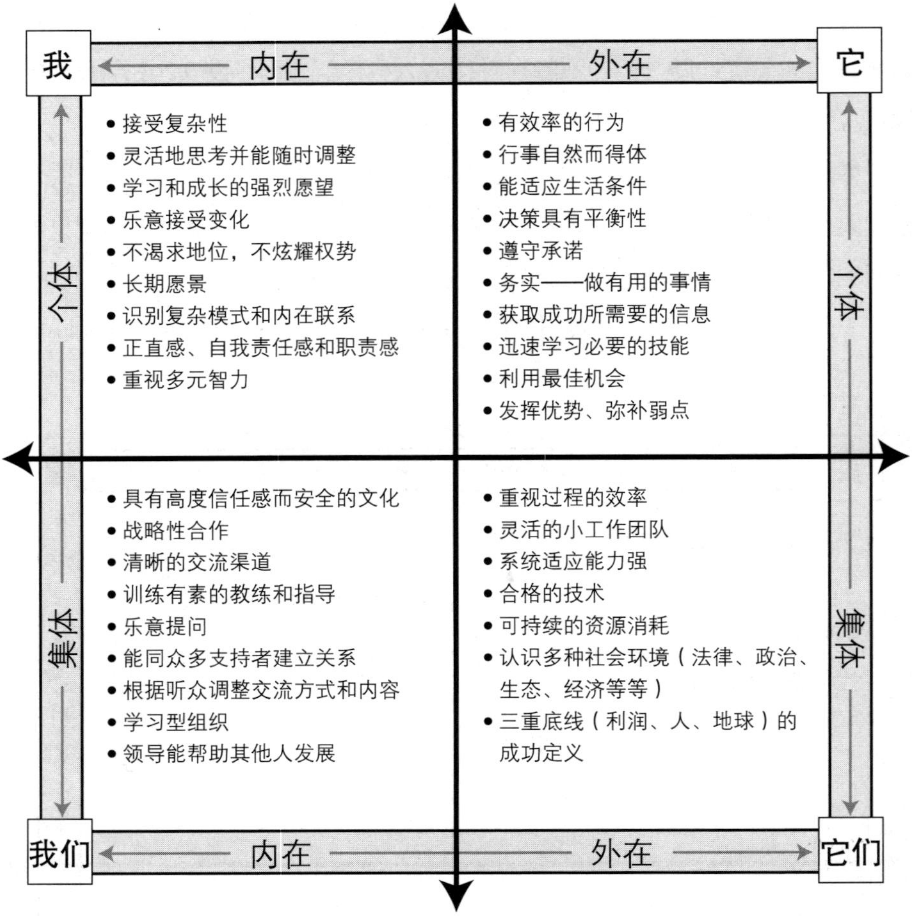

［图 9.3］整合组织的四象限

调配合（或四个象限相互交融），这样，当前的整合生活练习就会产生强大的协同作用。最终，你的工作会取得两方面的完美成就，因为你不仅能将事情做好，而且做完这些事情以后，**你自身也更加完美**。这也适用于任何 ILP 模块。

养育子女的层次和路线

也许你还记得，人类沿着不同的**发展路线**在多个**层次上**成长。这在儿童成长的激动人心的过程中体现得最为明显。父母有幸参与到最显著、最确定无疑的意识发展过程之中：从新生婴儿到成人的成长。意识发展的整个历史在每个小顽童身上逐渐体现出来。仅仅在数年的时间之内，新生婴儿就会经历数个主要的成熟层次（或高度），从红外发展到琥珀色以及（很可能）更高。

儿童的每个发展层次都要求相应的养育层次。整合式养育练习就像穿过进化舞池中的旋转探戈，力图跟上娃娃们的步伐。这就使养育练习跻身于最艰巨的整合式练习之列。

在本页的层次和路线中，马克起初不能调整自己的养育方式来满足杰米的发展层次。他必须学会如何将自己的交流愿望翻译成杰米能理解的语言。许多亲子问题都源于父母的发展缺乏灵活性。

层次和路线的故事

苏珊的丈夫马克常常说些他们的儿子杰米无法理解的话语，这让苏珊很伤心。马克爱儿子，但他就是无法帮助儿子。他会用简单的语言和眼神交流，但不知道杰米在想什么。马克再三说着抽象的概念，滔滔不绝，而与此同时，杰米的眼神则始终显得呆滞无神。

幸运的是，苏珊的朋友麦格是发展心理学家，他指出，杰米的意识处于同神话和故事联系最紧密的阶段。在麦格的帮助下，苏珊和马克思考着其他办法，以便马克能够和杰米交流他急切地渴望杰米分享的重要人生智慧。

夫妻俩找到了可以表达马克想法的故事，这是20世纪早期的奥林匹克运动员格兰·坎宁安的事情。

格兰小时候被可怕的大火烧伤，失去了几个脚趾头，双腿都完全失去了知觉。医生说他可能永远也不能走路了。但格兰通过艰难的尝试和反复练习，终于学会了扭动脚趾头、腿，然后站起来，并最终能够走路。他甚至还学会了跑步！跑着跑着，他的速度越来越快，甚至开始参加田径赛！他最初没有获胜，但是他依然鼓起勇气继续练习。若干年以后，以前的“跛子”格兰·坎宁安成为了世界上跑得最快的人。

这次杰米的眼神没有变得呆滞无神。他喜欢这个故事，于是请父亲再讲一遍。再讲一遍！逐渐地，他似乎明白了故事的含义！后来，马克发现杰米在努力系鞋带，再三失败后也仍然不放弃，并在最终掌握了这个新技巧。这让马克激动万分。

有时候，父母会像马克那样高估孩子的能力，不过，他们更经常**低估**孩子的能力。事实上，在很大程度上，正是儿童心理学家的老生常谈使得父母教育孩子时往往会停留在孩子大约 1 年以前的发展层次上。很多父母就这样在孩子的青少年时期播下了隔阂的种子。

儿童的认知发展通常早于道德、价值观和自我认知路线的发展。这为父母和老师提供了宝贵的机会，让他们能够诱导儿童思考某个具体情境，并自己来发现结论。这通常有助于儿童学会将成熟的认知能力运用到道德和人际关系领域（它们能对其他领域产生最重要的影响）中去。

理解自己孩子的**独特心理图**对整合式养育非常重要。例如，如果你的女儿有很高的同情心、爱心和情绪敏感性，你可以引导她发挥其优势，让她参与允许她表现和发展心智的活动；例如，让她在学校辅导同学或照顾家庭中的宠物，然后，你可以鼓励她谈论自己的经验或写成日记，从而帮助她将思想和内心联系起来，发展理性的自我理解能力。

如果你还有个女儿是天生的运动员，热爱跳舞、打排球和滑冰，你可以通过和她共同玩耍、陪她参加体育活动，来认可和欣赏她的运动能力。然后，你可以建议她将运动技巧教给更小的兄弟姐妹或朋友，以帮助她提高沟通技能，并学会在竞争和合作中保持平衡。

对层次和路线的熟练觉察能力意味着满足孩子实际所在层次的要求，同时创造条件，帮助他们发展到更高的层次。

管教是爱的行为。儿童需要清晰的规则、界限和组织结构。他们有时候会审查这些界限，如果不能超越界限就会感到伤心。但是，随着时间的发展，如果他们不清楚自己的角色和目标，他们会更加茫然而伤心。循循善诱的父母可以设立严格的限制，与此同时，当孩子发展成熟，老方法不再管用的时候，他们也随时愿意改变这些限制。

而为桀骜不驯的青少年设立限制则并非易事，他们正处于发展的自我意识阶段。但他们更愿意和父母**共同规划人生**。在这个阶段，父母可以表达自己的要求，并愿意随时提供帮助，但不贸然干扰青少年的选择以及相应的后果。如果这样做，他们就能取得最佳效果。

练习中的状态

在某些最特殊的时刻，我们会体验到异常的身体、心智和灵性状态，但这种特殊状态发生后就消失了。接下来的时刻会有所不同。如果我们试图执着于那种兴奋状态，它们就会从我们的手中消失。这就像威廉·布莱克所说的，当我们在“亲吻飞逝的欢乐”时，我们就“生活在永恒的黎明之中”，而试图“攫住欢乐不放”则是徒劳无功的。就**状态**而言，这是我们需要学习的核心功课。

状态每时每刻都在变化和消逝。情绪的变化、股市的涨跌、谈话和流行性感冒都会来而复去，就像天气的变化。冥想者体验到各种不同的意识状态，商业会经历盈利和亏损的状态，艺术家会享受创作的激情和灵感，也会为灵思枯竭而苦恼不安。爱人会在彼此的奉献中交融，接下来的时刻却又会感到疏远和受伤。状态始终是不断变化的，这是现实世界中的无常现象。

在有意识的性爱练习中，夫妻们可能会深深体验到超验的狂喜状态，此时内心完全敞开，思想也无限宽广。然而某个负面的念头，某句不当的批评就会立刻改变爱人的心态，让他/她回到担心、恐惧和懊悔之中。状态的产生是无法预测的，事先没有任何警告。步行穿过森林的人在充满焦虑和紧张的某个瞬间，也许能突然体验到超验的自然神秘主义，和环境融为一体，迅速地与蚂蚁、飞鸟和树木产生明显的共鸣。

谁要是攫住欢乐不放，他就会毁损生活的翅膀；而谁要是亲吻飞逝的欢乐，他就生活在永恒的黎明之中。

——威廉·布莱克，《天真与经验之歌》

或者，举个更实际的例子，留意你的五种身体感受：闻到以前的爱人的香气、听到原来老板的严厉话语，尝到咸咸的海水，触摸到柔软的狗皮大衣，看到过世的父母在旧照片中凝视着你……留意它们是如何勾起了你深情的回忆，而这些回忆似乎是莫名地冒出来的。

最后，想想父母同小孩的关系。小孩有着近乎神秘的本领，能够耗尽父母的精力，让父母极其恼火、沮丧和愤怒。然而，及时的微笑或者拥抱又能够融化父母的心，重新打开父母对孩子的爱的闸门。

适应状态的练习意味着在精进与随缘的矛盾中成长。清醒的生活要求觉察和接受所有消逝的状态。所有状态发生了，然后逗留片刻，接着就消失了。你应该留意这些短暂的状态，接受川流不息的生命之河中不可避免的潮起潮落，这对正念（mindful）生活是必不可少的。

不过，相对而言，有些状态更加惬意。政治家致力于经济的繁荣，生态学者试图促进可持续发展，清醒关系中的亲密伴侣寻求着更深的内心联系，以及彼此的呵护与关爱。冥想者则可能训练自己体验到超个人状态，亦即精微和因果的状态。

整合式生活练习必须**接受各种状态**，同时又**引导各种状态**。在工作中练习的领导者可以从失败中学习教训，比如新员工将事情搞砸的时候，季度收入没有达到期望值的时候，股票价格受到华尔街冲击的时候，或者，因为产品缺陷而需要大规模回收产品的时候。经历到不好的状态并获得教益以后，他可以更有效地构思某项业务练习、专注于某种明确而坚定的使命、善用员工的智慧、进行有效的交流、制定最佳的战略规划、提高产品质量。

同样地，艺术家可以引导他的痛苦和过去的失败，将它们转化成充满创造力的杰作。艺术家知道创造灵感是无法强迫的，如果没有，就是没有！不过，在很多情况下，简单地接受**现实**就打开了通向理想状态的大门。例如，鼓起勇气来坦率而深刻地感受焦虑或抑郁，常常是超越它们的最有效方式。同样，很多冥想形式都通过充分地观察日常状态，来训练心灵达到超个人状态。热爱现状是进入理想状态的通道。

利用状态来发挥创造力

创造力练习能够诞生新事物。创造性观点、方法、技术、解释和活跃状态超越了以前的事物，而与此同时，它又完全来源于以前的事物，并吸收了它们（这是全部进化之旅的本质）。伟大的发明不会变魔术般地从天而降，正如艾萨克·牛顿所说："如果说我看得更远，那是因为我站在巨人的肩上。"

创新者将新**观点**引入原先的事物当中，使两者形成了**新的关系**。发现如何修复哈勃望远镜镜片的国家航空航天局（NASA）科学家别出心裁地将高科技空间机器人和某家德国旅馆的淋浴喷头联系起来，这是谁能想到的呢？创造力练习包括看到别人无法看到的深刻联系。因此，从这个角度而言，整合式框架是一张创新图谱。

下面列举的四个步骤的练习能够用整合式方法来引导状态和接纳观点，以便提高你的创造力：

1. 吸收：尽可能多地了解你想要拥有更多创造力的领域，然后投入进去！你可以通过读书、访问专家或直接参与等活动来这样做。在你能站在巨人的肩膀上以前，先跟他们做朋友！

2. 酝酿：现在放下你已经吸收的东西，改变环境。如果你在办公室处理某个复杂问题超过了 12 个小时，那就赶紧回家！如果阅读了小型图书馆中关于某个技术主题的全部书籍，那就看电影去！如果人际关系问题耗尽了你的精力，那就独自去旅行。环境的变化本身就能改变你的意识状态，激发心灵和大脑的不同方面的活力。

继续向前，接触粗重、精微和因果身体，冥想、放松、睡觉、锻炼、玩耍和其他各种活动能够让你接触到不同的状态和身体，从而了解不同的观点。在整合式操作系统的背景下，放弃旧观点的同时接纳新观点，这迟早会产生火花，点燃创造之屋。

3. 灵光乍现：创造性观点随时可能不期而至。创造力研究者通常将“3B”视为那些著名观点自发出现的地方，即浴室（bathroom）、床（bed）和公车（bus）。所有这些地点能够促进常见的清醒意识以外的状态的发展，亦即睡眠状态及对应的 α 和 θ 脑电波模式。深夜和清早往往是人们特别有灵感的时刻，此时人处于**催眠状态**，介于清醒和睡眠之间。精微的做梦状态似乎不再抑制心灵，我们能够在看似不同的事物之间建立起联系。

当创造性想法降临你心中的时候，务必要迅速地、丝毫不漏地记录下来。任何时候都要随时携带着小记事本或钢笔，这也许是保证你不会遗忘任何创造性想法的好办法。

4. 评估：此时，你可以更明确地运用 AQAL 框架来识别你的创造性联想的确切本质。从多个角度来分析你的领悟（例如，象限、层次、路线、状态、类型），直到最终你知道它如何产生作用，如何符合更宏观的图景。

继续批判性地评价你的观点。寻找你在创造过程的早期没有想到的缺陷，并进行质疑：这个观点可行吗？有用吗？我怎样才能继续完善它？我怎样才能成功地实现它？

接受你的类型

类型是**横向**的差异，例如男性和女性，或九型性格、迈尔斯·布里格斯以及其他类似系统描述的性格类型。在人际关系中，我们能够充分地探索这些差异。以特莎和鲁克为例，他俩在每个周日的晚上都会坐下来，进行每周的沟通练习。他们会轮流讲出自己知道的真相，内容可能包罗万象：上周的全球热点、人际问题、情感变化，以及人生意义、方向和目的之类的问题。甚至在结婚四年后，他们仍然能随兴地谈论各种话题。

当两人中有人完全真诚而可靠地分享时，对方就要怀着开放的内心和思想来倾听。至少练习背后的意图是这样的。不过，事情有时并非如此。

特莎在某些事情上顶撞鲁克的时候，鲁克立刻就开始心存戒备，用详尽而合乎逻辑的言辞予以回击，为自己过去的行为辩护，这样，某种模式就开始形成了。当特莎最终觉察到这种变化的时候，她映照出鲁克的防备心态，以便鲁克能在自己身上清楚地看到它的存在。鲁克最终意识到了，并反省这种戒心。他因此得以了解，相同的戒心是如何在他生活中的其他领域显现出来的。

第二天，鲁克进行了确认练习："当我被自己信任的人顶撞时，我是开放而敏感的。"他开始每天说出并确认这种心态。

下一次沟通练习时，特莎告诉鲁克，当鲁克违背他向她许下的诺言时，她感到自己多么受伤。鲁克张开嘴巴进行辩解，然后突然停下来。"当我被自己信任的人顶撞时，我是开放而敏感的"这一确认闪过他的脑海，鲁克控制住了自己，选择了练习，而不是用惯用的方式进行回应。他落入完全的存在之中，能够接受特莎的观点，在说任何话之前都能心有灵犀，感受到特莎受到的伤害。最后，当鲁克做出回应时，他从不同于以往的角度发言。此后，对话就顺利进入了相互认可、理解和爱的阶段。

男性和女性类型体现了最基本和简单的类型学。男性和女性特征通常会同时在我们身上显现出来，并在每个瞬间和每个练习中互相转化。

井然有序的严格练习能够促进男性取向的发展：每天早晨六点冥想，周一、三、五下午五点半下班后进行举重训练，此外，在这个例子中，还包括每个周日晚上的沟通练习。男性练习的优点包括自律、专注、突破界限、仰首面对挑战，接受任务、采取行动。特莎和鲁克利用男性力量，如实遵守了练习承诺，在每个周日晚上，都共同面对生活和两人关系的残酷真相。

特莎坚定地表达自己的主张并顶撞鲁克的时候，她就汲取了自己的男性力量。斩断困惑的辨别力之剑上铭刻着男性智慧的标记，穿透真相的诚实和坦率回馈也是男性慈悲的表现形式。同样，集中力量来举起重物、全神贯注、时间管理和完成计划、坚持新的营养计划、勇敢面对自己的阴影，也都是生活实践中体现出来的男性天赋。

交流过程中的坦率自然和多变本质体现出练习的女性特征。女性始终乐意接受意料之外的事情，应和着生活的节拍，在练习中翩然起舞。她们将即兴和灵感视为无上珍宝，沉醉其中。女性往往喜欢更轻松、有趣和幽默的练习方式，在通向觉悟的道路中始终保持着笑容。更女性化的人则顺从创造性直觉的自然发展，通过意外的谈话、良好的人际关系以及自然运动进行练习。女性能量体现出丰富多彩的生活练习的动态变化和神秘光辉。

鲁克接纳特莎的回馈意见时，他也表现出练习的女性侧面。在那个时刻，他让步了，让自己温柔地接纳她的话语，让这些话穿透他的防线，触及他的内心。

比男性 / 女性**更复杂的类型学系统**揭示了许多差别更细微的特质。有些类型倾向于强调头部、心脏或丹田，还有些则更内向或外向，或更强调直觉或逻辑。有些类型强调避免错误，有些则避免错失良机，而还有些则避免被拒绝或被吞噬。**你的练习方式应该根据你的类型而有所不同**。

你的练习目标未必需要你在所有可能的类型中保持完美的平衡，而是需要你在优势领域发挥天赋，同时设法展现你在弱势领域的力量。一方面，极端女性化的类型可能会极力反对在某段固定时间内坚持单个练习，想要不断改变练习内容，或容易被其他事情分散心神。而另一方面，极端男性化的类型则可能将练习看得过于严肃，完全拒绝根据生活的变化来做出调整，结果使练习变得僵化无趣。

通常来说，你的类型会排斥的能力往往是你 ILP 练习的重要部分。克服固定模式十分重要，不过，适合你所属人格类型的练习往往对你影响最大，而且通常也最有趣。

例如，最优秀的经理不会盲目地追随最新的管理潮流。他们会凭借着自身性格的天赋，形成活跃而独特的管理风格，用对自己、雇员和公司都有效的方式来进行管理。优秀经理的人格类型也许范围很广，以迈尔斯・布里格斯性格类型为例，他们可能是感觉型或直觉型，理性型或情感型，判断型或理解型。无论是工作、和孩子相处还是在卧室中，同样的练习对某些人可能效果更好。为什么呢？其中有个重要差异，那就是：只有当你的行为与类型相符之时，你才可能做到自然而真实。

确认：实现所需变化的强大工具

确认是强有力的导向性意图练习。它可以作为意志模块的内容，也可以对**任何**核心或附加模块起到补充作用。如果你乐意真诚地努力改变生活，不管它是工作或个人生活中的新举动还是新目标，确认练习都很有用。表达意图就是与你所致力的愿景保持协调的方式，是对它的回应和确认。

确认练习包括定期重复某个或多个正面意图。如果练习的意图很强烈，分辨力很缜密，练习者也很成熟，练习就会带来非凡的变化；否则，练习就可能会徒劳无功（甚至很愚蠢）。

确认就如在幕后发挥作用的显眼人物，吸引人们关注生活中随机的练习时刻。当你重复确认你的意图时，无论相关练习何时出现，它都会在你的头脑中闪过这样的信息："记住，记住，记住。"

例如，假设你决定减肥，你要达到的理想体重是150磅，你就可以做这样的确认："我重150磅。"有效的确认在你内心的不同层次上产生共鸣，让你开始改变其他念头或那些重复出现的念头，例如"我始终都会很胖"或者"我无法控制饮食习惯"。每天重复确认练习能帮助你确认进行营养练习的时刻，选择符合你目标的行为。在这个例子中，就是吃健康食品并进行锻炼。当餐厅服务员问你是否想要添加有双份巧克力奶糖的特制蛋糕时，警告就会响起，你更有可能按照将来重150磅的假想事实来做出抉择和行动。

入手进行确认练习时，需要怀着实现新现实的明确决心。在此基础上，它就能成为转变生命的强大工具。实际上，你过去在沙堆上画了一条线，说："事情将会这样"，而现在，你在确认中将它体现出来，并每天重复这种确认，这样，你的意图就能与生命的所有层次保持协调，同时，你在自己的世界中不断回应这种共鸣。曾经看似痛苦而困难的事情（比如说，拒绝蛋糕）逐渐就会变得轻松自然（比如，合理饮食）。

练习包括找到表达确认的方式并与之建立关系，这样，你就能完全参与其中，相信你所确认的东西。你必须关注它，确认必然需要你的投入。然后，怀着真诚的热情来表达这种确认，充满信心地说出来。这不仅仅是信念，更是对整个生命的承诺。

找到确认目标以后，选择某个你很难找到练习机会的生活领域会有所裨益。然后探索这个生活领域，无论它是友谊、性、说话习惯还是上瘾行为、财务模式等等。想象这个领域如何发生改变，以便更加符合你的价值观和愿景。

现在将这个意图用文字表述出来，就像写诗那样注意遣词造句，找到准确的字眼，让自己如实说出你希望出现的东西。当你写下这种确认以后，就真诚地练习，每天重复说它（或者每天很多次），并持之以恒。

在 ILP 中，确认练习不仅会带来普通的变化，甚至会带来非凡的变化。事实上，有些最成功的专家，包括权威著作《**身体的未来**》的作者迈克尔·墨菲，都相信确认练习是开发超常能力的最强大工具。

设法创造若干种确认语言，让它们有力地引导你在乐意做出真正改变的生活领域忠实地练习，注意你是否能更频繁而清醒地认识到生活中某些随机的练习机会。你会发现，这是释放意图的力量的强大秘密武器。确认练习的确有效！

确认练习指南

1. 常常用现在时来表达确认。例如“我健康”，而不要用未来时，如“我会健康”或者“我将健康”。

2. 进行正面表述。常常正面地表达确认，负面声明会削弱你想要达到的效果。例如“我吃美味的健康食品”，而不是“我不吃快餐食品”。

3. 表达时要简短具体，这样更容易记住。如果确认语言清晰而具体，你就更容易想象和感觉它们。

4. 用第一人称表述确认。“我是……”或“我做……”或“我的……”。也可以运用第一、第二、第三人称说三次来强化某些确认。例如，“我相信自己。”“你相信你自己。”“乔伊相信他自己。”

5. 让确认尽可能接近现实，显得可信（对你来说如此）。确认需要内心的认可（如“怀疑论者”或“编辑”）。浮夸或不现实的确认既愚蠢又无效。

6. 关心自己的确认很重要。确认依赖于强烈的情感纽带，选择真实而鼓舞人心的确认很重要。

7. 重复和坚持都很重要。重复能将确认的内容铭刻在所有的层次上，增加你对自己所说的话的适应程度、信心和诚意。每天的练习也很重要。当你致力于实现某个确认以后，至少坚持三个月。

8. 利用任何机会进行确认练习。这对精微身体有巨大的影响，能增强确认练习的力量。

9. 如果你原来没做过确认，以渐进的方式尝试确认。寻找最不会让你产生不安和异议的确认语言，只有在你感到自然而和谐的时候才增加其他内容。也不要执着，让确认随着时间改变是明智的。

确认范例

- 我善意地说出真相。
- 我灵巧轻松地遵守时间承诺。
- 我无条件地爱我自己。
- 我相信自己，相信生活。
- 我有足够时间做所有事情。
- 我的家庭和环境滋养着我的灵魂。
- 我的生活丰富多彩。
- 我信守对他人和自己的承诺。
- 我相信我自己、我的配偶和我们彼此的关系。
- 我的身边到处都是美和秩序。
- 我招来了祝福、幸运、机遇、感激、喜悦和欢乐。
- 我选择吃让我最健康、最美丽、最充满活力和魅力的食物。
- 我照顾好自己，休息和睡眠充足。
- 我快乐地专注于优先考虑的事情上，工作很有效率。

- 我原谅自己和父母，也原谅我的习惯。
- 我精力充沛，生活平衡。
- 我知道自己想要什么，并灵巧地获得它们。
- 为了在做重要决定时保持清醒，我将三个身体当作智慧的哲人，向它们咨询。
- 我享受着与他人的深刻共鸣。
- 我随意放松，思想和身体都很健康。
- 我感到同万物融为一体。

练习完美

我们在本章的前半部分提过，创造美好生活的所有努力（它们是许多附加模块的重点）最终都难逃宿命。我们会经历损失、生病、衰老、死亡。但幸运的是，所有人（包括你和你的全部过失）和事原本**始终是完美的**。

我们**不需要**通过练习达到完美的境地，只需要清醒地看到已经存在的完美，这种完美与我们常见的困难、损失、死亡甚至所爱之人的死亡是同时存在的。为了让此刻的存在彻底充满实相的光辉，我们不需要改变、成就、寻找或净化任何东西。这个道理是自明的，至少当我们觉醒过来，意识到自己的本来面目时，我们会发现确实如此。

然而，生活仁慈地（也残酷地）要求我们成长、发展和进化。这意味着练习是个良策，事实上，它是必不可少的。我们希望这能为整合式生活练习的努力增加轻松感和愉快心情。

这就是练习的悖论：万事万物的本来面目就像人类的本来面目，始终是完美无瑕的。然而，更多的真、善、美却始终呼唤着我们。通过整合式生活练习，我们安住在自己的本来面目之中，同时渴望成长到我们明知自己能够达到的高度。

我们基本的健康状况表明我们如何呈现大圆满（Great Perfection）。ILP 不会帮助我们制造绝对自我，但它能促进我们对已存之物的深刻**认识**。这就像你向商店橱窗中张望，看到某个形象模糊的人在看着你。你转动脑袋想看清楚那个人，但突然之间，你震惊地发现那是自己在橱窗中的影像：你在观照你的自我。

万事万物都来而复去，但观照者始终存在。你不可能获得这种观照，因为它始终存在；你也不可能达到这种观照，因为它始终存在。

注意：乌云飘浮在你的觉性周围，念头在你的心中流逝，感受在身体中生起，你是所有这些现象的观照者。这种观照在完满地发挥作用，完全安住于当下，也全然觉醒着。觉悟的自我纯然呈现于你对此页文字的感悟之中，此刻阅读这些文字的正是你的觉醒的灵性，你怎么可能离它更近呢？为什么要向外寻求观照者呢？

大肆寻求灵性的完美不仅是浪费时间，也是完全不可能的。这是因为，觉悟的自我是始终存在的，它观照着当下和每个时刻。你不能产生原本存在的事物。简而言之，你不能**变得**觉悟；你只是在某个早晨醒来，**承认**自己始终都在，你始终在和你的自我玩十足的捉迷藏游戏（译者按：亦即佛教所谓的“迷头认影，弃珠乞食”）。如果你正在玩那个游戏，那么，你可以将 ILP 之类的活动作为游戏的部分内容，直到你最终厌倦了这场不同寻常的寻求之旅，承认你不可能开悟，因为你意识到你已经成这样了，然后安住在你的永恒自我中，忽然醍醐灌顶：我的主宰就是我的真我，我始终在宇宙的窗口里面看着自己的影像。此刻，你将破颜微笑。

绝对和相对，真我和自我，完美和发展，寂灭和练习。现实的练习中充满着悖论。在这个超逻辑的练习空间中，我们完全接纳自己的本来面目，并努力用功，拓展自我。我们尽情品味着当下的完美并倾听成长的发展动力。

ILP 的所有核心模块和附加模块——从阴影到人际关系到工作——都表示整个常存觉性中的**相对**发展区域。你的基本健康状况和这个基本悖论密切相关：所有变化都在不变中发生，所有转变都在寂灭中生起，所有练习都在完美中进行。

10

练习生活导航

我们已经介绍了整合式生活练习的所有要素，本章将对它们进行整体综合。现在，我们可以通过亲密、务实的方式讨论究竟应该怎样**进行**整合式生活练习了。

你将如何开始呢？你该怎样将 ILP 融入到日常生活中？进行练习的感觉如何？你如何在危机、分心和障碍中继续练习和成长？不断深化的练习艺术又是怎样的？

第一部分，**设计自己的 ILP**。这部分内容将提供可供选择的模板，以便跟踪你的练习过程，同时，随着练习的深化和发展，考虑你可能希望做出的改变。

第二部分，**整合式练习的艺术**。这一部分会告诉你，在深入练习的过程中，需要记住的一些实用性观点，这些观点会给你带来宝贵的智慧和实用的建议。

第一部分：设计你的 ILP

每一个人的生活都是独特的，因此，**整合式生活练习也必然是个人化的！**

ILP 的灵活性允许你将练习改造成最适合自己的练习。

首先，我们会引导你，让你设计出可持续又有效的交叉式训练程序。选择你**喜欢**的练习，然后致力于规划你的练习愿景和你理想中的**生活方式**。不过，这还不够，生活不是静止不动的，所以，整合式生活练习也应该随时间的变化而变化，可以与你共同调整和发展的。

基本的 ILP 指令要求你练习四个核心模块（阴影、身体、心智、灵性）。首先，在每一个核心模块中至少选择 1 个练习项目，并在同一时期练习它们，此外，还要过一种道德的生活。短期愿景就是这样！如果你这样做了，那么，你就是在进行 ILP 练习。

然而，很多人发现，一个严谨的设计练习过程非常有用。下面的 ILP 设计过程可以帮助任何人开始自己的 ILP，不管他们以前是否有过练习经验，也不管包含的模块数目有几个，或者他们可以用来练习的总时间是多少，它都非常有效。ILP 设计过程可以将练习愿景融入到生活中。

1. 评价当前的练习。
2. 确认缺少的东西。
3. 选择练习内容。
4. 练习。
5. 灵活变通。
6. 不断做出细微的调整。
7. 获得帮助。

伊丽莎白和杰里米：ILP 设计过程的两个范例

我们虚构了杰里米和伊丽莎白两个练习者，并以此作为范例来讲解如何设计 ILP。迅速了解他们现在的生活状态，然后按照他俩设计 ILP 的七个步骤，你就可以设计出自己独特的整合式生活练习了。

杰里米

杰里米是一位 34 岁的企业家，经营着一家小营销公司，每周工作 50-60 个小时。他的工作要求他理解各种复杂的世界观以及各类观点，从而能有效地与他人进行沟通。表面上看，杰里米的生活非常舒适：工作有新鲜感、客流稳定、住房舒适、好友众多。他认为这是自己想要的生活，然而现在，从工作到人际关系，所有的事情似乎都不像从前那般令人满意了。当他听到业务专家沃伦·本尼斯说“做领导者和做一个完全整合的人是同一件事”时，他开始感到好奇，想知道这句话到底是什么意思。杰里米想让自己的生活更深刻、更有意义，更具活力，然而，由于工作繁忙，他很难找到额外的时间。

伊丽莎白

伊丽莎白常常感觉自己被各种角色所压垮：妻子、母亲、女儿、朋友、志愿者、司机、雇佣劳动者、家庭护理员、厨子、调解员，等等。当她在看似混乱的环境中做着众多事情的时候，她常常感到疲倦，且效率低下。多年以来，练习始终是她生活的一部分，但她常常挣扎于应该如何适应练习，以及如何继续坚持练习。在面对自己所有的需求时，她总习惯性地选择忽略，不愿在自己身上花费太多时间，但同时也意识到，也许疲乏的根源是因为自己的奉献没有得到应有回报。伊丽莎白想要在生活中更清醒、专注，同时保持平衡，暴风雨中的安宁感能让她消除爱人和爱己之间的张力。当她将 ILP 引入她进行了多年的练习中时，她变得开放而兴奋。

1. 评估现状

现在，你可能**已经**着手制订 ILP 了，或者，至少在制订 ILP 的主要部分！在设计 ILP 的第一步时，请审视你的生活，确定自己已在进行的练习有哪些。

为了健康或自我成长，你已自觉且规律地做了哪些**练习**？找出在锻炼、饮

ILP 蓝图——杰里米

第一步：评估现状

身体模块

练习	说明	频率
举重训练	有机会就进行轻量级训练。	1–2次/周
饮食	尽量少吃垃圾食品，少喝苏打水。	
慢跑	尽量在大自然中慢跑。	1次/月

阴影模块

练习	说明	频率
无		

心智模块

练习	说明	频率
阅读	阅读营销、个人成长和哲学书籍。	2次/周

灵性模块

练习	说明	频率
冥想	至少冥想30分钟。	试过一两次，但从未坚持

附加模块

练习	说明	频率
工作	通过销售可持续的产品和服务来改变世界。	6次/周
人际关系	利用在线约会服务并外出约会。	2次/月

食、学习、冥想和阴影等模块中你已做出的各种练习，以及在工作、人际关系、性、奉献和金钱领域中的练习。如果你能在本子上列出自己做过的练习，这样会更有意义。

现在，想想你的练习应该如何契合整合式环境。当前的练习中，哪个练习（如果有的话）和四个核心模块（身体、思想、心智和阴影）相关？哪个练习和附加模块相关？记住那些可运用到多个模块中的练习，例如瑜伽和武术。

在纸上至少拟出五个标题（身体、心智、灵性、阴影和附加），然后在下面列出你已经在做的练习。可能你某些部分的练习比其他部分更全面一些，不过，没关系。你可以运用练习设计模板，或者 310 页的例子中所介绍的“ILP 蓝图”。

ILP 蓝图——伊丽莎白

第一步：评估现状

身体模块

练习	说明	频率
攀岩	我喜欢和瑞克（我丈夫）攀岩。	2-3次/年
网球	定期在俱乐部打球。	1-2次/周
瑜伽	定期上课。	1-2次/周

阴影模块

练习	说明	频率
心理成长研讨会	3-4天的深度个人工作研讨会。	1-2次/年

心智模块

练习	说明	频率
谈话	和丈夫以及我们的朋友进行有趣的谈话。	1-2次/周

灵性模块

练习	说明	频率
祈祷	参加教会的晚祷班。	2次/周
参加教会活动	周日早上的团契、祈祷、唱诗和神交。	1次/周

附加模块

练习	说明	频率
志愿者和服务工作	在教会中非常积极，在社区延伸服务中更是如此。这是我社交生活的主要部分。	2-3次/周
家庭时光	尽量和瑞克以及女儿们在一起，拥有更多共同的时光。	

你也可以到 www.Integral-Life-Practice 网站进行下载。

如果当前你没有做过很多练习，那也不必担心。不管你的起点是初学者、高级修行者或者介于两者之间，ILP 设计过程都能产生效果。

2. 确认缺少的东西

下一步，找出当前练习中的不平衡或缺陷处。缺陷往往是你容易忽视的重要区域或模块。想想你可能需要从哪方面进行新的练习，以便让它成为名副其实的**整合式**生活练习。

首先关注身体、心智、灵性和阴影这些 ILP 基本模块。在这四个核心模块中，你关注最少的是哪一个？可以参见本页和 290 页，学习一下杰里米和伊丽莎白，看看他们是如何识别自己在相关练习中所存在的缺陷。

杰里米的冥想练习不存在问题，但是他往往低估了剧烈的体育锻炼所带来的作用。他可以选择更加严格的力量训练和有氧健身训练，也可以从事某项体育运动，这些都能让他从中获益。伊丽莎白则刚好相反，她始终都很活跃，定期攀岩、打网球、练习瑜伽。但如果能花一些时间进行安静的观照，会让她的练习更加平衡。你要确保自己在身体、心智、灵性和阴影每一个模块中至少有某种练习在进行。

ILP 蓝图——杰里米

第二步：确认缺少的东西

身体模块

练习	说明	频率
举重训练	有机会就会进行轻量级训练。 更正规和剧烈的锻炼项目对我有好处。	1–2次/周
食谱	尽量少吃垃圾食品，少喝苏打水。但缺少系统规划。 现在我需要一份更正式、可以真正坚持下来的饮食计划。	
慢跑	尽量在大自然中慢跑。 在与其他人交往时改变我精微细身体。	1次/月

阴影模块

练习	说明	频率
	此处要增加一项练习！	

心智模块

练习	说明	频率
读书	阅读营销、个人成长和哲学书籍。 我也想更多了解整合式理论及其含义。	2次/周

灵性模块

练习	说明	频率
冥想	至少冥想30分钟。 我也许可以在出门上班前试着修习5–10分钟。	4–5次/周

附加模块

练习	说明	频率
工作	通过销售可持续的产品和服务来改变世界。 我感觉很孤独，我可以和其他哪些人或者组织合作，来扩展业务和交往圈子？	6次/周
人际关系	利用在线约会服务并外出约会。 这个在线约会没有效果，我想找一个彼此有意的女性。	2次/月

ILP 蓝图 —— 伊丽莎白

第二步：确认缺少的东西

身体模块

练习	说明	频率
攀岩	我喜欢和瑞克（我丈夫）攀岩， 但我们几乎两年没那么做了，所以我不应该将它列为练习。但我仍然很想在两个月以内安排一次攀岩。	2–3次/年
网球	定期在俱乐部打球。 我想更深入地探究打球时的内在心理活动。简单的击球失败后，我为什么会愤怒？	1–2次/周
瑜伽	定期上课。 哪种瑜伽能更好地激发我精微身体的活力？	1–2次/周
晨练	我希望每天在家做5–10分钟简单练习。	5–7次/周

阴影模块

练习	说明	频率
心理成长研讨会	3–4天的深度个人工作研讨会。 我认为，我每天可以独立完成某种练习，它能对这个研讨会起到补充作用。	1–2次/年

心智模块

练习	说明	频率
谈话	和丈夫以及我们的朋友进行有趣的谈话。 我愿意多了解整合式理论和更高意识，但读书就是不能给我带来最佳的效果。也许还有其他方式？	1–2次/周

灵性模块

练习	说明	频率
祈祷	参加教会的晚祷班。 我愿意进行有规律的冥想练习，与晚祷班相得益彰。	2次/周
参加教会活动	周日早上的团契、祈祷、唱诗和神交。	1次/周

附加模块

练习	说明	频率
志愿者和服务工作	在教会中非常积极，在社区延伸服务中更是如此。这是我的社交生活的主要部分。	2–3次/周
家庭时光	我想确保自己每天都有与家人共处的宝贵时光，至少也要有片刻。此外，每周安排1次更长时间的家庭活动。	
	我真想在此处增加一项练习！	

你的练习会随着时间的推进而深化，这种量身设计练习的过程会越来越精细和微妙。最终，你设计的练习可能正好体现出你独特的优势、弱势和倾向，亦即你的整个 AQAL 系列，包括性格类型、心理图（你的各种发展路线的层次）和特别关注某些象限的倾向。最有效率的练习设计方案应该既不过分紧张也不过分松弛，你应该既能够轻松地参与和享受你的练习，也同时能感受到挑战。这些练习应该有助于恢复和调整你的能量和注意力，此外，它还能完美而愉悦地融入到你的日常生活当中。

了解了这些重要的基础内容之后，你就要审视自己需要关注哪个附加模块。你的工作和事业、亲密关系、性、财务管理和家庭生活应该如何？你甚至可以更加深入地关注一下其他领域，例如你与自然界的关系、亲密友谊与社交生活、家庭与工作环境。杰里米就是忽略了阴影模块，但同时又希望自己的爱情生活更加充满活力。这两者也许是有联系的！仔细考虑呈现出来的各种模式，可能，它们会帮你找到实现重大转变的机会。

你也可以运用四大象限来评价你在这四个层面中 ILP 交叉训练的平衡状况。找到你目前忽略以及过分强调的那个层面。

杰里米趋向于过度关注自我层次；他可以通过与家庭、朋友和团体（“我们”层次）分享更多的快乐，或通过更多地关注外在世界（“它”和“它们”层次）来平衡他的自我练习。你也许会推测，伊丽莎白趋向于过度关注外在世界（“它们”层次），在为他人（“我们”层次）服务时，有时会迷失自我。她发现了自己在培养内在觉察、自立和自主性（“我”层次）方面存在的不足。

你的模式是怎样的？这个简单的练习具有革命性的力量，能为你的整个生活指出清晰、全面的方向，促进你的成长。

同时，这也是一个机会，让你发现当前过于含糊的练习目标，帮助你发现自己在哪些方面没有如实地面对事实。需要做什么才能让 ILP 变得更完满而有效呢？为了创造更完满而平衡的 ILP 模式，你需要对当前的状态做出评估，觉察当前练习所存在的缺陷并愿意增加新的练习或完善原有的练习模块。

3. 选择练习内容

现在，你已经确定了想做的新练习，准备以此来弥补自己的缺陷。你也可以选择放弃或更改当前任何一项已经乏味、无法继续，不能达到原先目的的练习。（可参见 295 和 296 页，了解杰里米和伊丽莎白是如何运用这个过程的。）

找到适合自己的练习组合，可能需要尝试，并且还会犯一些错误。在将练习个性化的过程中，你需要考虑自己所属的类型及自身的独特性。有些人某个方面特别开放，例如头部、心脏或丹田，而其他方面则特别封闭。例如，我们知道有一个 ILP 练习者，他的内心和感觉都非常开放，充满活力，但他往往会忽略丹田。于是，他有意在自己的 ILP 中加入了特别虔诚并能活跃身体的哈他瑜伽练习。这个练习不仅逐渐打开并改善了他的身体和运动能力，也强有力地影响了他的内在的能量。

选择练习内容时，记住：**并非多多益善**。练习的关键不在于不断增加内容，直到你厌倦为止。实际上，太多的练习可能会事与愿违。

这也就是 ILP 为什么采用**模块化**方法，以及为何我们推荐**金星练习**（它们是全球各地最佳练习的**浓缩**和**精华**）的原因。在四个核心模块中，甚至每个模块仅仅选择一个金星练习就可以满足 ILP 的基本要求。

但也要记住：ILP 是**灵活**的，这意味着你可以根据需要，随意缩短或延长练习时间。因此，时间不是问题（或借口）。你可以利用自己空余的大量或少量时间，进行一分钟模块练习或持续 1 个小时甚至更长时间的练习。

需要重申的是，练习并非多多益善。例如，在冥想练习中，每天坚持练习 5 分钟，比某天冥想 60 分钟后就完全放弃，实际上效果要好得多。如果你能对短暂、可支配的时间进行合理规划，而不是做出太多承诺并在无法达到目标时因沮丧而放弃，那么，你的 ILP 会成长得更快。

如果缺少时间，**一分钟模块**就是很好的练习方法。你会发现，仅仅是接触到练习领域就能给你的整个存在带来完整感。忙碌的**生活**不应该阻止你进行**生命练习**。当然，如果你能够花更多时间进行练习，那也非常好。

现在，花些时间来决定你的 ILP 需要增加（或减少）哪些具体练习，并选择能弥补你在步骤 2 中发现的模块缺陷的特殊练习。例如，如果你刚好忽略了阴影模块，你就可以考虑心理疗法或者每天的 3−2−1 过程。

虽然我们列举了许多值得大力推荐的金星练习，但是，可供选择的整个练习范围就像人类的创造力那样浩瀚无边。你也许想要亲自探究，如果是这样的话，你可以上网或到当地的书店去搜索。或者也可以查找一下你所在区域都住着哪些导师，他们能提供哪些练习。

设计可持续的练习

生活充满了各种需求和干扰你练习的事情。大多数人不愿意**每天**练习，有时候总会有其他重要的目标需要优先考虑。

设计 ILP 的时候，你要考虑所有的需求和目标（包括你对练习的抗拒以及不愿练习的次人格），发掘内心所有不同的声音以及各种相互竞争的目标，并找到折中的办法。

这种评估通常会促使你做出切实可行的练习承诺。即使你认为每天冥想 1 小时很不容易，但如果你能始终睿智地坚持承诺，你就可以将它变成 ILP 的一部分。

需要注意，某些关键需求（如经济承受能力和主要人际关系）有时可能需要优先考虑。即便如此，你也要坚持练习，将之视为维持整个生活方式的奠基石，它能促进你的各项健康：无论是水平或垂直方向的健康，还是基本的健康（见 19 页）。

记住所有这些事情，然后草拟**你能够快乐地坚持下来的 ILP 设计方案**。你想要的是某种持续可行的生活方式，而不是只能坚持数周或数月的高强度练习内容。

很多人发现，随着生活的循环往复，他们也陷入了高强度练习和低强度练习不断交替的周期循环之中。我们会在不同种类的练习之间循环，因此，这些初始选择并不是固定不变的。最开始时，你选择当下真切地感觉最为有效的练习方式，并且允许它可以稍稍超出你的舒适范围（comfort zone），但你始终要记住：对于练习的**热爱**非常重要。有目的的长期练习所产生的满足感，应该来自于这个过程中的内在享受，而并非它将来会带来的好处。

这时候，你可以在 ILP 蓝图上记录下设计的结果，这具有非同寻常的意义（310 页有空白模板，也可以访问 www.Integral-Life-Practice.com，上面有你需要的所有表格），因为这个蓝图能帮助你对练习进行有效的组织，使你获得宏观图景，让你在一张纸上就能看见 ILP 的全部内容。

296 页的伊丽莎白的 ILP 蓝图轻松而简短，适用于初学者。记住，同时进行所有练习，你将获得最主要的好处。整合式交叉训练意味着：仅仅将每个核心模块练习数分钟，比将单个模块练习 1 个小时要更有效。因此，轻松开始吧！

但需要再次重申的是：**并非多多益善**。此外也要注意，蓝图中应包含你下次想进行的练习。

如果，你已练习一段时间，想增加更多的向度，可以考虑第295页中杰里米的更高级ILP蓝图。此外，当然还有无限个可能的设计方案。高级练习并不必然意味着更多的练习，而是通过完善练习和练习方式，使练习变得更深入。许多高级修行者能够自如地进行4–5个主要练习，当然，还有其他人练习的更多。但关键是保证练习的可接受性，这通常意味设计非常轻松的练习——至少在四个核心模块中各选一项练习内容，并适当的加上附加模块练习。

除了练习的名称和简短的描述外，务必要写下你承诺做这些练习的**频率**。频率随练习的变化而变化。因此，在你的ILP设计蓝图上，标明计划每天进行的练习，以及隔天进行的练习，无论是隔天练习，还是每周五次或每周两次，都要标记出来。

最后，你可能想加入更罕见的练习，如冥想静修、研讨会、高强度跑步、斋戒或者清肠食疗，你可能每月、每季度或者每年才做一次。不是每个练习都是每天或每周进行的。周期性地**调整或改进练习**非常明智。下面列举了一些例子：

冥想静修。数天或数周的集中静坐冥想（通常有老师或指导者相伴），能够为你创造合适的环境，让你实现重大突破，并探视更高的意识状态。静修可以给日常练习注入新的活力，并让练习更加明确。尽管2–7天的冥想静修最为常见，但也有短至一天，长则一年，时间不等的冥修练习。

密集体力训练。在密集训练期间，我们有时候可以达到专注力、动力、健康和新陈代谢功能的新水平。（例如，准备长跑或者铁人三项，或者进行新的体育运动或武术。）如果你能够承受更多的压力，收获也就会更大！但前提是：确保不会**劳累过度**！

个人成长研讨会。当研讨会将众人召集，组成练习团体并将其转为深层转变工作的修炼之炉时，它可以提升个体的觉醒和责任到一个新的层次。研讨会也为你提供机会，让你能够与修炼纯熟或已觉醒了的老师以及同修们共同工作，并向他们学习。

露营、度假、远足。远离令人麻木的日常事务，不仅能为你重新充电，还能给你带来更多的益处。深度放松、玩耍以及在大自然中度过自由的时光，都能强有力地改变你的观点，并让你做出清晰、自由而自觉的抉择，而这些抉择，换在另一种情况下，是你会避开的。

清肠食疗或斋戒。整体健康和整体营养的诸多办法都是建议你定期清洁肠胃。如果做法得当，清洗肠胃能让整个身体恢复活力，尤其是消化系统。它也可以调整你的味觉，减少你对不健康和多余食品的贪念。注意：这件事需要小心谨慎，在确保自己很专业后，才可进行，否则，天真地尝试异常的饮食方法可能会**导致**实际的健康问题。

ILP 蓝图——杰里米

第三步：选择练习内容

身体模块

练习	说明	频率
FIT	在家进行集中强度训练的一分钟模块练习。	3次/周
	在健身房进行30分钟的集中强度训练。	2次/周
整合式营养	拒绝所有劣质食品，限制进食的份额，禁食夜宵。	6次/周
慢跑	周日早晨在大自然中至少慢跑20分钟。	1次/周
气功	参加当地老师的周六初学者课程，在每两次课程之间独自练习。	3次/周

阴影模块

练习	说明	频率
心理治疗	和我信任的本地治疗师克鲁俄佛博士共同探索阴影问题。	1次/周

心智模块

练习	说明	频率
读书	阅读营销、个人成长和哲学书籍。	约2小时/周
整合式理论	通过书籍和因特网学习AQAL模型。	约2小时/周

灵性模块

练习	说明	频率
冥想	将整合式探究的一分钟模块至少练习5分钟。 可能的话，周末进行持续20分钟以上的静坐冥想。	4–5次/周

附加模块

练习	说明	频率
工作	参加相关的行业研讨会和会议，并与其他秉持可持续（甚至整合）发展理念的营销商建立关系网络。	3次/年
人际关系	运用确认练习，明确并强化我的人际关系意图。	上午1分钟
	冒险邀请我喜欢的人约会，并将它当成练习的机会	2次/月

ILP 蓝图——伊丽莎白

第三步：选择练习内容

身体模块

练习	说明	频率
网球	定期在俱乐部打球。练习将意识集中于头部、心脏和丹田等处	1–2次/周
阿斯汤加瑜伽	与关注三个身体的阿斯汤加老师共同练习。	2次/周
整合式营养	只吃新鲜、完整、自然的食物，将简单碳水化合物的食用量减至最低限度。	6次/周

阴影模块

练习	说明	频率
心理成长研讨会	3–4天的深度个人工作研讨会。	1–2次/年
3-2-1 阴影过程	早晚都练习一分钟模块。	4次/周

心智模块

练习	说明	频率
谈话	与丈夫和/或朋友进行有趣的谈话。	2次/周
整合式对话	聆听杰出的整合式思想家的对话录音。	1–2次/周

灵性模块

练习	说明	频率
祈祷	参加教会的晚祷班。	2次/周
三面灵性冥想	在不参加教会活动的那些天中，将这种冥想至少练习十分钟。	3–4次/周
参加教会活动	周日早上的团契、祈祷、唱诗和神交。	1次/周

附加模块

练习	说明	频率
志愿者和服务工作	在教会中非常积极，在社区延伸服务中尤其如此。这是我的社交生活的主要部分。	2–3次/周
家庭时光	全家人至少共同度过30分钟的宝贵时光	6次/周
	除开去教堂以外，至少有1次较大规模的外出活动或快乐的家庭聚会。	1次/周
性	和丈夫瑞克尝试简单而自觉的性练习（从新购买的密宗书籍中）。	1次/周

灵境追寻（vision quests）。尽管“灵境追寻”这个词起源于美洲土著传统，但这种练习的运用却非常普遍。许多灵修者选择在特定的时间到野外，每次进行数天祈祷、斋戒和寻求神灵的启示。基督、佛陀、穆罕默德、摩西、阿维拉的特蕾莎修女以及大多数神秘主义者、圣人、瑜伽师和历史上的智者，在其生活中都进行过这种练习。对于修炼生活的某些阶段，灵境追寻可能具有深刻的启发意义。

4. 练习

归根结底，ILP 是关于实际**练习**的知识。它涉及自律、坚持、耐心，通常也相当有趣。整合式生活的秘诀就是切实完成你为自己设置的练习。

着手进行某种新练习并真正坚持下去并不容易，通常这需要极大的投入和自我约束。培养新的健康习惯通常需要 90 天，但是，当你在生活模式中培养出了新的习惯以后，始终坚持下去就简单多了。因此，在头三个月内，让你的承诺和实际行为保持同步尤为重要。

许多人发现**跟踪**自己的练习进展有助于实现最初的目标。跟踪可以让你不会远离目标，帮助你坚持自己最初的练习承诺，此外，它还能在数年或数十年后重新给练习注入活力。

练习者跟踪练习进展的方法各不相同。有些人非常喜欢用模板，如 311 页的模板（杰里米和伊丽莎白的跟踪日志见下页）。

有些人发现坚持写练习日记或日志很有益处，在入手阶段尤其如此。你也可以在普通笔记簿上记下你的感悟和想法。这样做的意义在于，想办法来温和地监督自己的练习是否和承诺的保持同步。跟踪练习也提醒你看到自己成长到了什么阶段，并在向何处发展。

如果跟踪练习对你缺乏吸引力，那也没有关系，有些人就是不喜欢跟踪练习。最重要的就是练习本身。投入进去！

5. 灵活变通

养成了规律练习的习惯后，你就可以创造性地设计练习了。例如，我们知道，经验丰富的练习者会在 ILP 中留出大量娱乐和即兴发挥的空间，同时又不失去重点。有个妇女承诺进行紧张的体育锻炼，**每天**至少 30 分钟，每周至少三天，共计 90 分钟。她可以根据自己的兴趣和时间选择跑步、骑自行车、举重、跳舞和瑜伽等等。此外，她在早晨做十分钟类似于三身练习的例行活动。这使她每周能做出数次灵活、自发和有趣的选择，从而帮助她保持活力和积极性。

最终，你的 ILP 就像你的整个生活，能够成为活的艺术品。与所有艺术领

ILP跟踪日志——杰里米

第四步：练习！

身体模块

练习	预定频率	周一	周二	周三	周四	周五	周六	周日	总共
FIT—在家练习一分钟模块	3次/周	√		√		√			3
—在健身房练习20-30分钟	2次/周		√				√		2
整合式营养	6次/周			√	√	√		√	4
慢跑	1次/周							√	1
气功	3次/周			√			√		2

阴影模块

练习	预定频率	周一	周二	周三	周四	周五	周六	周日	总共
心理治疗	1次/周				√				1

心智模块

练习	预定频率	周一	周二	周三	周四	周五	周六	周日	总共
阅读	2次/周		√					√	2
学习AQAL	2次/周				√		√	√	3

灵性模块

练习	预定频率	周一	周二	周三	周四	周五	周六	周日	总共
冥想—5分钟	4次/周	√	√	√		√			4
—20分钟	1次/周							√	1

附加模块

练习	预定频率	周一	周二	周三	周四	周五	周六	周日	总共
工作—建立网络	1-2次/月		√						1
人际关系—确认练习	7次/周	√	√	√	√	√	√	√	7
—要求约会	2次/月						√		1

笔记

下周我想有更多的时间单独练习气功，这样，我就不会将上课时学到的内容忘掉了。我也需要扔掉仍然放在厨房中的某些不健康食品。

域相似，**形式**是至为重要的东西。不要将创造性作为懒散的借口，这会削弱对练习生活的热情和自由意识。但也不要受到僵化形式的禁锢。创造机会去即兴发挥、娱乐，让当下触动你的事情继续鼓舞着你。

6. 不断做出细微调整

我们有必要在整个练习生活中定期**调整**练习，亦即**重新设计 ILP**。让练习不断变化吧！更新练习能够让练习保持变化和活力。当你进入生命的新阶段和

调整后的三个月ILP 蓝图 —— 杰里米

第五、六步：灵活变通和不断做出细微调整

身体模块

练习	说明	频率
FIT	集中强度训练的一分钟模块。	3次/周
	这个练习极其简单迅速。我将增加第二个肌群练习，以锻炼上身肌肉和下身肌肉。	
	在健身房进行30分钟的集中强度训练，目前效果良好。	2次/周
整合式营养	拒绝所有劣质食品，限制进餐的份额，禁食夜宵。	6次/周
	我有时候会疏忽，但通常都能坚持。我需要记住先用手掂量食品分量的大小。	
慢跑	周日早晨在大自然中至少慢跑20分钟。	2次/周
	有时候我喜欢自由安排周日早晨的生活。	
气功	参加本地老师的**周四中级班**，在两次课程之间自己练习。	3次/周

阴影模块

练习	说明	频率
心理治疗	和我信任的本地治疗师克鲁俄佛博士共同探索阴影问题。	1次/周
	我的确从中获益良多，因此打算至少再向克鲁俄佛博士咨询三个月。	

心智模块

练习	说明	频率
读书	阅读营销、个人成长和哲学书籍。	约2小时/周
整合式理论	通过书籍和因特网学习AQAL模型。	约2小时/周

灵性模块

练习	说明	频率
冥想	将整合式探究的一分钟模块至少练习5分钟。	4–5次/周
	可能的话，周末进行持续20分钟以上的静坐冥想。	
	定期冥想让我收获良多，我想重新安排目标，每天冥想20分钟。	

附加模块

练习	说明	频率
工作	参加相关的行业研讨会和会议，并与其他秉持可持续（甚至整合）发展理念的营销商建立关系网络。	3次/年
人际关系	运用确认练习，明确并强化我的人际关系意图。	上午1分钟
	冒险邀请我喜欢的人约会，并将它当成练习的机会。	
	我不再那么害羞了，巧合似乎发生得更频繁了，我开始会见某些优秀的女人，我真心喜欢苏珊。	2次/周

调整后的三个月ILP 蓝图 —— 伊丽莎白

第五、六步：灵活变通和不断做出细微调整

身体模块

练习	说明	频率
网球	定期在俱乐部打球，练习将意识集中于头部、心脏和丹田等处。	1–2次/周
	我的球技大为提高。下个赛季，我准备到更高级的俱乐部打球。	
瑜伽	与关注三个身体的阿斯汤加老师共同练习。	3次/周
	哇！这个练习帮助我在忙乱的生活中沉下心来。	
	我想增加瑜伽练习的频率，但只略微增加。	
整合式营养	将简单碳水化合物的食用量减至最低限度。	6次/周
	在外面吃饭时很难坚持这种练习。我会将“自由用餐”日分散到每周数次出去吃饭的时间中去。	

阴影模块

练习	说明	频率
心理成长研讨会	3–4天的深度个人工作研讨会。	1–2次/年
3-2-1阴影过程	早晚都练习一分钟模块。	4次/周
	多么强有力的过程！我无法相信，我在对自己的梦境中运用了3-2-1阴影过程后带来了如此巨大的成长！写日记记录它很重要。我愿意尝试接受心理治疗。	

心智模块

练习	说明	频率
谈话	和丈夫和/或朋友进行有趣的谈话。	2次/周
整合式对话	聆听杰出的整合式思想家的对话录音。	2次/周
	我真喜欢这件事情！	

灵性模块

练习	说明	频率
灵性教导	参加教会的晚祷班，	1次/周
	每周一次就够了。我过度投入了，需要减少。	
三面灵性冥想	在不参加教会活动的那些天里，至少进行十分钟的冥想练习。	3–4次/周
	这很有效，我通常会延长冥想时间。	
参加教会活动	周日早上的团契、祈祷、唱诗和神交。	1次/周

附加模块

练习	说明	频率
志愿者和服务工作	参加教堂活动和当志愿者。	2–3次/周
家庭时光	**继续在每天和每周创造与家人共处的宝贵时光。**	
性	和丈夫瑞克尝试简单而自觉的性练习。	1次/周
	这重新唤醒了我的女性意识。有时候我们看到彼此火辣的眼神，仿佛是初次见面！在12年以后还能出现！我非常感激！	

新时期时，改变练习内容是健康而恰当的。实际上，深刻而清醒地反省练习方式**本身**就是一种练习。

设置目标**时间表**可以帮助你实现这个目的。你可能想书面写下“9 月 1 日以前，我每周做三次新的力量训练，此后，我要制定肌肉力量锻炼的新练习目标（记住，持续三个月以上的练习承诺通常最有成效）。”

有些练习（如每日冥想）可以保持数十年不变，其他练习（如季节性的户外运动和特定种类的身体锻炼）可能每年会有次数的变化。成长到生命的新阶段和层次时，ILP 需要和你共同发展，才能继续养育你，并给你带来挑战。

7. 获得帮助

在完全依靠自觉的环境中练习是一个挑战，只有你承诺的练习一一兑现，

调整后的第三年ILP蓝图 — 伊丽莎白

第五、六步：灵活变通和不断做出细微调整

身体模块

练习	说明	频率
三身练习	早晨将一分钟模块至少练习10分钟。	5次/周
网球	在高级俱乐部打球，同时自觉地关注打球时的内在心理活动。	1次/周
阿斯汤加瑜伽	继续深化粗钝和精微身体的整合程度。	2次/周
瑜伽静修	参加为期一周的工作坊。	2次/月
整合式营养	在饮食选择中，融入四大象限的所有次元。	6次/周
狂热舞蹈	将觉察力与自发的狂喜动作整合起来。	1次/周

阴影模块

练习	说明	频率
心理成长研讨会	3-4天的深度个人工作研讨会。	1-2次/年
身心疗法	深化整合，让练习形式和选择变得更自由。	2次/月
3-2-1阴影过程	每个月非常自觉地将整个过程至少练习1次。	1次/月

心智模块

练习	说明	频率
整合讨论小组	和本地的整合式思考者（包括瑞克）碰面，更好地理解在生活、练习和政治中的整合式观点。	1次/月
整合式对话	聆听杰出的整合式思想家的对话录音。	1-2次/周

灵性模块

练习	说明	频率
祈祷	参加教会的晚祷班。	1次/周
三面灵性冥想	在不参加教会活动的那些天里，至少进行十分钟的冥想练习。	4-5次/周
参加教会活动	周日早上的团契、祈祷、唱诗和神交。	1次/周

附加模块

练习	说明	频率
志愿者和服务工作	参加教会活动，和教会领袖共同帮助教会持续成长。	1次/周
家庭时光	继续在每天和每周创造与家人共处的宝贵时光。	
性	定期自觉地和瑞克进行性练习。	3次/周

调整后的第五年ILP 蓝图 —— 杰里米

第五、六步：灵活变通和不断做出细微调整

身体模块

练习	说明	频率
FIT	下班后进行45分钟的集中强度训练。	3次/周
饮食	继续只吃优质食品，控制进食的份额和零食，选择有机食品。	6次/周
游泳	在健康俱乐部的游泳池中游几圈。	2次/周
气功	和本地团体一起在邻区公园中练习。	3次/周
慢跑	在我家附近的国家公园练习。	2次/月

阴影模块

练习	说明	频率
日记	写个人日记。	3次/周
个人成长工作坊	最后两年我从中获益良多，因此，我会重新回到这个工作坊中。	1次/年

心智模块

练习	说明	频率
写作	继续在营销杂志上发表有关整合思想的文章。	
整合式理论	参加在线整合式论坛。	2次/周
读书	继续阅读，对发展心理学特别感兴趣。	

灵性模块

练习	说明	频率
冥想	除去周末的练习以外，每周一、三、五早晨和修习者团体共同在当地的禅修中心进行冥想。	5次/周
整合式探究	在没有和僧团碰面的日子里进行练习。	2次/周

附加模块

练习	说明	频率
财务	研究并投资具有社会责任感的公司。	
工作	同当地营销专家团体的策划组碰面。	2次/月
人际关系	和未婚妻苏珊安排特定的亲密时间。	3次/周
服务	当地社区救济院的志愿者。	2小时/周

练习才能变得更有意义。通过让别人知道你是否在练习，会让你产生一种根本的责任感。这份责任感能让你保持诚实、清醒、愉悦，进而让你的练习获得了真实的动力。

你已经有练习同伴，或者有几个愿意定期碰头练习的朋友吗？你有帮助你的导师、指导者、师傅或者治疗师吗？你属于某个能帮助你的教会、练习团体或僧团吗？你能加入或组织整合式生活练习团体吗？你能和其他城市的人交朋友，通过电话和邮件彼此帮助吗？不过，即使你在单独练习，你也可以通过写日记和跟踪练习进展来让自己具备责任感。

如果你坚持练习，整合式生活练习会让你最初认为的一系列特殊练习最终转变为日常生活中极其自然的内容。帮助性团体不仅能加速这种转变，而且能在每个步骤中引导你的 ILP。团体交流能帮助你避免很多陷阱，比如：忽略阴影、中断承诺、练习过程中陷入自负情绪中，或者像机器人那样完成所有动作等等。许多人发现，在团体中所获得的关注和责任感，能让你的练习获得颇多收益，更不要说与别人共同练习本身就是很愉快的享受了。

另一方面，也不要让缺乏交流成为练习的障碍。如果你没有练习同伴，或者更愿意独自练习，都不要感到泄气，你仍然可以练习 ILP 并取得巨大的收获。你只需要遵循所有步骤，其他事情都是相同的，因此不必担心。如果以后你决定和团体建立联系，你还可以以更自觉、健康、整合和负责任的状态加入进来。

最佳支持系统意味着人们乐意分享自己的体验，倾听你的体验，并在你失败的时候扶持你，停顿不前的时候鼓励你。与他人共同练习形成了整合式文化的基础，这份整合式文化所崇尚的即是最高的人类意识光谱。

与好同伴共处

古代所有的灵修传统都鼓励有志者跟随坚定真诚的修行者，与这些“神的同工”共处。这在某种程度上很有价值，因为我们的状态在不断发生着变化。与练习意图坚定的人共处，能让你获得有益而宝贵的知识，通过不断调整自己，具备明确性，从而加速自身的成长。

事实上，灵性觉醒几乎总是通过觉悟者们的次第传承延续下来。通常，只有在寺院或其他严格的修习团体经过多年的深入探究和参学以后，这种传承才可能发生。

跟随其他修行者学习能让你获得练习的机会，加快你的练习过程。练习者们在许多个方面可以互为榜样，互相帮助。他们相互随意地分享生活，自然地交流练习的重要细节。道友们树立的勇敢、清醒和慈悲的榜样能够激励我们臻于至善。

与坏的同伴共处则会妨碍练习。有时候，有的朋友会耗尽你的心神和活力，巧妙地引诱你进行徒劳无益的练习，当你疏远他们以后，就能获得进步。对很多人来说，对电视、计算机、食物、酒精或其他药物的癖好就是其坏的同伴。

“近朱者赤，近墨者黑。”人性的趋势无论是好是坏，当环境鼓励它们的时候，它们才会最充分地发展起来。你的同伴在鼓励你向哪种趋势发展？

和导师共事

当然，还有其他方法可以获取帮助：你可以找个教练或者导师。

出于多种原因（包括自我责任、自主性和选择的重要性），我们假定你会设计自己的ILP。然而，这里会存在一些内在的缺陷，即是它意味着你的练习是由对你的盲点了解**最少**的人（也就是你）设计的。你怎样才能避开这种缺陷呢？

有个很有用的办法就是咨询你的朋友和家人。尽管他们的观点有自身的局限性，但他们能看见你没有意识到的东西，在恰当的时机，他们可以充当得力的导师。基于你对他们建议的最恰当评价，你可以重新设计自己的练习来消除这些盲点。

但是，超越自己盲点的主要方式是找到某位愿意收你为徒的睿智导师，所有的古代传统都是这样做的。人类所有的伟大灵性传统都是由伟大的灵修者们创建，并在时间的长河中通过**师徒传承**的方法保持着其深奥的精髓。智慧和灵性的成熟获得认可的个人转而会认可其他人（即禅宗的“以心印心”）。这是让传统的秘传精髓保持活力的方式。记住：整个人类的灵性智慧起源于伟大的觉悟者和他们的门徒们。真正觉醒的导师可以提供大量的指导、智慧和灵性传承。

然而，有些时候，师徒传承也会保留某些不必要的信仰，从而让后人展示出来的智慧和效率屈居于传统的权威之下。此外，有些传承方式似乎并没有经过检验或平衡。因此，有些看似高度成熟的导师会滥用他们的灵性权威。

所以，找到可信赖的导师通常既不容易也不明了。让人毫不惊讶的是，新的导师角色因此开始出现：整合指导者。此时，有经验的练习者会担任高级同伴的角色，他会帮助初级练习者，但不需要学生服从他的权威。整合指导者的权威来自于他/她的深度、技巧、专业性和德行，而不是臆想的灵性优势和权威。整合指导者可以帮助你设计（和坚持）有助于多个面向成长的ILP。与整合指导者共事的人仍然能做出自己的练习承诺，但是，他们可以在成熟的指导者的亲密协助之下完成它们。

然而，整合指导者并不会必然**取代**传统传承中的卓越导师。有志者在与灵修导师或大成就者建立传统关系的同时，有时也可以与所尊重的导师和整合指导者共同练习。

还有很多其他的选择，它们各有优劣。在这条道路的某些阶段，最严谨的练习者会找到自己尊敬的、拥有更多知识和智慧的人。某个特定练习领域的导师、指导者或老师能够特别清晰地看到你的盲点，睿智而充满慈悲心的指导者或老师会自然地生起责任感，帮助你，让你的练习具备更广阔的视野，诱导你超越自己舒适的空间。你也可以从指导者或导师的风范或觉性中获得帮助。但是，尽管有这些好处，与导师共事并不是必需的，有些练习者独自成长，也取得了卓越的成就。

核心价值观、愿景和生活目的

练习的**底层**基础是每天的自律。正如瑜伽修行者贝拉所说“走到道路的分岔口时，继续向前走”，换句话说，在练习中，最重要的事情就是——实践。

而练习的**高层**基础则是为何练习，即练习的**意义**。这包括练习的目的、练习如何与价值观匹配、如何实现个人目标和愿景。通过清晰地表述你的价值观、愿景和目的，可以在很大程度上帮助我们厘清高层基础。

为了加强你的练习与练习意义之间的关系，你可以清晰地表述练习的价值观、愿景和目的，并将其作为你设计练习过程中的一部分。可能在你选择练习之前，最先做的应该是这件事。这样做可以明确每个具体练习背后的意图，并回答做任何一项练习时所提出的“为什么”，但这并不是必须的，不要让它阻止你采取正确的行动。

你的价值观对你始终影响最大。它们决定你的关注点和行事原则。这里有数个价值观的例子：谦卑、健康、进步、经济自由、家庭、正直、灵性、公平、胜利、敏感、责任、人际关系、冒险、奉献、舒适、同情、道德、安全和开放。

清楚地表述这些作为生活指导原则的核心价值观并确定它们的优先顺序，你可以采取自我陈述（I statement）的方式来这样做：

- 我的婚姻是点燃激情、承诺和抱负的修炼之炉，是我们爱情的神圣器皿。
- 我要持续不断地学习，将自我充分暴露在要求我超越现存舒适空间的新情境之中。
- 通过关注完整性、协调性和承诺，我要求自己言行一致。
- 认识到充电的需要，我通过观照练习来“磨快锯子”，回到源头。

明确你的核心价值观和指导原则以后，你就知道如何通过练习来展现它们了。

你的**愿景**是未来的迷人画卷，是你想要创造的东西，是引导你前进的目标，反映了你理想中的自己和自身境遇的状况。拥有远大而豪迈的目标是好事，但也要让它脚踏实地。诗人里尔克说：“未来在实际发生以前很早就已先行改变着我们。”你的愿景能帮助你和理想的未来建立联系，将意图和意识融入到潜在的可能性中。

良好的愿景会描绘出比现在更美好的未来。它能激起你情绪上的回应，明确方向，集中注意力，并推动和鼓舞着你。

表达愿景时，用现在时态表达未来某个指定日期的目标有时候很有帮助，例如，“现在是 1 月 15 日（明年），我在（什么地方？做什么？）”。愿景的时间长短不限，六个月、一年、两年和五年都行。你可能想要清楚地表达个人和职业生活的具体愿景，此外也许还有对练习的愿景。

下面是愿景陈述的范例：

现在是明年 9 月 1 日，我感到自己被妻子、家庭、朋友和同事欣然接纳，他们都支持我，爱我。作为我所属领域的领导者，我得到了信任和尊重。在奉献和交往的过程中，我油然涌起越来越多的幸福。

你的目的是你存在的原因。你的独特贡献是什么？（不要让“独特”这个词成为负担。如果你的愿景、价值观和目标陈述听起来酷似他人，这也完全没有任何关系）。

你可以通过反复追问自己“**为什么**”，借此明确你的目标，“你的存在为什么显得很重要？”“你能够赠予什么礼物？”“你受到感召想成为怎样的人，做些什么事情？”不停地追问，答案可能同时变得更抽象也更本质化：你的存在和行为的核心原因是什么？下面是生活目标陈述的范例：

为了致力于全世界的幸福，我的目标就是发现并赞美觉性和人性中更美妙的深刻奥秘。

明确你的目标，它可能是持续终生，不断完善的过程。即便如此，清楚地表达这个目标也能够成为强有力的催化剂。

如果你决定写下目标陈述，你需要认识到这是一个深刻的过程。你最初的愿景很可能听起来很糟糕。修改它，日后回过头重新感觉它，并进一步修改。当它听起来很真实而且感觉不错时，它就可以引导你的生活、愿景和练习了。

最后这个例子的主人公是雄心勃勃的研究生提姆，他 24 岁，迫不及待地要开始自己的 ILP。我们直接跳到第三步，看看他选择的练习内容。

下面的蓝图表明，提姆承诺自己将进行极苛刻的练习。下一页中，你可以看到，在三个月的实际体验之后，他对蓝图做了怎样的修改。

ILP 蓝图——提姆

第三步：选择练习内容

身体模块

练习	说明	频率
三身练习	每个工作日早晨练习满45分钟。	5次/周
营养	吃最佳食品，只购买有机食品和自由贸易食品。	每天
小周天循环	在前去上研究生课程的地铁上练习。	4次/周
极限飞盘	参加联队和竞赛。	3次/周

阴影模块

练习	说明	频率
写日记	记录语音日记。	7次/周
3-2-1阴影过程	练习15分钟的3-2-1阴影过程。	3次/周
男性团体	参加周三晚上的男性团体。	1次/周

心智模块

练习	说明	频率
研究生院	读书、学习、论文、测试等等。	6次/周
性、生态学、灵性学习小组	每周读一章内容，并和本地小组讨论。	1次/周
政策研究	在华盛顿特区智囊团做远程实习生(virtual internship)。	10小时/周

灵性模块

练习	说明	频率
个人冥想	每天进行45分钟整合式探究。	7次/周
团体冥想	晚上在当地禅修中心跟随僧团共同禅修。	3次/周

附加模块

练习	说明	频率
财务	减少信用卡债务。	
亲密关系	找到一个恋人！	
友谊	探索加深当前友谊的方式。	
服务	在当地老年中心服务。	3小时/周

调整后的三个月ILP 蓝图 — 提姆

第五、六步：灵活变通和不断做出细微调整

身体模块

练习	说明	频率
三身练习	~~每个工作日早晨练习满45分钟。~~ 我只坚持了三天！现在我只练习十分钟，似乎有效。	5次/周
营养	~~吃最佳食品，只购买有机食品和自由贸易食品。~~ 拒绝吃垃圾食品效果更好，主要吃未加工食物，严格限制零食。此外每周有1天可随意吃东西。	6次/周
小周天循环	在前去上研究生课程的地铁上练习。 ——这个练习仍然很有效（虽然我有几次坐过站了）。	4次/周
极限飞盘	~~参加联队和竞赛。~~ 我减少了这个练习，现在只和男女同队的团体随意玩。压力小多了。	1次/周

阴影模块

练习	说明	频率
写日记	记录语音日记。 ——每天记太频繁了。现在只有我特别想记录语音日记时才会这样做。	不定
3-2-1阴影过程	练习15分钟的3-2-1阴影过程。	3次/周
男性团体	参加周三晚上的男性团体。 这个团体对我来说特别有价值。我肯定会继续这个练习。	1次/周

心智模块

练习	说明	频率
研究生院	读书、学习、论文、测试等等。	6次/周
整合式应用	现在学习小组终止了，我在思考如何将整合式理论运用到研究生学习中去。	
政策研究	在华盛顿特区智囊团做远程实习生。 ——我不得不减少时间。	4小时/周

灵性模块

练习	说明	频率
个人冥想	~~每天进行45分钟整合式探究。~~ 太多了，我没有足够的时间进行这个练习。 现在我将一分钟模块练习5-10分钟。我能够坚持这样做。	7次/周
团体冥想	晚上在当地禅修中心跟随僧团共同禅修。 我热爱这个团体，但不得不将参加次数减少为每周1次。	1次/周

附加模块

练习	说明	频率
财务	~~减少信用卡债务。~~ 我不能省下自己理想中的数目，但简单的生活能帮助我省钱。	
亲密关系	~~找到一个恋人！~~ 现在我在和玛丽约会，我们是在玩极限飞盘时认识的，只认识了两个月，但我很高兴这段恋情的进展。	
友谊	~~探索加深当前友谊的方式。~~ 通过减少其他练习的时间，我有更多时间和朋友们交往和分享。	
服务	在当地老年中心服务。 这很好，但还是花太多时间了，我将参加次数减少到1次/月，并且很满意。	3小时/月

ILP 蓝图

身体模块

练习	说明	频率

阴影模块

练习	说明	频率

心智模块

练习	说明	频率

灵性模块

练习	说明	频率

附加模块

练习	说明	频率

ILP周记

第____周

身体模块

练习	预定频率	周一	周二	周三	周四	周五	周六	周日	总共

阴影模块

练习	预定频率	周一	周二	周三	周四	周五	周六	周日	总共

心智模块

练习	预定频率	周一	周二	周三	周四	周五	周六	周日	总共

灵性模块

练习	预定频率	周一	周二	周三	周四	周五	周六	周日	总共

附加模块

练习	预定频率	周一	周二	周三	周四	周五	周六	周日	总共

第二部分：整合式练习的艺术

习惯于有规律的练习之后，就可能会产生练习的**艺术**。这时，重心就要从具体的练习转移到练习所表现出的生活本身的发展性质。在这，我们分为两个部分来讨论这个问题：**每日拓展的觉察力（expanded awareness）**和**练习技巧与原则**。

觉察力的拓展不仅仅呈现在冥想之中，通过练习，它开始遍及每天的体验。我们会在下文讨论如何配合这个过程，也会讨论核心模块所包含的练习原则如何在你每时每刻对生活的体验方式中体现出来。

对每天拓展的觉察力进行简短的讨论以后，我们会真诚地讨论练习生活，阐释不断深化的练习生活所需要遵循的系列原则和有益技巧。我们还会介绍系列观点，这些观点会涉及某些重要主题和明智的步骤，能够帮助你大体了解引导练习生活所需要的艺术和技巧。

每日拓展的觉察力

当你进行规律的练习时，你的意识特征会开始发生变化。练习的成果有时表现为整个存在方式的深刻改变。

这可能只是因为练习影响了你的日常意识。当冥想状态开始融入清醒的意识中时，你“内在”的身体练习（如有意识的呼吸）可以成为第二天性，并持续融入日常活动之中。更加整合的观点开始改变你的整体认同感，以及体验事物和处理信息的方式。

每天拓展觉察力始终是可行的。你可以持续、清醒地觉察到意识之前所排斥的东西；内心始终可以保持开放，始终可以留意如何用新的方式来感受、活动和言说，始终可以发现如何放松自己，如何让独特而灿烂的人性越来越完满，始终可以更完整地引导你的生命能量。最终，与意识的交流变得极为完满，以至于你开始感觉到自己清醒地活在更大的宇宙之中。

身体模块

身体模块中，内在部分的主要练习不仅影响你的身体练习，此外，还影响你生活的每个瞬间：

- 你怀着真诚的感受有意识地呼吸，并经常用呼吸重新集中注意力。
- 你通过脐轮来强化自己的力量和能量。
- 你通过心轮和生命交流，感受生命。
- 你通过顶轮散发出意识的光芒。
- 你利用精微能量练习维持身心的健康状态。
- 你有意识地引导生命能量从身体正面向下，再沿着脊柱向上，并不断循环。
- 你能够容忍、喜爱和发挥越来越多的热情，而不是被动地反应和摆脱它。
- 你的身体整天投入到充满爱心的、利人利己的实际活动之中。

心智模块

心智模块的练习能增强你接纳复杂观点的能力，以及明智运用 AQAL 理论的能力。

在日常体验中，思想模块的实质是**清晰的洞察力**或者**善于分辨事物的觉察力**。这不仅仅涉及心灵的敏锐度，也涉及整体生命的感受能力。这体现在下面数条常见的教导之中：

- 你想要有意识地安住于生活的每个瞬间。
- 你始终想对事物洞察得更清楚，消除困惑。
- 你留意、重视、探究和关心生活和现实中的所有重要方面，亦即我、我们、它和它们。

- 你有意识地关注意识状态的变化（如睡眠和清醒）。
- 当你接纳许多不同观点时，你真诚地欣赏彼此之间的矛盾，尤其当你坚定地赞同某种主张的时候，你也是如此。
- 你深刻而慈悲地接纳你遇到的各种各样的性格类型。
- 你努力稍稍提高自己的层次（到达自己可能达到的最高层次或高度），也帮助他人达到。
- 你意识到：每个人的观点既是真实的，又是表面的，你自己也不例外。

阴影模块

顾名思义，阴影就是**隐藏**在意识背后的东西。阴影练习从这种简单的观点入手，即你的部分内在世界是不可见的，而且想始终这样！

从练习者的立场而言，具备这种认识以后，你每天的生活应该是怎样的？

- 你开始温柔、持续地探究你隐藏的心理动力：
  - 为什么店员细微的粗鲁举动会引起我如此巨大的反应？
  - “我为什么不能原谅配偶的懒散？”等等
- 它包括谦逊、信任、好奇、开放……以及最后一项——**幽默**。
  - 既然所有人都有这种狡猾的、类似于捉迷藏的心理动向，我们就不必羞愧了！
- 你需要留意什么？
  - “我很害怕。”“我在逃避自己和他人。”“我正在将自己的感受投射到他人身上。”它继续不停地存在，经常令人不快。
- 当阴影练习变得成熟时，你就能轻松地面对自我觉察中的不安。
- 最终，在直视内在的观点时，你不再条件反射式地自我捍卫了。
- 你甚至开始欣然接受那些并不舒服的新意识可能会带来的新自由。
- 你认识到自我防御最终甚至比自我觉察更加痛苦。

灵性模块

每天的冥想觉察练习包括：在生活中的每时每刻以及每件事情上，都认识到灵性或实相。这就是安住于觉性本身，意识到万事万物都是**在觉性中**发生的。

- 你意识到你自己能够轻松地、心无旁骛地关注当下每一件生起和变化的事物。
  - 你越来越能够安住于觉性本身，这种觉性始终是**当下的**，广阔的，直指人心的、非常安乐知足的。
  - 你甚至觉察到**你就是这份觉性**。
- 你认识到我们应该对生活油然地生起一份感激之心。
  - 每天的虔诚练习就是安住于灵性之中，就是在和灵性亲密接触。
  - 既然灵性显现为万事万物（人），这就是每天练习的自然而全方位的神交与爱，就是祈祷的虔诚生活。因灵性显示为万事万物，所以，虔诚地生活，进行自然、全方位的交流，便是每日的练习。
- 通过**观照**万事万物的发生，你认识到它们都是实相本身的体现。
  - 我们可以感受到自然界完满的神秘之美。此外，我们也能在数学简洁而抽象的概念中、在流行文化的无聊与放纵中、在单调的混凝土高速公路和停车场中发现这种美。
  - 每天的观照练习包括完全认识它，洞穿它，意识到它的空性和光明。

伦理模块

日常伦理就是保持个体真诚地努力成长，为生命的完满做出贡献：在生活的所有领域都保持言行一致。

日常伦理也体现为对他人的善意。当你通过练习关爱自己时，你关爱他人的能力也会被释放，并不断增强。

日常伦理的成就意味着：谦卑和深深的自尊，并具备有益和持久的完整人格，它们使你免于自我否定、自我分裂和自我蔑视。

实践中的日常伦理能够以多种方式体现出来：

· 你完全觉察和关心当下的每个瞬间，训练你的伦理**敏感性**而不是伦理教条。
· 你开始寻找公正和正直，而不仅仅是个人的利益。
· 你在日常生活中，遇见你想要在最大范围内护持和促进的最大深度。
· 你试图“随缘消旧业，莫再造新殃”。
· 你同时怀着男性和女性的同情来善待自己，倾听良心的声音而不痛责自己。
· 你留心自己怎样才能扩大对自我、他人和世界的关心范围。

练习技巧和原则

设计好你的ILP以后，你就要开始有规律地练习每个核心模块，进行拓展觉察力的日常练习。此外还有什么呢?

还有很多事情。通向圆满觉悟的道路并不是一幅只需对号填色的数字油画①。生活是神秘的，也是复杂又丰富的，它似乎坚持要向每个人教授属于他自己的独特功课。要坚持年复一年地练习和成长，你必须在无数个独特的瞬间做出清醒的、睿智的、充满创造性的择选。你怎样才能卓有成效地完成这件事情呢？这里没有公式，但我们可以发现某些原则。在引导你的练习生活时，你需要记住数个重要的观点：

常常练习你的辨别能力

练习不会自动地向前前进，前进需要理解力。当你具备理解力的时候，练习就获得了牵引力，帮助你继续向前发展。睿智的理解力需要每时每刻的练习，

---

① paint-by-number又名数字彩绘或编码油画，通过特殊工艺将画作加工成线条和数字符号，绘制者只须在标有号码的填色区内填上相应标码的颜料，便可完成手绘作品。——译者注

有时，它也被称为“分辨力”或“识别力”或“清晰的洞察力”。

日常生活再三要求你衡量外在的情境、人、机遇和选择。你也必须估量内在的情绪、状态、觉知和感受。辨别就是一个运用你的最高智慧来清楚地洞悉事物并驱除迷惑的过程。

没有辨别力就无法避免粗心和误解。最糟糕的是，你可能会陷入**二元思考：**将现实简单地看作非此即彼，非黑即白，掩盖了它真实的复杂性和细微的差异。

注意更多的观点常常使你的心灵更加敏锐。AQAL 理论运用成套深刻的分类来协助你，帮助你练习辨别力。留意某个人或某种境遇所包含的所有象限，这能增加你想法和行为的清晰度，也能提高你对意识不同层面的敏锐度。

每时每刻的分辨力练习涉及你所有的能力、智慧、感觉和直觉，甚至包括本能。这是意识的活瑜伽，始终能穿透迷雾，使你具备清醒的洞见，并让你与现实的联系越来越圆满而微妙。

承担责任

为使你做出更好的选择，你需要调整自己的行为。这就是练习的本质。

对于那些强化和展现出**退缩状态及模式**的想法、感情、行为以及其他关联模式，我们需要学会调整。当你看到态度、信仰、心情、行为甚至生活中的实际安排都在阻碍你，阻碍你获取更高的觉性、关心和奉献时，你可以寻找更好的出路，做出新的选择，并就此采取行动。这些选择可能包括：重新评估你的 ILP，并用某种方式努力深化它。

这个过程有时候会照亮新的领域。你可以洞察自己的模式，同时，你也可以对它们负责。但有的时候，你可能不会。在开始时（同时这也贯穿于生活的始终），严肃的修行者不会发现那些隐藏在深处，相互竞争的目标。当个体的行为与自己期望的目标不一致时，他们就会选择一个合适的理由沉溺于**其他**事情，比如舒适或麻木的状态，或者退缩的习惯。

在这个过程中，觉察力会发挥作用。我们可以看到那些互相竞争的目标，可以看到过去选择的结果，也可以看到当前的习惯会将我们引向何方。如果幸运的话，我们有可能选择通向觉悟、活力、存在、关心和责任的道路。

释放能量和注意力

当我们无意识地生活时，我们会按习惯性模式行事，并消耗掉大量的精力和注意力。这些模式包括：不断涌出的念头、纷乱的情绪、分神、烦躁、不均衡的饮食、不停地谈话、沉溺于媒体等。这就是我们耗尽自身能量而没有引导生命活力的部分惯性方式。

整合式生活练习逐渐加强我们的内在力量。通过利用这些内在力量，我们释放和利用曾经被束缚的能量和注意力，从而提高练习效率，过上更幸福的生活。这是对自我的**男性同情**，是实现成长和转化所必需的韧性。重要的练习能力包括：

- 获取忍受不适的能力：包括犀利的自我觉察所带来的不适感，以及中断无意识的思考和行为模式所产生的不适感。
- 培养接纳各类观点的兴趣：既包括他人的观点，也包括我们自身不断变化的观点。
- 对更高能量和觉察力的渴望超过了对习惯性安慰模式的嗜好。
- 获取中断无意识行为的能力，并借助被释放的能量和觉察力取得丰富的成就。
- 引导越来越巨大的生命能量，接纳越来越多的热情，而不是不由自主地释放或摒弃那些生命能量。

不要摒弃生命能量

我从未做过冥想静修。当我承诺参加严格的传统五日禅修活动时，我并没有意识到自己所做的抉择。我们用日语咏唱，静静地打坐，静静地行走，静静地清理厨房，静静地进食，就这样度过了每一个小时和每天的生活。

我背痛；腿麻；苍蝇在身边嗡嗡叫地着，落在了我脖子上；这让我几乎要发疯。但只要我挪动身子或者烦躁不安，老师就会用棍子重重地打我。

我几乎总是因为愤怒和不适而心烦意乱。我无法相信我居然曾经承诺要受这种罪。我心怀忿恨，非常想杀死老师。我记得自己好几次想到："如果他还带着那根棍子在我身边停下来，我要在他的头顶折断那根棍子，然后将碎片塞进他的喉咙中！"

我身边的禅修者们像顽固的遥控飞机，继续甘愿忍受虐待。我鄙视他们，但我并没有逃跑，而是留在那里继续打坐。

我始终感觉到内部的火山即将要爆发。不过，当我急不可耐地想要挪动身体时，我并没有挪动。有时候，我感到体内涌起强烈的波浪，几乎将我漂浮起来。我感到极为不适，几乎就像进入了其他生命状态。

然而，既然我没有别的事情可做，我就遵照指导行事。我深深地吸口气，然后放松下来，在当下保持着清醒。

我的状态不断变化。有时我感到欣喜若狂，觉得我正在觉悟。然后我又感到很糟，继而则感到厌倦。最后，我感到无法再多呆一分钟了。

几天以后，我仍然察觉到所有这些感受。但是，当我观照它们出现的时候，我开始感到比较有趣。我开始察觉到，我对禅堂里痛苦经历的憎恨之中夹杂着某种爱意。那种感受完全是不可思议的、空寂的、完美而透明的。

静修的最后那天，我充满了活力。我感到自己就像1000瓦的灯泡，向所有方向闪闪发光。同时，我极为安静、从容而清醒。我处于深深的安乐之中，不再感到心绪烦躁。

我意识到整周的练习让我的能量变得集中起来。我如此欢快和清醒，是因为我没有不断地按惯常的方式不停地摈弃能量，这些惯常的方式包括：谈话、吃东西或者烦躁不安。严格的传统修习过程就像炉门紧闭的砖炉，而我平常的生活方式就像多风的山顶上的篝火。

这是个巨大的礼物和转折点。从那以后，当我将这种觉察力融入到练习中时，它总是能为我逐渐增强的信念、洞察力和能量带去关键的助力。

它转变了我体验不适和强烈感受的方式。那些体验不再让我发疯，我将它们视为完善练习的额外宝贵的机会。

做自己最好的朋友

练习生活包括你要为自己的健康和完整性做出选择，并实现未开发的潜能。因此，它意味着你要**深深地善待自己**，甚至在你要放弃练习的时候。这种自爱的态度体现了我们对自身的**女性同情**。

- 由觉性本身而自然生起的喜悦（不是爬山和欣赏风景那样的天然冲动）。
- 充满感激地趋向健康而清醒的人显示出来的内在欢乐，以及将感受、呼吸和觉性融合起来的喜悦。
- 对一生的健康和成长坚定的内在承诺（这常常和服务他人的承诺密切相关）。
- 自我宽恕，坦然地接受缺陷、瑕疵和业力，甚至当你完全致力于治疗和转化它们的时候也要如此。

对抗我们的抗拒心态?

抗拒会让你受到伤害。当痛苦来袭时，最让我们痛苦的**不是**情绪本身，**而是**我们对待情绪的方式。我们预感会有痛苦，并紧张地抗拒着这种情绪，结果，它削弱了我们安住于当下的能力。有些痛苦可能无法避免，但是抗拒痛苦的内在情绪则更加糟糕。但你如何停止抗拒呢?

觉察力是关键。练习的中心，也是普遍观点，即**觉察**你的抗拒——同时，在当下这刻将其释放。以真挚的好奇心面对抗拒的情绪，通常会产生一份洞见：抗拒是徒劳无益的。当你反复去感受抗拒的情绪时，这种抗拒就会自然减弱。

对自己坚决而温柔

有时候我们需要健康的男性自律，有时候需要卸下所有的盔甲，呵护自己的成长。在某些时刻，男性和女性同情都很有益处。我们可以接受自己的本来面目，甚至当我们缓缓进入昏睡状态之时，我们也要练习摆脱这种无意识地自我否定倾向。

恰当地平衡男性和女性特质并不是静态的空想，而是动态的实践。生活有点像在激流中漂流，既有凶猛的湍流，也有平静的河水，而在这两种极端状态之外，还有中间的各种阴影。它是充满活力的流水，而生活的艺术就是始终适应每个时刻都在变化的需要。

然而，我们不仅仅抗拒痛苦的情绪，也抗拒成长、练习和新的意识。

抗拒自己最深的认知和承诺是很普遍的现象，毕竟，它们挑战着你的习惯性模式，要求你走上更高的人生道路，但这条路在一开始显得更加崎岖。

消除抗拒成长的秘诀，就是选择中间之道。我们对抗拒最初的下意识反应，可能就是试图更加努力地克服和否决那种公然（有时甚至是可耻的）反对变化的心态，以此来纠正自己。我们以硬碰硬的方式，对抗自己的抗拒心态。这种**极度男性化**的策略，就长期而言是无效的。它夸大了“善”“恶”冲动之间的内在分裂，将不受我们欢迎的那部分自我驱入阴影之中。这通常导致我们的练习是奠基于羞耻之上的，表面上显得高尚正直，但是，这种练习过程不时地夹杂着任性的反叛、迷茫和放弃。

我们还可能做出这样的反应：在认识到对抗抗拒心态是徒劳无益的行为以后，我们就会听天由命，仅认可自己的感受，根据当下最强烈的冲动去行事。而感受在本质上就是不断变化的，这种**极度女性化**的方法则会使我们无法做出真正的承诺，始终随波逐流，漂移不定。我们不会感到羞耻和伪君子似的分裂，但也不能从练习中获益。

这就是我们对抗拒心态的两种典型反应（1）强行克服抗拒，（2）听任你的感觉。

中间之道要求我们对所有相互矛盾的倾向保持慈悲。坚守终身练习的严肃承诺固然重要，但是，原谅和善待抗拒之心也有益处。放下产生自我“善”、“恶”分裂的内在道德判断既能够促进我们的转变，又能让我们深感欣慰。非此即彼的心态可以转变为兼收并蓄的好奇心，为广阔的觉性创造空间，而我们的整合式抉择就能够在这样的觉性中自然发展。当我们力图僵硬地实施好的抉择时，我们想象着自己在经过剧烈的反抗后就能获得觉悟。但事实并非如此。

相反，我们可以欣然接纳我们的抗拒之心，并怀着开放和好奇的心态来进行练习。也许它能给予我们某些有益的启示。有时，拒绝暗示的只是一些未被满足的需求，与我们练习的目标毫不相关。抗拒可能对进行阴影练习、更好地认知自我以及如何宽恕都是一个机会，也可能意味着我们需要更多的乐趣，或者应以某种其他方式来平衡我们的生活。在所有这些具体的信息中，以广阔的觉性来接纳抗拒，常常会使我们瞥见当下以及生活的每个瞬间中圆满无瑕的本质。

不管抗拒传递出什么信息，如果我们忽视它，抗拒只会更大声地喊叫。是的，最好是坚持练习，即使在我们感受到抗拒的时候也要如此。如果我们面对并且善待抗拒，它会极快地赐予我们礼物。这样，抗拒就不再**妨碍**我们的最高意图，而会向我们**指明**实现最高意图的**道路**。

练习的感觉有时美妙，有时糟糕……感受练习中的所有知觉，但不执着于任何感受

你可以对打开或关闭顶轮、心轮和丹田的能量保持敏感，从而引导自己的练习生活吗？你能觉察到自己的身心状态，并区分哪些是健康和不健康、促进成长还是抑制成长的吗？

这是个值得思考的问题。被束缚的能量和注意力会抑制或者**伤害**我们。随着我们的成长，我们会领略到美妙的新感受。当我们更频繁地进入更高更深的觉醒状态时，我们也可以体验到深深的安乐、自由甚至狂喜。这样，随着不断的练习和成长，你就会感受到越来越多的自由、广阔和快乐，对吗？那不正是我们着手练习的主要原因么？难道你不想调整自己，感受那种更高的愉悦，或者说，就只要“向光生长”么？你不应该就这样“追随着你的狂喜”么？

这样说对，也不对。

越是对美妙感受保持高度的敏感度，越是能（非常愉悦地）引导和促进我

们进入更高的觉性和体验状态。因此，睿智地感受各种情绪的本质是非常重要的技巧，同时，趋向高层的愉悦也能提升你的成长，但是，它也可能导致浅薄的自恋。因而，感受愉悦发生的**过程**更为重要。你还记得忍受不适感的重要性么？练习要求具备这两种能力，与欢乐和痛苦建立起丰富而自由的关系。

超验的欢乐和痛苦具有两种最生动而极端的表现方式：利用酒精和性的密宗狂热信徒，以及床上钉着铁钉的苦行僧。它们如同一枚硬币的两面，是在现实中被夸大后的表现方式，而最成熟的修行者在任何体验中都是**自由自在**的。我们不必用极端的欢乐或痛苦来考验自己，而练习的主要结果，就是在生活的苦乐循环中获得貌似充满矛盾的自由。因此，有时候练习就是感受**所有**的快乐和痛苦，然后超越它们。

但并不总是这样。超越苦乐的办法很容易变成某种形式的逃避。事实上，能够完全不执着地生活，并密切而坦然地关注体验的本质才是更重要的事情。高级修行者就能与体验安然共处，并如是地觉察它。

然而，这个原则并非**始终**是首要的。

练习意味着在多层面且相悖的动态生活中保持清醒和活力。美好和痛苦的感受都会流逝，这里没有法则，也没有例外。此刻，你获得高峰体验以及觉性的机会是什么？是关注你的体验还是产生体验的觉性，还是两者兼之？全力以赴还是屈服于这种无常？这些都有可能发生。真实的练习是保持活力、清醒，并安住于当下的：此刻在发生什么？

练习需要这样一份觉悟，即善并不是恶的对立面。**实相**始终是当下的觉悟，它包括并超越所有发生的现象，无论是好是坏。你在当下始终是自由的，当下便具足万法。因此，你始终都有全新的机会来安住于当下并进行练习和觉醒。

顺境和逆境中都要练习

光明和黑暗不会因为你真诚的练习就停止更替。事实上，练习本身就会激发两种情况！因为练习会带来生命的变化，破坏你此前的生命状态。任何系统都会努力恢复原先的平衡，因此，**练习自身就会唤起我们对练习的抗拒**。而逆境在练习生活中是不可避免的，顺境也是如此。

如果你只在顺境中练习，你以前的惯性模式就会始终非常强大。逆境仍然会像以前那样持续出现。如果只在出现顺境时，你才乐意再次练习，那么，你会始终在起点徘徊。

相反，如果你在逆境时，也尊重练习的意愿，你的无意识模式就会减弱。固然，选择在顺境中练习最让人有成就感，有时候还能产生较高状态的体悟，甚至瞥见处于更高状态的觉性。然而，在最平常的日子里，当生活中似乎没有发生任何事情的时候，持之以恒的练习就是对未来的投资，让自己易于碰到“幸运的开悟时刻”。

不仅如此，逆境还能赐予你大好良机，使你能立竿见影地看到生命转变的效果。你的生活和认知反映出你在顺境、逆境以及中性境遇时，意识和行为的整体综合状态。如果在环境最困难时，你还能表现得更好，那么，通常，你的成效也会大大提高。发展到全新的意识层面可能需要花费一些时间，但你只要保持清醒的洞察力、意志力，并持续不断地全力进行下去，这可以极为迅速地改变他人对你的感觉，以及你的自我感受，这种转变很快就能发生。这是让人们在开始生活练习后的几周或几个月就能看到巨大改变的重要方式。

偶尔错过练习并不需要小题大做，宽恕是赠予，也是新生活的开始。你始终可以选择在下个时刻练习，而不必懊悔或自我指责。

同时，中断练习是没有效率的行为。它浪费宝贵的时间，让你远离重要的机遇，此外，它还会强化你放弃练习的意向，因此，它无法提高你灵活应对未来挑战的能力。

在变化起伏的练习阶段中，每个时刻都为你提供了宝贵的杠杆点（leverage point）。练习活动的秘密，就在于它能增强动力和效率。遵守规则，并始终坚持下去，这样就能明确你投入到练习中的每一个细微意向，增强努力的效果。

- 在顺境中练习能增加你的高峰体验。
- 在逆境中练习能改变你的低潮，提高身心的整体层次。

· 在停滞期（似乎并没有发生多少事情的时候）耐心地练习，能为下次的重大进展播下种子。

· 中止练习则会浪费时间，强化错误的冲动。

· 始终坚持练习比断断续续地练习要轻松、有效得多。

不要浪费时间来痛责自己

效率对所有的练习都很重要。如果你能够汲取教训，调整自己的行动，成长就会快速推进，否则就不会。

妨碍效率的事情包括：自我挣扎、神经质的自我关注、不接受既往事实、谴责、内疚，沉溺于个人艰难生活的往事，或者沉溺于家庭、团体和民族的往事。自我挣扎，尤其是负面想法、态度和感受的恶性循环等等；它们能够束缚你的能量和注意力，阻碍你的成长。其中有些自我挣扎可能是无法避免的，企图冒失地除掉它们只会让事情变得复杂，但是，你不必有意延长它们。

练习的**本质**就是将妨碍练习的无意识模式带入你的视野之中。尽量不要浪费时间来懊悔或评判它们。如果你看到自己曾经盲目镇定，不仅浪费了宝贵的时间，还给他人和自己制造了痛苦，你为此感到反感和羞愧，那没关系！你不需要辩解、弥补或解释。感激和欣然接纳这种宝贵的觉察力，它使你有机会在下个时刻做出不同的新选择。你应该关注这点。练习就是反复地运用这种犀利的自我觉察力，而不是抗拒它。

有些时候，这样做非常自然。而另一些时候，这就可能极为困难了。违背和放弃根深蒂固的习惯并不容易，在堕落时站起来并拒绝再次陷进去，这需要勇气和毅力。即便是那些在很多生活领域都进行热切地练习的人，也常常会身陷盲点之中。

要知道，原谅自己过去的错误，同时关注自由而正确的行为是很重要的事情。如果你这样做，你就在改变命运，创造更美好的未来，并在整个宇宙中承担着你那份内在的责任，这种责任是别人无法替代的。

对于你想要摈弃的东西，最好的办法就是不与它交手。即便如此，在与它对立时，你还是会被其绊倒。如果你能一看到它，就立刻在半途中断它。你并不需要找到一个好的中途停靠点再去进行这件事。

在任何时候，当你注意到内外环境动摇了你的练习意图时，迅速地将注意力转移到眼前的事情：正业（right action）。正业指健康地、焕发新生地、慈悲地、建设性地、高效可行地参与生活，这包括你的主观意识和行为。尽量做最好的选择，并将其尽可能地体现在你的行为、想法和感受中。

不要回避对过去错误所应承担的责任，而是要接受这些错误已无法更改的事实。选择在**下个时刻**，尽最大的可能睿智、勇敢和圆满地生活。没有任何一个环境和过去的错误可以夺走这种机会。不管你此前的牌打得有多难，或者打得有多糟糕，你都可以明智而值得尊敬地打出现在手头的牌。因为当下始终是新的起点。

保持简单

有效练习的核心很简单：当你发现自己笨拙、不愉快的生活模式的瞬间，立刻**尊重你最初的意愿去练习**。就这么简单。接受和放下过去，以练习者的身份进入下个时刻。在这个时刻放下退缩的意向，怀着智慧、慈悲和勇气进入下个瞬间。

任何时候你都有这个机会，即使你已连续多年完全停止了练习。上上策就是回到练习中去。在你意识到自己的失败并愿意开始练习时，最好**立刻就这样去做！**你不需要首先为错误感到痛心，也不必渴求宽恕，或者想清楚下次怎么才能做得更好。

放下憎恨

憎恨的态度一定是极为根深蒂固的，因为只有当我完成了100次注意力转移后，对它的消除才变得容易一些。

我还记得自己首次领悟这点的日子。当时，我在做一份暑期工作：泡拿铁咖啡、浓咖啡和热牛奶咖啡。我憎恨这份工作，而在此前，我一直在读有关修行和服务态度方面的书，同时，这些书也给我带来了很大的震惊。我意识到，即便这是一份让我憎恨的工作，但同时它也给我带来了一个极佳的修行环境。

因此，我开始中断自己充满怨意的习惯性内在对话。只要我发现自己开始流露出隐隐的愤恨，我就深深地吸气，让内心和腹部放松下来，然后怀着更多的真诚来为他人服务。

起初，这的确很难。我得到的报酬很少，活却很多，也不受尊重。我的几个工友总是尽可能地不露面，他们更喜欢让我去收拾残羹冷炙。有时候他们甚至很不友好。因此，我有着很多怨恨的理由。

而这才是这份工作的魅力所在。我整天在为人服务，他们当中，有可爱的，也有激进的、粗鲁的、懒惰的、小气的、令人不悦的，总之，有着各式各样的人。每个人都给予了我独特的练习、学习和成长的机会。

但是，在我开始练习之后，尽管有上述那么多好的理由，我还是常常感到愤恨。当我深深地吸气、微笑并竭力向周围人敞开心扉的时候，我感到自己始终都在举起沉甸甸的杠铃。

但我始终哄骗自己这样去做，过了一段时间，我发现，自己居然不再感觉那么自欺欺人了。我感觉自己不断地将不愉快的事抛诸脑后。一次又一次的实践，我竟然开始有了其他的感觉。我发现，即使某些东西，例如倒咖啡，既简单又卑微，它也能给你带来一种服务于他人的内在满足。

事实上，如果你去思考，你会发现，所有的生活都是服务。当我坚持下去时，我变得更快乐了些。数天以后，我开始感到这的确很美妙。

我居然开始爱上了那份工作。这是个转折点。我学会了某些终生受益的东西：被动地等待心情的改变并不是明智之举，只要有机会，就应该立即采取行动消除坏的心情，这样才能给自己带来巨大的好处。

伟大的修行者会将被浪费的时间减少到最小。他们也会遭到困惑或恐惧的侵扰，但是，当他们重新觉察到自己可以选择练习时，就会毫不迟疑地这样做。他们完全接纳痛苦，毫不回避它们，这样，他们就将痛苦降到了最低限度。在某些传统中，据说这种能力用于鉴别他 / 她是经多世才能觉悟的修行者，还是此世就能觉悟的修行者，这是区别二者的标志。

也许你没有这种习惯，不用担心，你可以培养它。假如你有与之相反的习惯，那也没有关系，你可以逐渐地放下原先那些习惯。如果你学会了始终尊重练习的意愿，并遵循那种意愿稳定地练习，你就可以加快自己意识的发展，减去很多年不必要的痛苦。而任何必经的痛苦也都会立刻变得更加高贵，让我们感受到更多希望。

整合你的练习

随着练习的逐渐成熟，它成为了更广阔且连续不断的水流。刚开始，练习可能只是涓涓细流，但它逐渐汇聚起了更多的动力，在你生命的田野中冲刷出更深的水道。当你竭力过着有道德的生活时，你的身体、心智、灵性和阴影以及其他练习模块都会更完整地相互补充、影响并增强，新的生命层次可能从此出现。

个人的模块和练习可能被体验为每个人的多维意识及其所做努力的很多方面，但每个练习都有其不同的特点。事实上，在所有模块中，以整合形式展现，详尽而专业化的练习（比如武术、瑜伽、自然神秘主义、养育孩子或者有意义的工作）可能更能转变我们的生命。这表明了练习**艺术**无法言说的本质。

练习和快节奏的忙碌生活

我们许多人都过着极为忙碌的生活，在众多不同的责任、关系、角色和娱乐中保持平衡。忙碌的人通常更倾向于积极的选择，并实践它们。这也是为什么会有如此之多忙碌的人选择新练习方式。他们将另外 1 小时的承诺塞入到已经过度承诺的生活之中。这样做，通常效果也不错，因为定期的练习能够为你的幸福感及效率带来戏剧化的提升。但是，练习不是一定要增加你的时间压力。

即使刻苦工作和丰厚回报是很美妙的事情，但是我们每个人都需要休息。即使我们都有各种独特的需要，但我们也都需要生活的平衡。在生活中增加越来越多的好东西，可能会让你负担过重，让好东西变了味。练习的时候，我们须更敏锐地意识到自己的局限性和平衡生活的重要性。此外，我们也更严肃地关注如何恰当地确定、调整和实现目标。积极的、充满创造力的、不断变化的生活是美好的，但不要忙乱、狭隘或不堪重负。

应对繁忙的后现代世界并没有万灵丹。勤奋练习的结果可能引导你简化ILP，更积极地运用一分钟模块，或者减少其他方面的投入。此外，你也能够学会如何在混乱中茁壮成长，更自由地经历生活的狂野旅程，让困难和挫折激发起你的活力，而不是紧张不安。对有些人来说，ILP 似乎天生就是很宁静的生活方式，而在其他人看来，ILP 则是更高水平的欢乐与活力。

不管你年龄多大，都要抓住时机

不管年龄多大，你都能够以新的身份和新的存在方式生活在这个世界上。但通常来说，这很少发生在人们最初安顿事业与家庭的那些年龄段里。快速发展（包括身份的重大调整）通常发生在人们 35 岁以前，以及接近老年之时，其往往不会发生在 45 岁左右。练习的核心秘诀是“抓住时机”。成长的大门打开时，练习的秘密是抓住这个机会，跨过门槛。

用爱来开门

爱是最简单，也是最深刻的奥秘，是真诚的练习者们公开的秘密，也是让整合式练习**更加**整合的有效办法。

当怀着爱意时，你的精微身体能感受到自身天然的光辉。喜悦油然而生，并向四周散发出来。你的头部、心脏和丹田开始放松，彼此协调。你感到与自己、他人以及存在本身的联系更加紧密。此时，你活在当下，你的气息中充满了欢乐和深情，你能够无畏地面对任何事情。

爱能够促进、整合和超越所有 ILP 模块中的重要练习。你怀着爱意进行练习，与仅仅出于义务或追逐私利而练习，二者有着天壤之别。你可以怀着爱意来冥想、练习瑜伽、烹调健康的食物，爱会在任何活动中注入神性的芬芳。

你爱谁，或者你爱什么？它可能是任何人或事。但最终，它是所有人和所有事，而不是特定的人和事。事实上，它不是任何“他者”，而是实相本身。心灵之眼在任何地方都能看见你爱的对象。

这种宇宙之爱是世界上最自然的事情，而不是你必须迫使自己去做或者**努力去**做的事情。爱就是你已经在做的事情，或者渴望去做、去成为和去实现的东西（或事情）。它是每个渴求之物的真实身份，每种天然欢乐的本质。当你认识到无所不在的被爱者时，你就如同坠入爱河，恢复了最深沉的爱意，安住在永恒的爱之中。尽管有些时候，爱被遮蔽住了，你很难看见它，但你仍然安住在它的里面。

爱是选择，也是感受。有时候，感到内心枯竭的时候，你仍然会根据爱来行动。对所有人来说，爱都是极其自然的目标，所以，真正的爱通常最终会有所收获，取代理性努力的爱。

然而，爱有时候来之不易。当你紧锁心扉时，你似乎就不可能去爱。刚开始时，最有效的做法通常都是很精微而简单的：找到你欣赏的某个对象。它可能是简单而又基本的东西，比如食物、衣服、栖身处，或者是练习。在每个瞬间，甚至直到死亡的时候，你都有很多欣赏的东西。你只需要留意周围的事物。事实上，这是很有效的虔诚练习：不是留意你眼睛看到的东西，而是留意你心灵洞见的东西。爱能洞见到始终呈现在你眼前的灵性的表现形式，而欣赏则能打开你封闭的心灵，使它变得柔和。

在这以后，尤其是如果你在练习的话，欣赏可以成长为**感恩**。感恩的轻风可以吹开内心宽广的大门。

记住，爱是**灵性现实的内在特征**。它不是脆弱的、莫名其妙的或者多愁善感的，而是真实的。因爱而生的虔诚是对人类境遇做出的自然、健康、正确而**恰当**的反应。

通过悖论来拓展自己

核心的整合技能就是接纳悖论并因此发现新的意识深度的能力。在任何生活练习的过程中，你必然都会遇到许多深刻的悖论。这些悖论不是我们必须要寻求答案的谜语，而是伴随着我们的“公案”，是被我们观照并指导我们的问题。

下面是值得思考的五个深刻悖论：

1. 寻求
   - 实相始终在当下完满地呈现出来。
   - 真实的东西是不能被寻求或获得的。
   - 与此同时，我致力于真诚的练习。
2. 生命和死亡
   - 我通过练习，来促进身心的健康、幸福和觉性的发展，但这个身心必将变化和死亡。
   - 因此，我在心中始终安静地接纳不可避免的死亡。
   - 与此同时，我的整个生命始终大声地为生活喝彩！
3. 为他人服务
   - 最终，并不存在“他人”。
   - 并不存在需要我来服务和解脱的单个生命。
   - 与此同时，我致力于所有有情众生的安乐和解脱。
4. 努力 / 随缘
   - 我极严肃地欣然投身于实际的修习和奉献中。
   - 我放松心态，放弃对任何结果的执着。
5. 极乐 / 慈悲
   - 我受到实相或一味（One Taste）、无限之爱、自由和极乐的鼓舞而进行练习。
   - 我受到一味的鼓舞而进行练习，这种一味就是无限慈悲，就是感受万事万物（包括世界上所有的痛苦和苦难）的意愿。

・在痛苦和欢乐、狂喜和烦恼的无尽游戏中，唯有一味是真实的[①]。

练习的季节和阶段

练习需要时间。随着练习的深入，某些阶段会自然呈现出来。一系列不同“季节”会相继出现，相邻的两个季节很可能十分相似。由于灵性的成长很复杂，混合有数种不同的发展和成长状态，所以个体的体验也各不相同。

尽管有这些差异，然而，只要继续沿着这条道路长年累月地走下去，你在练习生活中迟早会遇到此处描述的许多机会、挑战和多变的“天气状况”。

蜜月

在最初（通常至少是数年的时间），练习过程包括：确立新的人生方向、打破原有习惯、养成有意识的新习惯。这要求严格的自律，但是，它能为你释放巨大的觉性和能量。

这并不是说这条路始终都很顺利，情况因人而异。每个新的时刻都是独特的。但是，即使有顺利和艰难的阶段，有内在的挣扎，也有抗拒或自我放纵的插曲，你都在努力让自己发生美妙的转变。如果你不断地回到练习中，你就能逐渐看到巨大的改变。你的生活和意识在变化，它们被不断提升和完善，变得更加清醒。

这些早期时光常常是非常愉快的（虽然同时也很费力）练习阶段，是探索和启发新觉悟和新抉择的阶段，是确立新的健康生活方式和享受更清醒的存在的时光。

停滞时期和失去天恩

一段时间以后，大多数练习者都会进入停滞状态。这时候，觉性已经拓展

---

① 此处的悖论是说，虽觉众生皆幻，但仍然以慈心待之。——译者注

到新的层次并稳定下来，有规律的日常练习成为了第二天性，新的发现或启示逐渐减小。个人的觉性比以前更为广阔，但变化速度减慢下来，兴奋感也不如从前。

这是个危险的阶段。此时，有些修行者没有觉察到自己已经对意识拓展的体验上瘾了，开始觉得练习不再有效。于是他们开始放松了自我约束，数天不练习似乎并没有很大的影响，于是，不练习的天数逐渐增加了。人们有时候甚至放弃了重要的练习，或者开始寻求特殊体验，以便重新获得蜜月期的兴奋感。

练习生活可能会停滞数周、数月甚至数年。有时候，练习者甚至感觉他们已经“失去天恩”。但是，恩典既是严厉的，也是无限宽恕的，因此，这种状况甚至很可能只是觉悟和成熟的新机会。甚至那些最负面的插曲和因绝望而懈怠的时光都能成为教训，能够被更深的觉悟和成长所接纳。

毕竟，练习生活从来不会抛弃你，让你无法在下个时刻觉醒过来，获得更广阔的觉性和关爱；它就在你下次静坐冥想、规划生活，或者与爱人清醒地相处的时候与你紧密相伴。

多年以来，大多数练习者始终在学习返回到基本原则的智慧。他们不断地发现虚假的诱惑，这种诱惑怂恿着他们认为自己已经提早预备妥当，已经能够与练习和灵性建立更高更自由的关系。大多数时候，随着他们的自律变得松弛，练习也就随之松弛下来。然后，当练习者回到根基的时候，练习又加强了。

成功的秘诀是：当你处于停滞期时（即使它会持续多年），也要继续投入到有规律的练习中去。这样，想要获得快乐和恢复美好体验的浮浅动机会让步于更深刻的动机，后者要求你更充分、更清醒、更尽力地投入到苦乐参半的、神秘的生活中去。通过刻苦地、坚持不懈地继续进行练习，尤其在练习最不“性感”时也能坚持如故，我们最终就能获得成熟。

成果

然后，当你万般寻求都毫无结果之时，柳暗花明的景象突然就出现了。冥想意外地深化，并充满喜乐而深邃。新的自由能力得以绽放，美妙而丰富的新的可能性和新的选择几乎魔法般地呈现出来。意识轻松地拓展开去，你自然具备了爱与虔诚的品质，即便在生活中最普通的时刻也是如此。甚至有些意外事件能让你快乐地开悟和见性，可能是小悟，也可能是大悟。当它发生时，万事万物就突然变得不同了。我们发现自己与练习之间的关系更加自由，生活和世界发生了完全的变化。然而，你也许想象不到的是，这些练习成果和祝福能够成为误导我们产生某种错误心态的考验和教训。我们往往会强烈地感受到自己已经拥有了美好的开端。我们努力用功，现在看到了效果，因此我们很满意、骄傲，并因此而着迷，认定自己已经大功告成。我们不可避免地沉溺其中。

避免所有的灵性物质主义几乎是不可能的，因此，你要汲取教训，知道那种自以为大功告成的念头会阻碍成长。只有谦虚而完全地重新投入到练习中去，你才能成长。只有练习能使你获得“幸运”，易于遇到促使你觉悟和清醒的快乐事件。只有这样，你才能不断成长。

偶尔，新的觉性会逐渐显现出来，照亮塑造你以前生活方式的事物。此前阶段中的觉察者和觉察方式（**主体**）成为此阶段中的被觉察者（**客体**）。这是觉性参与的新**阶段**。

练习者成熟时，转变会逐渐发生，呈现出新的觉性、新的深度和新的选择。有些转变是从内向外的，渐进的，通常无法看见，然而，其他转变则更为显著，有时候甚至类似于经典的英雄之旅。

黑夜

在某个时刻（通常是专心练习若干年以后），练习生活似乎崩溃了，甚至似乎上帝也抛弃了你。你可能失去全部动力，再也无法相信练习会带你抵达目的地。在意识中，练习所隐藏着的自私动机可能变得极为强烈，以至于你对整个事情失去了信心。你可能发现自己会无助地退出整个自我转变的活动，所有的动机和努力都开始退化变质。

你可能发现有些重要的东西正在**逐渐消亡**。你原本希望通过练习来逃脱可怕的孤独和缺陷，但是，它们现在却吞噬了你（这通常发生在你的生活似乎非常正常的时候）。你无法摆脱绝望，感到自己对达到无限之境的努力永远不会成功。你正在经历某种死亡，某种你无法逃脱的死亡。

恭喜你。这种挫败感是通往深度自由的大门。当然，这对正在死亡的人可不是安慰。但换个角度，死亡就是重生。当你的练习始终裹足不前的时候，你却发现它已经成功了！如今，练习没有拓展意识，却让意识爆炸了，你吹爆了整个气球！

在一生的练习中，我们可能会有许多次死亡（和重生），意识却幸存了下来。在这个过程中，练习也不断获得新生和转变。以前遇到瓶颈时，你也许就会放弃练习，但现在，你却完全随缘，不再急于求成。那些刻意的举动和念头都已消失，你变得更加简单、自然，具备平常心，不再分心或执着于结果。现在，你不再像从前那样有心练习，而仿佛是你原本无心，而练习则在推动着你。

责任

随着练习的不断深化，你越来越明显地感到，你当前的内部天气状况好也罢，坏也罢，很快就会消逝。你自然而然地发现，自己在更稳定地关注恒常之物。

你发现自己始终都在做某件很恰当的事情：坦然而轻松地超越无意识，在日常生活的每个时刻里，将关爱和觉性融入到你的生活和关系中。你站立在始终不会跌倒的根基之上，这个根基就是对觉性、关爱、存在和练习本身的责任。从某个角度来说，你在爱之中，信心坚定。这样的责任和随缘难以区分，它是安住在比所有停留和消逝的事物都要深刻的地基上的如如不动的状态。

这个责任阶段包含先前的所有阶段，蜜月、停滞、失去天恩、成果、黑夜。它们汇聚起来，达到了这种如如不动的状态，但这种如如不动绝不是单调的、灰暗的。基于这种恒定而可信的责任感，练习的成果甚至可能会适度地深化，或许能成为我们古代灵修传统所描述的解脱之光。最终，当机会来临时，你仅仅享受它们，但不过度地执着于它们。这就像天气的变化，有时多云，有时晴朗，但太阳始终都在照耀着。意识会变化、循环、稳定、拓展、消泯和复苏，每件事情都会发生变化，但又完全保留着它始终不变的本来面目。

最初见山是山。
然后见山不是山。
最后，见山依然还是山。
那座山最初就在那里，而且始终存在。
但直到此时，它的真实面目才显露无遗。

独特的自我

现在，无论你在体验、思考、感受、倾听和目睹什么，请思考：它们在哪里发生?

它发生在你的觉性**之中**，这种觉性是你的本来面目，是宇宙之我（Universal Self）。

这个真我的本质是寂静无言的观照者，不会变化，也不会消亡。这个小我背后的真我才是你和每个人最普遍而本质的特征。

宇宙之我的真理并不是唯一的真理

除掉个体的终极真理以外，还存着相对真理，即每个人、地点、事物、系统和时刻的独特存在。两者同时存在。

每个人都是由历史、基因、家庭、社会、文化、心理和能量等因素，经过独特融合后塑造而成的。但是，我们的独特性不仅仅是**发生在**我们身上的外在事件。

子女众多的父母都会证实，每个孩子都是很独特的个体，每个人的性格始终是独特的，并不仅仅是由外在的出生顺序、伤害和家庭经历的动态变化所塑造的。父母能够理解和爱护这些独特的个体。父母知道，孩子们首先是自己，本质上并不是基因、父母或家庭传统的延续。

因此，你不**仅仅**是纯粹的觉性，你也折射出宇宙之光；你是宇宙意识的独特风格，是宇宙觉性和强烈的生命活力的独特表现形式。

练习的目的不是消失独特性

觉悟最高的圣人和智者并不是相似的或者毫无特征的。他们在很大程度上是自己，熟悉自己的身体和独特性，而他们的性格是他们洞达客观真理的工具。他们居住在特定的时空中，接受自己的命运。他们不为自己的独特性感到羞愧，勇于展现自己独特的能量和意识。事实上，他们知道，他们在这样做的过程中，必然会反映出自己身心、性格和过去的特定局限性。

超越个人的真理通过个人最全面地显现出来。因此，要觉悟到超越个人的真理，我们不必消除自己的独特性。

事实正好相反。我们必须接受和原谅自己独特的、时而笨拙时而优雅的形象，似乎我们每个人都是这样的卡通人物。我们必须原谅自己的棱角、过去的创伤和神经质的模式。

当我们完全而自然地接纳自己时，我们的怪癖就会较少让我们分心，宇宙之光就会更明亮地照耀我们。我们不必将自己的独特性视为最有害的自我特征，后者通常和自我有着消极的联系。常存的实相仅仅选择利用我们的独特性，将自己展现在我们身上。

自由的个体可以在合适的时候净化自己的有限模式，但不会让自己沉溺其中。他们让宇宙的本质照亮自己，穿透自己的特殊性和独特性，包括有时候看似愚笨、奇怪和软弱的特征。这些个体接纳了自身，因此，他们**最完满**地引导着灵性之爱、灵性之光和灵性意识。

最清醒的练习者不会试图消泯自我的独特性。相反，他们让自己的生命成为宇宙意识能量的独特管道。

展现灵魂

发现、展露和体现自身的独特性，包括进入个人未知领域的幽深之旅。这是**灵魂模块**的工作。

灵魂模块不同于阴影练习，因为它关注完全不同的阴影种类：不是被**压抑**的阴影，而是刚刚露出端倪的阴影。它也不同于灵性模块的工作，因为它向下觉醒，进入个人和特殊层面，而不是向上觉醒，进入实相之中。

不过，灵魂模块与阴影模块和灵性模块有着联系，同时也能与两者融合。你可能发现你自己自然地整合起了所有这些模块。有时候，觉醒并进入完全的自由，和同时清醒地进入能够体现出自我独特个性的深层特征是密不可分的。但成长为独特个体并不容易，因为我们在抗拒它。因此，那就是灵魂模块开始产生作用的地方。

你只能出手中的牌

生活有时候就像纸牌游戏。每个人拿着一手特殊的牌，我们的责任是接受发给我们的牌，并尽可能将牌打好。

要做到这点，我们必须原谅那些很差的牌。我们也许希望自己能拿到不同的牌，但是如果我们的父母嗜酒，我们身患痤疮，或者我们的家庭有互相羞辱、缺乏交流的传统，再或者，我们的嗓音难听或者体重容易超重，那我们也只好无奈地接受事实。

我们拿到的牌中也可能有特别难打的牌，这些牌影响到了大部分人的生活，比如，出生在被迫害的弱势团体，或者出生在充满战争、疾病、贫穷、政治或道德迫害，或者环境有毒的时间或地点。这些牌在我们手中并不稀奇，但它们对我们的选择产生了强烈的影响。但**即便如此**，它们也以独特的方式影响着每个人的玩法。它们向个体的选择和创造力提出了复杂的挑战（和机会）。

不管拿到怎样的牌，**如果我们不接受手中的每张牌，就不能发挥出最高的**

水平。我们会感到内疚、敌视或自我憎恨。出色的玩法不是拿到更好的牌来玩，而是竭尽我们的智慧、关爱和创造力，来玩已经发到手中的牌。

天生残疾的人有时候面对的可能性更少，但他们的勇气、精神和创造力却可能让他们接触到的每个人都变得高贵。天生就具有美貌、特权、财富和名誉的人有时候却不善于发挥他们所有的优势，贬低了自己和身边人的价值。

因此，首先不要抱怨你手中的牌。敞开你的内心，接纳你目前呈现出来的怪异、高贵、悲剧感和喜剧感等人类习性。乐意接受你的生活。当这种接纳变得很稳固时，你就可以专心而真诚地利用你独特而完美的出生机会。

我们始终逐步地抵达世界

当儿童成长的时候，他或她的独特性就会显露出来。随着我们从童年经过青春期进入成年期，我们表现出越来越多的独特性。作为成人，当我们发展到更高的意识阶段时，这个过程仍然会继续下去①。

我们始终都在更充分地显现自己。我们既表现为属于我们真实面目的宇宙意识或真我，也表现为同样属于我们真实面目的独特而特殊的自我。因此，我们始终在发掘自己的新维度，有时候，这些发现令我们感到惊喜。

在一个关键的结合点上，我们有机会一瞥完整的自我怎样在下一刻全面绽放。这样，我们就可以更容易地看到并进入这个每个人生来如此的，既高贵又离奇的角色。

你的众多未知奥秘

你可以用无数种方式完全安住于自身之中，这既包括线性形式，也包括非线性形式。

在成长为真正独特的自我的过程中，如果你能直接、有意而直观地如实审视自己，并能做出有利于新生事物发展的抉择，这将大有好处。例如，如果你

---

① 这适用于高状态－阶段（如因果和不二觉悟状态）和高结构－阶段（如靛蓝和紫外结构）。

的领导能力似乎即将展现出来，这时，你就可以接受晋升的机会，或者申请新的工作。

你也可以通过更深刻的心理过程，极大地推动你向未知的将来敞开心扉。有时候，你的深层潜意识会以共时性、梦境、意象和直觉联想的形式展现出来，通过洞察潜意识中不断涌起的东西，你就能瞥见自己正在变成什么样的人。

常常，练习和成长的这种非线性特征就像是一场神秘的旅行。这是生命如何展现其最大成就和无私奉献的重要内容。这段旅程可能很令人满意，甚至令人感到喜悦，然而，它也是漫长和艰难的。

踏上这段旅程以后，我们会发现自己参与世界的独特方式。我们拥有能够赠给别人的独特礼物，并能重新发掘到更深层的个人意义。我们开始关注如何对生命作出贡献。我们更完全地扎根于我们自己的身体、社区和世界之中。

这样的练习最终会释放巨大的能量和注意力。更完满地接近真实的自我是美好而真实的事情。它促使你实现自己的伟大之处，履行自己的人生目的。奉献会变为自我实现。正如新教神学家弗雷德里克·布赫纳所说，你会找到"你最深情的喜悦与世界最深切的需要交会之地"。

重生的勇气

练习需要勇气，因为练习就像出生和死亡，是转变生命的艰苦考验。坚持下去，它最终就会毁灭旧我，因为它会重新定义我们的个人身份。真实的变化既精彩又可怕。

虽然我们渴望发掘和实现我们的人生目的，我们也害怕找到自己正在寻找的东西。我们不希望它过分改变我们，害怕熟悉而安全的生活方式受到威胁。我们可能已经在怀疑真理，怀疑不断成长以实现我们的全部潜能可能是令人痛苦的。

如果不想被囚禁在狭窄的小我天地，我们就别无选择。最终，我们必须开始冒险。我们必须离开熟悉的环境，牺牲我们的安全感，忍受生死未卜的旅程。我们必须忍受寒冷的季节，因为它们会磨练和强化我们的灵魂；我们也必须忍受炎热的季节，因为它们会炼除我们心灵的杂质。

就这样，我们必须独自走过这个旅程中的重要路段，我们有时候会感到特别不适，缺乏任何安全保证。它们要求我们找到新的勇气、耐性、忠诚和创造力。尽管练习之旅不是以传统的方式来实践的，它仍然是真实且深具活力的。

我们必须出发，踏上这段旅程，但这是一条不归路。幸运的话，当我们完满地结束这趟旅程之时，我们就会超越和包含了全部的旧我，变成比现在更伟大的新自我，但与此同时，我们仍然完全是那个真我。只有毫不妥协的人才能走完这段旅程，但每个人都有独特的潜力，能够成为这样的人。

为了找到你的使命，你必须听从召唤

生活有时候会向你发出信号，成长过程就意味着要学习注意这些信号。如果你发现自己在工作和人际关系中反复体验到同一种驱力，你就应该明智地多加留意。可能正有声音呼唤着你去学习深刻而重要的功课。反复出现的梦境可能包含着隐秘的信息；奇怪的巧合可能会意外地指出进入重要新领域的途径；能够让你深切共鸣并久久不忘的话语或音乐可能是某种暗示……这些路标可能帮助你确定某个重要选择，或者指明你的生命需要向前发展的方向。

有时候，呼唤会更强烈地降临到你的头顶，要求你重新评估生命的意义和方向。你也许会失去工作或者爱情，也许相反，你可能会接受重要而意想不到的工作机会，或者是其他改变生命的良机。死亡或意外事故可能会改变人生的轨道，但是，艳遇或者从天而降的意外之财也能改变你的人生。

安静和倾听

小心谨慎地向逐渐显露出来的未知世界敞开心扉，这样，你就可以培养自己的觉性。这个练习可能包括认识自己的所有方式，它始于我们对黑暗中逐渐显现出来的光明的好奇心。了解灵魂中未知领域的方法有很多种，这包括深层心理学、探索精微体验、创造性艺术探索、写日记等等。

留意无意识中冒出的重要迹象需要睿智的直觉辨别力。起初，这个新信息对我们说话的时候，声音可能细小而又安静。你也许会留意到，看似缺乏理性的冲动会引导你的生活进入完全出乎意料的新方向。冥想或者梦中也可能显现征兆，暗示你从事（或担任）不同种类的工作、角色或身份，这样，你将可以将自己的独特宝藏奉献给你的团体。

倾听召唤会赋予你责任感

当生活向你说话的时候，你所能做的，就是留心它的召唤，并乐意顺从这种召唤。但是，留意生活的信号需要善于分辨的智慧，这样才能避免坠入盲目的轻信之中，幼稚地小题大做。

然而，只要留心的话，你就知道自己需要走向何处。生活可能会让你感受到一系列的体验，每种体验都让你日益明确某种新的东西，让你知道自己的真实面目，以及能做出的独特贡献。

有些功课可能很残酷，另外有些则非常仁慈，但是，每种独特的教导都用特殊的方式让你为即将发生的事情做好准备。你的所有经验都在帮助你确定你对团体和宇宙的贡献。

清楚自己的独特贡献以后，你只能去实现它，此外别无选择。最终，似乎你所有的活动都听命于你周围世界的需求。但你其实是自由的，不过，这种自由不是**想做什么就做什么**（仿佛生活是瑞典式自助餐，而你则是饥肠辘辘的食客）。你自由地做自己**必须做的**事情（仿佛你是忠诚的仆人，响应睿智的主人的呼唤去参加战斗）。

让通道保持开放

你能够将某种活力、生命力、能量和力量转化成行动。在时间的全部长河中，再也没有第二个你，因此，这种生命力的表现形式是独特的。如果你阻塞它，它绝不会通过任何其他媒介而存在，只会就此消失，世界也不会因此获得它。你不需要判断它有多好，多有价值，或者和其他表现形式比较起来优劣如何。你只需要清楚而直接地承认它是你的，让通道保持开放。

——玛莎·格兰姆，引自艾格尼丝·德米勒的《玛莎：玛莎·格兰姆的生活和工作》（纽约：兰登书屋，1991年）

练习能因人而异地带来全部好运

据说，恩典和祝福都与好运无法区别开来。我们练习越多，也就会越幸运。当我们在练习的道路上不断前进之时，我们就在创造好运气。

我们在每天练习的时候创造着好运，我们在将觉性和关爱融入每个生活的瞬间时创造着好运，我们也在聆听生活的召唤，并在向它学习功课的时候创造着好运。

当我们坚持生活练习时，甚至在不幸和逆境中也能坚持下来时，我们就为更美妙的存在奠定了基础。

这时候，我们的生命更轻松而自然地流动，我们越来越接近身体、生命和世界的实相。我们的整个存在更完满地融合起来，更能参与到生活当中。我们也能够将自己更多地奉献给他人，同时也领受更多的馈赠。更多的生命能量向我们涌来，它自然地携带着更丰富的生命之泉，流入我们的心中。

当我们安于自身独特的表现形式时，宇宙能量和生命的意识就能够更充分、更畅通无阻地在我们身上展现出来。

当我们的独特自我更充分地展现出来时，我们就会发现，我们正以独特的方式引导着无穷无尽的宇宙能量和生命的意识。在我们参与到宇宙的交响乐中时，我们独特的声音就会更纯净、响亮而清楚。

独特的普遍

完成这趟旅程以后，你能够得到什么报酬？如果自我的很多东西都会在这个过程中蒸发掉，那么，成为独特的你以后，又是谁在为此而欢喜？

是谁在享受着实现自我、达到目的并将独特礼物赠给世界的喜悦？是谁在体验着完成长久的痛苦练习和考验之后的胜利？

对这些心存疑惑的是谁？这些疑问、考验和练习在谁的意识中发生？在谁的意识中，责任已经完成？在谁的意识中，我们享受着轻松之感？

从最初练习时，你就始终是那个普遍而不变的实相。完成这趟旅程以后，你获得了自由，成为了你昔在、今在、永在的本来面目，你获得的任何东西，无不都是你本来具备的。

那么，你为什么烦恼呢？

回顾往昔，事情是如此简单明了，它显然是命定的，同时也是因缘合成的；回顾往昔，我们对走过的每一步都只能心存纯粹的感激；回顾往昔，只有成为清净觉性（它始终是你的本来面目）后的解脱，完全的解脱。

现在，你终于得到了大自在，得到了你最初就拥有的大自在。你体会到“法尔如是”，当你栖身于你从宇宙纸牌中抽到的这个特殊卡通人物中时，这就是你获得的终极报酬。

作者介绍

肯·威尔伯是包罗万象的“整合理论”的发明者，这种理论包括了世界上所有伟大的心理学、科学、哲学和灵修传统的真理。威尔伯撰写了20多部著作，其中包括《事事本无碍》、《恩宠与勇气》和《万法简史》。他也是整合学院（Integral Institute）的创建者，该学院是个研究科学与社会问题的智囊团，并通过Integral Naked、整合教育网络和整合灵修中心等当地和网络社区扩展了其影响力。他的个人网站是：www.kenwilber.com

特里·帕滕在这条道路上探索了30多年。身为研讨会带头人、指导者、理论家和实践练习者，他和肯·威尔伯是“整合生命练习”团队的核心成员。他曾经是意识科技手册*Tools for Exploration*幕后的创建者和领军人物。巴顿撰写过4部著作，并引导成百上千的人们去发掘和深化自身的实践，实现更高的潜能。他住在加利福尼亚州的圣拉斐尔市，并在此地担任指导者、顾问、作家、教师、企业家和草根生态环境保护者。他的个人网站是：www.integralheart.com

亚当·莱昂纳德是教育工作者、商业顾问、作家、企业家、冒险家，当然也是ILP的实践者。他最初在乔治城大学接受驻外事务官教育，继而在研究生院开创了整合式沟通的学科。亚当特别擅长于将整合式方法运用到个人、团队和组织开发当中去。他在若干教育机构里带领着ILP团体。同时，他也是《整合生命练习入门必读》（2005年，整合学院出版）和《整合式操作系统》（2005年，

Sounds True 出版）的合著者，此外，他还与人共同编著了《存在的单纯感》（2004年，Shambhala 出版）。他的个人网站是：www.adambleonard.com

马尔科·莫雷利是自由学者、作家和诗人。他是 Integral Naked 创始团队的成员，同时也是整合学院的许多其他开创性项目的成员。他曾经担任过肯·威尔伯的著作《全观的视野》的创意总监，并撰写过《鲁本斯的孤儿：当代尼加拉瓜诗选》、《爱情的写照》、《虚无主义的快乐 & 其他诗歌》。可以通过 www.MADRUSH.com 浏览他的个人网站和博客。